越文化研究丛书编委会

浙江省哲学社会科学规划课题成果

越文化研究丛书

王建华 主编

越文化通论

YUEDI XUESHU
SIXIANG LUN

越地学术思想论

梁涌 著

人民出版社

责任编辑:陈来胜
装帧设计:吕 龙

图书在版编目(CIP)数据

越地学术思想论/梁涌 著. -北京:人民出版社,2010.9
(越文化通论)
ISBN 978-7-01-009077-1

Ⅰ.①越… Ⅱ.①梁… Ⅲ.①学术思想-思想史-浙江省 Ⅳ.①B2

中国版本图书馆 CIP 数据核字(2010)第 123804 号

越地学术思想论
YUEDI XUESHU SIXIANG LUN

梁 涌 著

人民出版社 出版发行
(100706 北京朝阳门内大街 166 号)

北京龙之冉印务有限公司印刷 新华书店经销

2010 年 9 月第 1 版 2010 年 9 月北京第 1 次印刷
开本:710 毫米×1000 毫米 1/16 印张:17.125
字数:272 千字 印数:0,001-3,000 册

ISBN 978-7-01-009077-1 定价:35.00 元

邮购地址 100706 北京朝阳门内大街 166 号
人民东方图书销售中心 电话 (010)65250042 65289539

前　言

王建华

中国是一个幅员辽阔的国家。中华民族在其长期奋斗的过程中,既形成了大一统的中华文化,又形成了主要因地域差异所造成的地域文化。

谈地域文化,必须做三个区分:文化核心区、文化基本区、文化边界区。文化核心区是文化发源地,也是此文化最为集中的区域;文化基本区是此文化相对比较稳定的区域;文化边界区是此文化影响曾达到过但比较弱的区域。

文化核心区当然是最重要的,因此,首先要做的,是确定文化核心区。我们现在说的地域文化,其名多取自周代的诸侯国,这些诸侯国早在秦统一中国时就陆续消亡了,因此,这种国名实际上只是一个历史名词。显然,楚文化、越文化、吴文化都不等于楚国的文化、越国的文化、吴国的文化。不过,也毋庸置疑,以周代诸侯国取名的地域文化与原诸侯国有一种内在的联系。这种联系是十分重要的,从某种意义上讲,原诸侯国所创造的文化是该地域文化之源。因此,一般将古诸侯国的疆域划定为该地域文化的核心区。

问题是,古诸侯国的疆域是变化的,越国在灭吴称霸后,不仅据有现在的浙江全境,还拥有江苏、江西、安徽、山东之一部,其都城也一度北移至山东境内。显然,根据越国强盛时的疆域来划定越文化的核心区是不妥当的。

就越文化的实际来看,我们认为,将越文化的核心区划在以绍兴为中心的方圆一百公里左右的地区是比较妥当的。这块地区,亦称"越中"。绍兴,原名会稽,大禹时立的名,秦统一中国后,设会稽为郡,唐改会稽郡为越州,南宋绍兴元年,高宗南渡,驻跸龙山,命改州为府,冠以年号,即为绍兴。元、明、清三代均称绍兴(路、府)。关于绍兴府的范围,在清代,"属邑八:山阴、会稽、萧山、诸暨、余姚、上虞、嵊、新昌。东至宁波府慈溪县界,西至杭州府钱塘县界,南至金华府义乌县界,北至大海,东南至台州府天台县界,西南至杭州府富阳县界,西北至杭州府钱塘县界,东北至宁波府慈溪县界。濒海之邑凡五:山阴、会稽、萧山、余姚、上虞是也;濒浙江之邑一,萧山是也"①。

越文化的基本区是古越国领土比较稳定的区域,大致相当于今浙江省。浙江省因浙江(今名钱塘江)而得名。古越国的许多重要的历史事件都发生在浙江流域。《越绝书》载:"越王句践与吴战于浙江之上。"②又说,越王句践兵败后与大夫文种、范蠡去吴宫为奴,"群臣皆送至浙江之上"③。又据《史记·越王句践世家》说:"楚威王兴后而伐之,大败越,杀王无彊,尽取故吴地至浙江。"

越文化的边界区是越文化基本区周围的地区,它曾属于古越国的版图,也曾属于其他诸侯国的版图。值得指出的是,文化中的区域概念与行政中的区域概念是不同的,前者只是大致上的,其边界是交融的,模糊的;而后者是明确的,其边界则是清楚的。因此,即使我们将越文化的核心区确定在今绍兴地区,越文化的基本区确定在今浙江省地区,也不能将两者等同起来。

越文化的历史可追溯到大禹。据《史记·夏本纪》:"禹会诸侯江南,计

---

① 吴悔堂:《越中杂识·越中图识》。
② 袁康、吴平:《越绝书·勾践入臣外传第七》。
③ 同上。

功而崩,因葬焉,命曰会稽。"大禹死后传位子启,夏朝开始。据史载:"启使使以岁时春秋而祭禹于越,立宗庙于南山之上。"①此是越的开始。不过,此时的越,虽有了大禹的宗庙,尚只是地,不是国,据《吴越春秋》:"禹以下六世而得帝少康。少康恐禹祭之绝祀,乃封其庶子于越,号曰无余。"②少康封无余于越,意味着越有了自己的地方政权。无余是越国的第一位君主。无余传世十多代后,因"末君微劣,不能自立,转从众庶为编户之民,禹祀断绝"③。十几年后,有奇人出,自称是无余之后,指着天空,向着禹墓,说着鸟语,立志要"复禹墓之祀,为民请福于天,以通鬼神之道"④。顿时,凤凰翔集,万民喜悦。大禹之祭恢复,越国开始强大。

大禹是中国古代全民族共同尊崇的帝王,是中国第一个国家政权——夏朝的实际奠基人。越文化源于禹,说明越文化不只是组成中华民族文化的诸多地域文化之一支,而且是中华民族主流文化的直接继承者。

在地域文化中,越文化是有着鲜明特色的,比如名士辈出,清人吴悔堂《越中杂识·越中图识》用了八个字概括越文化的特点:"风景常新,英贤辈出。"关于"英贤",吴悔堂《越中杂识序》说:"守斯土者,皆辅相之才;生斯土者,多菁华之彦。"毛泽东有诗咏越,诗云:"鉴湖越台名士乡,忧忡为国痛断肠。剑南歌接秋风吟,一例氤氲入诗囊。"虽然中国大地到处都出人才,但人才出得多、档次高、历代不中断,形成一种名士文化现象的,大概只有越了。

又如文武兼融。从越文化源头古越国历史事迹看,它是尚武的,后人概括其精神为胆剑精神,胆剑精神之剑,意味着勇猛进击。这种尚武的精神,发展为革命的精神,在近代反清革命中表现得鲜明突出。虽然越文化中有尚武的一面,但是越文化更多地表现出来的却是重文,此地出的文人多,在儒学、佛学、玄学、文学、艺术等方面,创造出辉煌的业绩。

再比如道器并重。道学代表人物明有王阳明、刘宗周、黄宗羲承前启后,脉系分明;实学是道学之外别一种学术⑤,此派重经世致用,古越有范

① 赵晔:《吴越春秋·越王无余外传》。
② 同上。
③ 同上。
④ 同上。
⑤ 冯友兰先生在《中国哲学史新编》(人民出版社 1999 年版)中将陈亮与叶适说成是"道学外的思想家",见该书第 56 章。

越文化通论

前言

蠡、文种、计倪,重农倡商,开其先河,南宋有陈亮、叶适开宗创派。从而充分见出越文化道器并重的特色。

研究越文化,最早始于东汉,代表性事件是袁康、吴平整理《越绝书》。《越绝书》是越人在越世系断绝以后虑越史之绝而撰写的一部地方史书,袁康、吴平整理此书,增加了当时流传的于越故事,补充了先秦以后的资料,所以他们的工作属于早期的越文化研究。从袁、吴的工作联系到东汉初期,这实在是越人流散以后越文化研究的发端时期,也是一个很有成就的时期。从现存的成果来看,除《越绝书》之外,还有《吴越春秋》和《论衡》两种。从保存越文化资料的价值来看,《越绝书》无疑是首要的,但《吴越春秋》和《论衡》的价值也都远远超过先秦人的著作。① 其后,这种研究没有间断过,但没有出现标志性的成果。

越文化研究的跃进是从上世纪二三十年代发轫的,当时出现了一批思想活跃、见识宽广、根底扎实、治学勤奋的史学家,他们既深入钻研古代有关越人的大量文献,又细致地鉴别分析这些文献,先后提出了不少前无古人的科学创见。如顾颉刚、罗香林、卫聚贤、蒙文通、杨向奎诸氏,都发表过关于越文化的不同于前人见解的论文。80 年代以来,越文化研究有了很大的发展,研究队伍空前扩大,研究成果,包括专著和论文,大量涌现。同时借助于考古的发现,多学科交叉综合的研究也大量出现,获得了大量的成果。

一如越文化是一条绵延不息的历史长河,有关越文化的研究也是个没有尽头的学术之路。

我们认为,今后越文化研究需注意以下三点:一、历史研究与现实问题研究的结合,越文化是历史形态,但其发展则为现实形态。对越文化,我们不能只做历史的研究,也应做现实问题的研究,并且将这两者很好地结合起来,要注重从越文化的历史形态中发掘出更多的对当代有价值的启示。二、单项研究与整体研究的结合。在单项研究上,我们过去做得比较地多,整体研究相对较弱。三、多角度地研究。文化,本就是人类物质文明精神文明的总和,涉及人类生活的方方面面。文化研究应是多角度的,目前我们的越文化研究,角度还不够丰富。

---

① 参见陈桥驿:《越文化研究的回顾和展望》,《杭州师范学院学报》2004 年第 2 期。

本丛书名为"越文化通论",就是试图在以上三个问题上做一些新的探索。

本通论将遵循马克思主义的历史与逻辑相结合的原则,以历史唯物主义和辩证唯物主义为根本方法,建立文化地理学和文化生态学的理论框架,综合利用考古学、人类学、民俗学、历史学、社会学等各种方法,从纵横两个角度全面揭示越文化的历史演变真相和丰富内涵,并从形而下走向形而上,分析越文化的基本精神,论述越文化和整个中国文化的关系,指明越文化精华对当代中国先进文化建设的特殊价值。

作为一项综合性的研究成果,这套论著要在各卷次的专题探讨上保持前沿性,体现独特性,拓展越文化的研究领域,争取在越文化研究的方法论问题、越文化的发展演变、越文化在中国文化中的地位、越地特有的经济思想和行为模式、越文化在意识形态领域的精神特征、越地学术思想与学术流派、越地文学艺术成就、越地方言和民俗等一系列方面有较大的收获,力图让此项研究成果成为越文化研究史上的一块基石,通过此次探索为今后越文化的研究找到新的起点。与此同时,本通论的研究成果也可以为其他地域文化的研究提供一种模式以及一些有益的经验,甚或进而为国家整体文化的发展提供某种启示。

由于选题的内容部分是有交叉的,难免有些重叠;又由于作者认识上的差异,每部书的观点和看法不一定全然一致。我想这样也许有它的好处,有兴趣的读者可以互相参校,生发出自己的看法。

越文化是一块沃土,我们希望,为了越文化研究的繁荣,为了学术事业的不断创新,有更多的朋友参与到我们的队伍中来。

越文化通论

前言

目 录
CONTENTS

越文化通论

越地学术思想论

越文化通论

第一章　越地学术思想的流变及基本特征

越地学术思想源远流长,在中国学术史上有着重大的影响,发挥着特殊的作用,又与整体学术思想的发展历史存在着主干的一致性和区域的特殊性。梳理其大致的流变轨迹,把握其流变的基本特征,对于全面阐述越地学术思想十分必要。

一、传统学术与学术史研究

越地学术思想研究属于学术史研究的范畴。中国传统学术源远流长,形成了以经学为主干,囊括所有关于社会的、自然的学问体系和研究活动。自先秦诸子百家争鸣出现第一个学术繁荣期以来,二千多年的学术积淀,为后人留下了无比丰厚的学术思想资源。历史上对这些学术资源的利用,大多从训诂和诠释两个方面展开,而对学术史的研究却明显滞后,直到明末清初才形成真正意义上的学术史研究,并集中于浙东地区。黄宗羲的巨著《明儒学案》着重于对学术流变的研究,成为现代意义上进行学术史研究的先导,后经全祖望、章学诚等史学名家的"辨章学术,考镜源流",研究学术史已经是浙东学派的主要研究方向。

对学术思想研究的渊源,梁启超有过这样的论述:

> 旧史中之儒林传、艺文志,颇言各时代学术渊源流别,实学术史之雏形。然在正史中仅为极微弱之附庸而已。唐、宋以还,佛学大昌,于是有《佛祖通载》《传灯录》等书,谓为宗教史也可,谓为学术史也可。其后,儒家渐渐仿效,于是有朱晦翁《伊洛渊源录》一类书。明代则如周汝登《圣学宗传》……之类,作者纷出,然大率借以表扬自己一家之宗旨,乃以史昌学,非为学作史,明以前形势大略如此。

> 清初,孙夏峰著《理学宗传》,复指导其门人魏莲陆(一鳌)著《北学海》、汤荆岘(斌)著《洛学编》,学史规模渐具。及黄梨洲《明儒学案》六十二卷出,始有真正之学史,盖读之而明学全部得一缩影焉。然所叙限于理学一部分(例如王弇洲、杨升庵……辈之学术在《明儒学案》中即不得见),而又特详于王学,盖"以史昌学"之成见,仍未能尽脱。梨洲更为《宋元学案》,已成十数卷,而全谢山更续为百卷。谢山本有"为史学而治学"的精神,此百卷本《宋元学案》,有宋各派学术——例如洛派、蜀派、关派、闽派、永嘉派乃至王荆公、李屏山等派——面目皆见焉,洵初期学史之模范矣。①

梁启超对古代学术史的发展脉络描述了大致的梗概,可以这样说,黄宗羲成书于康熙十五年(1676)的《明儒学案》,是标志着富有中国作风和气派的"学案"体学术思想史著作的成熟。

《明儒学案》开始了断代学术史的系统研究,其研究的方法是对有明一代的理学家分别学派,每一学派立一学案,每一学案前有序言,以说明该学派的盛衰传递之迹。全书立 17 个学案,共 62 卷,评价了明代 202 位学者的行状和学说,论述了各派理学的流变和特点。通过这部精心编纂的明代理学史专著,不只可以充分了解黄宗羲的理学观点,"读之而明学全部得一缩影焉"。

全祖望是对"学案"体学术史研究的继承者和发扬光大者,他通过对

---

① 梁启超:《中国近三百年学术史》,上海三联书店 2006 年版,第 262—263 页。

《宋元学案》的续修和完善,增补了原本所无的学案,共计 32 个,凡 33 卷,约占全书所立案卷的 1/3;增定序目,精心撰写各学案的《序录》,补编各学案的师承传授表;修定、次定和补定原本,对原本所有只作增损者,谓之"修定",凡对原本所有只分其卷第者,谓之"次定",凡对原本所有分其卷第而特为立案者,则谓之"补定",考订史实,以补原本之失误和不足。

全祖望对宋元学术史研究的贡献在于,理清了宋元理学的发展脉络,充分展示了各种学派和各派学者。他精心撰写的百卷《序录》,不仅使我们可以了解到每一学案的学术特点、学术渊源和学术影响,及案主的立身行事和道德品质,同时,也能使后人窥见不同学派的争鸣态势。他对各派学术作了实事求是的评价,发掘了不少新的文献资料,丰富了对各个学派的认识,并对《宋史》的舛讹和遗漏做了补充、修正。他对"硕儒"、"真儒"、"醇儒"的推崇,提出了心目中的治学楷模。在他看来,能"独探微言",有所发明创造,非墨守成规者为硕儒;潜心正学,不入异端,不佞佛者为真儒;立身行事恪守儒家的传统道德,所谓"多识前言往行以畜德"者为醇儒。

王梓材在《校刊宋元学案条例》中说:

> 宋、元儒异于明儒。明儒诸家,派别尚少,宋、元儒则自安定〔胡瑗〕、泰山〔孙复〕诸先生,以及濂、洛、关、闽,相继而起者,子目不知凡几。故明儒学案可以无表,宋元学案不可无表,以揭其流派。①

北宋学派除了上述所列之外,还有王安石的新学、苏轼和苏辙的蜀学。到南宋发展为朱熹的闽学、张栻的湖湘学,统称为道学,又出现了陆九渊的心学、吕祖谦的婺学、叶适的永嘉学派、陈亮的永康学派等等。在南宋,仅有半壁河山,屈居东南一隅,国力贫弱,随时面临着亡国的威胁,但学术思想反而由此繁荣起来,是有其深刻的社会根源的。在封建社会有一个规律性的现象,在社会矛盾相对缓和,经济发展,社会和政治相对稳定时,即史称"治史"或"盛世"时期,在思想学术领域往往难以出现新的思想和新的学派。而在社会矛盾激化,各种问题充分暴露后,困境迫使一些善于深思的思想家去探索问题、揭露矛盾,提出解决问题的方案,出现新思想甚至新学派。而南宋的特殊之处在于,它从一开始就处于内忧外患之中,政局动荡,社会矛盾尖锐激烈,问题充分暴露,使得思想家不得不去深入考虑,思想学

---

① 黄宗羲等:《宋元学案》卷首。

术繁荣也就具有其必然性。

学术史研究自从 20 世纪 90 年代成为学术界关注的焦点以后,关于学术史研究的对象和方法也越来越明晰。学术史研究应该侧重于考订学术研究过程中的学科意识及其方法与实践,以区别于哲学史对于概念与术语的处理。① 追踪某一学科发展的成长与道路,应该是学术史研究的主要内容。从学科发展的角度来衡量其是非价值,也就是从知识增长(学)和方法论(术)的角度来描绘某一学科的发展及建设——这才是学术史所要做的主要内容。

研究传统学术思想,大致存在着两条基本路径:一是史,侧重于考察不同学科或学派的学术流变;二是论,侧重于分析评价不同学科或学派的内涵、意义。往常讨论学术思想往往是以特定学者或学派作为研究的对象,而要对一个区域的学术思想在阐述其流变的基础上,展开进行分析、评价,是一个十分艰难而复杂的工程。但是古代学术思想的流派,常有强烈的地域性,忽略这一点,即难考镜其源流。②

以一地域的学术思想发展轨迹为研究对象,不同于以派、家法、家学为取向的研究,是在考察地域空间内形成的学术思想源流的基础上,着重于探讨这些学术思想丰富的内涵、基本特征,以及在区域文化形成和发展中的地位和作用,对整个中华文化的影响。

二、越地学术思想的流变

越地学术,始于汉代。春秋战国时期是中华民族学术思想史上第一个大繁荣时期,百家争鸣,各种学术流派此消彼长,极大地丰富了中华民族的学术思想。此时的越国刚从子爵小国发展起来,句践时代国力达到顶峰,称霸一时。但从学术文化上考察,主要还停留在讨论治国之术和争霸之谋上,此时越地的学术思想集中地表现在范蠡、文种、计然等向越王句践呈述的谋略中。

---

① 参见刘墨:《乾嘉学术十论》,三联书店 2006 年版,"自序"。
② 参见李学勤、江林昌:《越文化在中国文明史中的地位以及对东亚历史文化的影响》,《中国传统文化与越文化研究》,人民出版社 2004 年版。

范蠡（约公元前536—448），越国著名的政治家、军事家和经济学家，被誉为"治国良臣，兵家奇才，商人始祖"。他的思想和言行，保存在《国语·越语》、《吴越春秋》中，在《史记·越王句践世家》、《货殖列传》和《越绝书》中也有所记载。他在回答越王句践如何治理国家时，提出"左道右术，去末取实"的观点，同时阐发了自己的天道观，认为："道者，天地先生，不知老，曲成万物，不名巧，故谓之道。道生气，气生阴，阴生阳，阳生天地。天地立，然后有寒暑、燥湿、日月、星辰、四时，而万物备。"①又说："天道皇皇，日月以为常。明者以为法，微者则是行。阳至而阴，阴至而阳。日困而还，月盈而匡。古之善用兵者，因天地之常，与之俱行。"②"术者，天意也。盛夏之时，万物遂长，圣人缘天，心助天喜，乐万物之长。"③强调顺着天意，兼得万物之利，是治理国家的根本之道。所谓末实之分的"末"是"名也。故名过实，则百姓不附。亲贤士，不为用，而外诸侯，圣主不为也"④。"实"是"谷也。得人心，任贤士也"。"田野开辟，府仓实，民众殷，无旷其众，以为乱梯。"⑤只有去虚名，重实业田垦，才能人心安定，贤明之士也会来归附，国家也才能兴旺。

范蠡在谋划如何打败吴国时，提出了"因阴阳之恒，顺天地之常"的思想："四封之外，敌国之制，立断之事，因阴阳之恒，顺天地之常，柔而不屈，强而不刚，德虐之行，因以为常，死生因天地之刑。"强调"时不至，不可强生；事不究，不可强成。自若以处，以度天下，待其来者而正之，因时之所宜而定之。……时将有反，事将有间，必有以知天地之恒制，乃可以有天下之成利。"⑥也就是说能办成大事的人，就是既能善于利用客观形势，又能充分发挥主观努力，把事业搞成功的人。他强调所谓富国强兵之道，就是能顺应"天道"，以保持国家的富强（持盈），效法"人道"，以安危机的局势（定倾），因循"地道"，以调节好政治事务（节事）。认为天时地利人和三者是相辅相成，互为条件的。

---

① 袁康、吴平：《越绝书》卷十三。
② 左丘明：《国语·越语》。
③ 袁康、吴平：《越绝书》卷十三。
④ 同上。
⑤ 左丘明：《国语·越语》。
⑥ 同上。

·5·

文种(？—前472)越国著名的谋略家,是以向越王献灭吴九术并亲自谋划实践而著名的。《吴越春秋·句践阴谋外传》云:"夫九术者,汤文得之以王,恒穆得之以霸,其攻城取邑,易于脱履。"所谓"九术":

一曰尊天事鬼,以求其福。二曰重财币以遗其君,多货略以喜其臣。三曰贵籴粟槁以虚其国,利所欲以疲其民。四曰遗美女以惑其心,而乱其谋。五曰遗之巧工良材,使之起宫室,以尽其财。六曰遗之谀臣,使之易伐。七曰强其谏臣,使之自杀。八曰君王国富,而备利器。九曰利甲兵以承其弊。凡此九术,君王闭口无传,守之以神,取天下不难。

句践采纳实施其中部分之谋术,实现了其称霸的梦想,也为文种在功成名就后的被除留下了后患。

在对敌国交往中的重谋与在治理内政中重德是构成文种思想的两个侧面。他在治国理政中强调"尚贤"与"尚同"。所谓"尚贤"就是国王、大臣要推荐好人,把重要位置让给好人,做到"选贤与能"。所谓"尚同"是包括天子、各级官吏和管事者的意志应该相同,而不应该相异。这种经世之学对后世的政治伦理有着很大的影响。

计然(倪)生卒年份不详,范蠡之师,著名谋略家,他的经济思想对越地后人的影响更是深远。《越绝书·计倪内经》载:"计倪处于吴、楚、越之间,以鱼三邦之利",后定居越国,帮助句践兴越灭吴,主持商品生产和交换活动,为越国制定了一套兴农利商的政策,以"农末俱利"、"货物官市"为基本国策,对经济施行价格调控,如把米谷蔬果定为十等,按质论价,公平交易,因而"乃著其法,治牧江南,七年而禽吴也"。

越国时期特别是句践争霸年代一批杰出人物的思想的形成不同于中原诸子百家,他们主要是围绕治国之方略、争霸之谋术展开的,是在为论证自己的方略和谋术的正确性寻找依据,往往缺乏系统性。其影响也是依靠治国和争霸的成功震慑各方,不同于中原诸子百家广收门徒,著书立说,游说于朝野,以其理论的说服力打动各方。严格地说在春秋战国时期,越地尚未形成学术探讨的氛围。

说越地学术始于汉代,是因为此时,会稽郡士人著书立说之风兴起。西汉,学术著述的重点在太湖流域。东汉以来钱塘江南岸山阴——上虞——余姚——句章一线,是当时会稽郡文化最发达的区域,士人著书立说在这一线兴起。东汉初年成书的有《越绝书》，会稽人吴君高著有《越纽录》，周长生著有《洞历》。山阴人赵晔著有《吴越春秋》、《诗细历神渊》等。特别是王充的《论衡》、《讥笑俗》、《政务》、《养性》等著述的完成，并在中原逐步开始传播其理论，引起朝野士人的震动，构成了越地学术活动的第一个高台。

三国和魏晋南北朝时期的思想界，截然不同于两汉时期的经学兴盛，崇尚的主要是《老子》、《庄子》、《周易》等经典，以道家思想解释儒家学说，追求玄远，崇尚自然，注重超然的思辨、经典的义理而又不求甚解。以何晏、王弼开其端，提出"以无为本"、"得意忘象"，认为名教出于自然，倡导谈玄析理，放达不羁。以手握尘尾、聚相论辩为"玄妙"、"旷达"。因为兴起在魏齐王曹芳正始年间，故史称这种清谈为"正始之音"。玄学的出现促进了道教思想的极大发展，逐步实现了佛教与中国儒、道的结合，表现出了三教合流的趋势，对隋唐乃至宋明思想的影响极其重大。

在魏晋清谈者中，嵇康和阮籍对当时社会政治的影响相当巨大。但就思想学术成就而言，嵇康要略胜阮籍一筹，即使当时以注《庄子》闻名的向秀也难以比拟。嵇康在钟会的眼中是："康上不臣天子，下不事王侯，轻时傲世，不为物用，无益于今，有败于俗。孝太公诛华士，孔子戮少正卯，以其负才乱群惑众也。今不诛康，无以清洁王道。"①对嵇康、阮籍在玄学中的地位作用，任继愈、余敦康有过这样的评说：

> 如果说王弼的贵无论的玄学体系致力于结合本体与现象、自然与名教，代表了玄学思潮的正题，那么阮籍、嵇康的自然论以及裴頠的崇有论则是作为反题而出现的。阮籍、嵇康强调本体、崇尚自然，裴頠则相反，强调现象，重视名教，他们从不同的侧面破坏了王弼的贵无论的玄学体系，促使它解体，但却围绕着本体与现象、自然与名教这个核心进行了新的探索，在深度和广度方面极大地丰富了玄学思想。郭象的独化论是玄学思潮的合题。……阮籍、嵇康的自然论在玄学思潮的这个发展序列中占有特别重要的地位。裴頠的崇有论与其说是针对着何晏、王弼，倒不如说是直接受到阮籍、嵇康的"越名教而任自然"的思

---

① 《世说新语·雅量》注引《文士传》。

想的激发而提出来的。①

这样的评价与汤用彤将嵇、阮归入到贵无论的划分,冯友兰视嵇、阮是正始玄风的补充有很大的区别。

隋唐及五代十国间的几百年,越地学术思想处于一个相对低潮期。

有宋一代特别是南宋时期,是我国历史上自先秦以后又一个学术繁荣时期。宋明理学是这一时期的主流意识形态,在六七百年间,传播遍及全国,大儒辈出,其影响之深远,在中国思想史上十分罕见。学术繁荣的标志是学派林立,人才辈出,形成了百家争鸣的局面。其中越地学者对学术繁荣的贡献更是十分卓著。

南宋学术繁荣的主要标志是:一是学派林立。存在着道学和心学的对立,心学学派以陆九渊为代表,道学又分为以朱熹为代表的闽学派和以张栻为代表的湖湘学派,但道学和心学的后人把两者通称为理学。也存在着与道学、心学相对立的其他学派,主要是越地永嘉学派、永康学派和婺(金华)学派,越地学派之间虽然存在着差异,但都"左袒非朱,右袒非陆"。二是学术论争频繁。鹅湖之会是中国学术史上最著名的一次学术争鸣活动,由吕祖谦发起,围绕朱陆之间为学之方的分歧展开,吸引了闽浙赣众多学者的参与,影响十分深远。朱熹、陈亮之间的王霸义利之辨——历史观之争,书信往返历时数年,各自陈述观点,但终未能取得一致的看法。此外还有关于王安石的熙宁变法和新学的争论,朱熹和陈傅良之间的争论等等,推动了各派学术的深入发展。三是书院盛行。南宋的诸多思想家同时也是教育家,他们通过聚徒讲学广泛传播各派的学术思想,由于从者盛众,形成了盛极一时的官学系统之外的私人书院,当时有著名的岳麓书院、白鹿洞书院、石鼓书院、丽泽书院等等。在众多学派中影响最大的莫过于朱学、陆学和在浙东地区形成的浙学。浙学的特点在于言性命理义的同时,"必究于史",由经入史,注重从现实出发研究历史,强调学术研究必须经世致用,提倡实学。

南宋的学术活动不但未受到统治者的支持,而且多次遭到南宋朝廷的禁止和打击,最突出的有两次,一次是淳熙年间掀起禁道学的浪潮,指责道学是伪学,以道学为罪,朱熹首当其冲,但结果殃及学人,使并非道学的学

---

① 任继愈主编:《中国哲学发展史》,人民出版社1988年版,第180页。

者也受株连,陈亮也由此被捕入狱。再一次是庆元党禁,导致学术争鸣局面的终结。庆元党禁的直接起因是韩侂胄与赵汝愚之间争权夺利的斗争,随着发展,把朱熹道学作为主要打击目标,出现党禁和学禁相结合,以政治手段来禁止学术,使得当时的所有学术活动都遭到了禁止。

南宋时期及以后越地学术活动繁荣并逐渐成为全国的学术中心,一个重要的原因在于时代的变迁。1127 年宋室南渡,建都临安,中国出现了宋金南北对峙的局面,也带来了中国东南地区的繁荣。因为临安成为全国政治、经济和文化的中心,大批北宋理学开创者的后人纷至沓来,供职于南宋朝廷,竭力以理学思想感化、熏染南宋最高统治者,同时广揽门徒,聚众讲学,对南宋学术思潮的发展有着导向之功。经过几十年的发展,理学渐趋成熟并成为南宋思想界的主流,这时候,反理学的思潮也逐渐形成。反理学阵营的主将当推陈亮和叶适两位。

自宋代以后,越地的学术研究活动十分发达,形成了四明学派、金华学派、永嘉学派、永康学派、阳明学派、蕺山学派、浙东学派等众多在学术史上占有重要地位的流派。越地山清水秀,物产丰富,不仅有宁绍平原、金衢平原等鱼米之乡,更有宁波、温州等对外贸易港口,故历来被称为"财富之上腴"①。该地区文化发达,人才辈出,思想活跃,到宋代逐渐形成一批颇具特色的学派。

明末清初是越地学术思想发展中又一个大放异彩的阶段,从阳明心学大有取代程朱理学之势,到刘宗周熔铸百家,统汇诸流以反拨和纠正王学的末流之弊,使心学不再堕坠,再由黄宗羲等传承经世致用的学术传统,开启了新一代的浙东学派的学术风气。

乾嘉学术的灿烂辉耀已经成为传统学术的回光返照,此后,传统学术已从"门庭若市"转为"门前冷落车马稀"的景象。近代西学逐渐被国人接受,开始进入学术研究活动的新阶段。梁启超在《清代学术概论》中以国学大师和西学东渐亲身经历者的双重身份,指出了传统学术及其各个学派在道光后衰微和裂变的"自身"和"环境变化"的原因:其一,汉学研究方法虽然精善,但研究范围却很拘迂。其中成就最高的训诂一科,经几代大师发明略尽,所余者不过糟粕。但汉学家们仍聚讼纷纭于此,"则其为空也,与

---

① 嵇曾筠:《浙江通志序》,光绪二十五年重刻本,商务印书馆 1934 年影印。

言心言性者相去几何？……清学以提倡一'实'字而盛,以不能贯彻一'实'字而衰,自业自得,固其所矣"。其二,嘉、道以后,社会危机严重,学者"咸知大乱将至,追根寻源,归咎于学非所用"。作为学术领域唱主角的汉学自然成为众矢之的。再加上清代实学兴盛的"发祥地及根据地"江浙地区经太平天国革命的冲击,"文献荡然,后起者转徙留离,更无余裕以自其业",经学研究领域转呈冷清局面。其三,鸦片战争后,"志士扼腕切齿,引为大辱奇戚,思所以自濯拔,经世致用观念之复活,炎炎不可抑"。而且海禁既开,学者"忽穴一牖外窥,则灿然者皆昔所未睹也,还顾室中,则皆沉黑积秽。于是对外求索之日炽,对内厌弃之情日烈,……以其极幼稚之西学知识与清初启蒙期所谓'经世之学'者相结合,别树一帜,向于正统派公然举叛旗矣"①。

在传统文化的制约下,在封建社会中,对社会现象的解释及其学术研究,基本上是在儒家伦理的指导下,没有超出经学的范围;直至晚清,由于西学东渐及社会的疾速变化,使得对社会现象的科学认识和阐释的学问,开始摆脱经学的束缚而成为一门科学。中国近代社会科学是在对旧经学的继承和批判的基础上诞生的。在传统学术向近代学术转换过程中,越地学坛依旧人才济济,在学术领域里先后涌现出一批闻名全国的新型学术大师和学术带头人,如张元济、夏曾佑、章太炎、王国维、蔡元培等。他们都曾受过传统学术的训练,又受到了西方近代文化的熏陶,并接受了西方学术中的价值观念、政治理想和科学方法。他们继承了前辈们关注学术、重视民族文化建设的精神和朴学中严谨的学风,实证主义、善于归纳等治学方法;而反封建的思想倾向则引导他们对经学进行了清理和批判,表达出强烈的摆脱经学束缚的愿望,王国维在《奏定经学科大学文学科大学章程书后》中明白地宣告:"今日之时代,已进入研究自由之时代,而非教权专制之时代。"②

龚自珍(1792—1841),杭州人,近代思想家、文学家,是传统思想史的殿军,同时也是近现代思想史的先锋,在1840年前两千多年的异端中是唯一的现代思想启蒙者,在1840年以后的启蒙者中是唯一没有受过西学影响的传统士大夫。但从没有受过西方思想影响的他,却表达出了只有在近现

---

① 引自朱维铮校:《梁启超论清学史两种》,复旦大学出版社1985年版,第5、61页。
② 姚淦铭等编:《王国维文集》第3卷,中国文史出版社1997年版,第71页。

代社会才能产生的思想原则。梁启超在《清代学术概论》中是这样说的：

晚清思想之解放，自珍确与有功矣，光绪间所谓新学家，大率人人皆经过崇拜龚氏之一时期。初读《定庵文集》，若受电然。

在他的思想中已经包含着尊重和推崇人本身的价值，把人当做"主体"来理解和对待这一体现现代社会基本特征的思想，如《壬癸之际胎观第一》强调造天地是"众人"而不是什么"圣人"、"天道"，造天地万物与自己的众人也不是"群"，而是一个个自我主宰的"我"，虽然文中的表述缺乏科学性，但"主体"意识已是昭然若揭。在此基础上，他视贩夫走卒、引车卖浆之流为创造者、创新者。"古未曾有范金者，亦无抟埴者，亦无削褚、揉革、造木几者，其始有之，其天下豪杰也。或古有其法，中绝数千岁，忽然有之，其天下豪杰也。"①举凡与民生有关的一切而有所创造、有所建树者皆为天下豪杰也，亦即每一个平凡的劳动者都可以成为天下之豪杰。这在传统观念中是振聋发聩的，也昭告着属于现代社会的新的人格精神已被认知。

清末民初，越地出现了一大批学贯中西、闻名中外的大科学家、大教育家、大文学家、大历史学家。海宁人王国维对文学、美学、哲学均有深湛的研究，他是我国近代第一个把尼采哲学引进中国的人，对安阳殷墟甲骨文字的研究，对中国古代戏曲的研究、词学的研究，使他成为我国近代最有影响的文化名人之一。蔡元培，著名的教育家，早年参加光复会、同盟会，后来担任南京临时政府教育总长、北京大学校长等职，为近代资产阶级思想在中国的传播和中国教育的发展做出了卓越的贡献，他在北京大学任上提出的"思想自由，兼容并包"的主张，对中国的教育产生了深远的影响。鲁迅，早年留学日本学医，后来觉得中国人最需要的是解除思想上的痼疾，为此弃医学文，以笔为匕首，与封建专制进行坚韧的斗争，他的杂文起到了惊醒一代国人的作用，从而成为我国近现代文学史上的大文豪。

三、越地学术思想的基本特征

纵观越地学术思想的演变和发展轨迹，即是与中华民族的整体学术发

---

① 龚自珍：《纵难宋曹生》，《龚自珍全集》，上海人民出版社 1975 年版。

展保持着基本的一致性,在宏观的经济政治环境的决定下,学术思想发展的命运经历着同样的起伏。同时,越地的学术思想发展又有着特殊的传承和有别于整体的表现,其鲜明的个性彰显出强盛的学术生命力和学术价值。有学者把越地学术思想的基本特征概括为"明道计功、正义谋利、经世致用"的人文精神,有的概括为:"一、天人合一,万物一体的整体和谐精神;二、实事求是,破除迷信的批判求实精神;三、经世致用的实学精神;四、工商皆本的人文精神;五、教育优先,人才第一的文化精神。"①如果从其源流、路径及其本质特征等方面进行考量,我以为越地学术思想的形成和发展存在着如下的特殊性。

1. 针砭时弊为越地学术之源

学术的生命力源于根植现实社会,直面社会的现实矛盾。一个关心现实的思想运动,如果不能随着现实的变化发展去探究其内在的根由和应因之策,从而形成理论或修正学说,便很容易令人有空洞或与现实脱离的感觉。

历史上学术繁荣的时期,大都是出现在社会矛盾尖锐激烈,内忧外患、动荡不安的时期。原因在于,这样的时期往往社会生产力和生产关系、经济基础和上层建筑的矛盾极为尖锐,阶级矛盾和民族矛盾交织在一起,错综复杂并不断激化,各种问题充分暴露了出来,这样的背景迫使一些善于思考的思想家研究问题、探索矛盾存在的因由,寻找解决问题的方案,一些新思想、新学派也就由此而生。正如马克思、恩格斯所说的:"在这个阶级内部,一部分人是作为该阶级的思想家出现的,他们是这一阶级的积极的、有概括能力的玄想家,他们把编造这一阶级关于自身的幻想当作主要的谋生之道,而另一些人对于这些思想和幻想则采取比较消极的态度,并且准备接受这些思想和幻想,因为在实际中他们是这个阶级的积极成员,很少有时间来编造关于自身的幻想和思想。在这一阶级内部,这种分裂甚至可以发展成为这两部分人之间的某种程度的对立和敌视……"②

越地学术活动从一开始就以积极的姿态直面社会现实中的诸种弊端,

---

① 吴光:《论浙江的人文精神传统及其在现代化中的作用》,《杭州师范学院学报》2001年第2期。

② 马克思、恩格斯:《德意志意识形态》,《马克思恩格斯选集》第1卷,人民出版社1995年第2版,第99页。

进行深刻的解剖和揭示。王充的理论研究起步于此。在王充生活的年代里,出现了经学的官学化和法典化,经学的官学化和法典化不仅使儒家典籍成为僵死的教条①,经学本身也变成了繁琐的章句之学,"说五字之文,至于二三万言"②,"学者罢老且不能究其一艺"③,经学离实际生活越来越远。更为严重的是出现了经学的庸俗化,两汉崇尚的经学是由董仲舒改造的"新儒学"发展而来的,这是一个以阴阳五行为支柱、以儒家政治伦常为内容的神秘主义理论体系,它的最大特色是强调"天人感应"。在经学的发展过程中,它逐渐演变成一种极其粗俗、荒诞的谶纬之学,并最终获得了"援纬证经"的资格。从西汉末年的扬雄到东汉初年的桓谭、郑兴、尹敏,都清醒认识到谶纬的荒诞和危害,并奋起反对。两汉之际这股反谶纬的"异端"思潮终于到王充时获得了理论总结。他在《论衡》中以天道自然论为武器,对两汉神秘化的官方学说进行了全面批判,动摇了谶纬和"天人感应"的理论基础。

到南宋时期,社会矛盾空前激化,南宋小朝廷处于风雨飘摇之中,而程朱理学空言性命道德,不但无助于解决社会矛盾,无益于统治者维护统治的稳定,而且已经日益成为阻碍社会进步和发展的思想障碍。针对程朱理学空谈心性,不切实际,不谙时务所带来的弊端,以吕祖谦为代表的金华学派、以陈亮为代表的永康学派、以叶适为代表的永嘉学派,他们注重务实,讲求事功,强调学术的经世致用,诸家大抵于经术外,精研史学,以谙悉掌故、经济、事功为务,形成了著名的"浙东事功学派"。

如果说事功学派是从讲求事功、强调经世致用的角度批判道德性命之学,那么王阳明则是从追求知行合一的致良知与道学的"天理"相抗衡。

明末清初,随着改朝换代带来的急剧社会动荡,总结前朝统治失败的经验教训,反思学术活动的得失,黄宗羲等一批著名学者孜孜以求,进行了不懈的理论探索,形成了一个思想启蒙的高潮,出现了注重经史结合、经世致用的学术风格,产生了著名的浙东学派。

2. 官学相佐为越地学术之路

自孔子以降,以入世为宗旨的儒家尽管一直存在着"有德无位"与"有

① 参见皮锡瑞:《经学历史》。
② 班固:《汉书·艺文志》。
③ 班固:《汉书·楚元王传》。

越文化通论

第一章 越地学术思想的流变及基本特征

位无德"这样不能不面对的问题,但是在很多哲人那里还是拥有相当的权力,能够在一定程度上去实现自己的某种"理想"、"思想"。汉学家 Arthur F. Wright 的一段话是非常深刻的:

> 人们必须记住,中国的哲人通常也是与社会、经济及政治事务管理相关的官员。他们总是拥有足够的权威,在行动纲领中实现他们的理念。而且他们许多抽象的表述只有通过具体的社会与政治目的的行动之中才是可以理喻的……作为哲人,他们重申与重新阐释价值,作为文人,他们赋予价值陈述以令人愉悦与令人信服的形式,作为官员,他们关照这些价值表达建制的完整性。①

以其学术的成就赢得走入仕途的资本,又以从政的经历丰富和传播着学术思想,构成了越地学者的基本学术之路。

官学相佐是古代知识分子的理想追求。越地学者除了少数终生未仕,大多或多或少、或长或短地参与政治实践活动,并从中积累经验,发现和思考社会矛盾,把探讨时政与学术研究有机结合起来,为从事学术活动奠定实践基础。在越地,官学相佐分两种情况,一是以官员的身份从事学术活动,二是在职务之余暇或罢职以后以学者的身份从事学术活动。王充在艰难的仕途中难以展示自己的抱负,致仕后潜心治学,完成《论衡》等影响深远的著作;王阳明在跌宕的官宦生涯中始终不忘学术的钻研和讲学授徒,逐渐形成"致良知"的心学体系;而南宋时期的著名学者大部分曾在朝廷任职,但他们所提出的学术观点,创立的学派以及所从事的聚徒讲学活动,都是他们的个人行为,与其所担任的官职无关。这与宋代实行祠禄制度有关。从北宋真宗开始,设宫观使以安置罢职官员,以后员额逐渐增多,到南宋"请祠"为常事,官员"奉祠"实际并不到任,只挂虚衔,但月给俸禄(低于现职官员),这样一来,就使那些不任现职的官员得以依靠祠禄来从事著述和讲学活动,而不至于有生活无着落之忧。如叶适从淳熙五年(1178)中进士第二名到开熙三年(1207)被劾罢官,为从政阶段,除两次丁忧和庆元党禁被罢职,先后为官二十多年;公元1208年后,回永嘉水心村著书讲学,为学术研究阶段。在最后的十多年中,进一步研究从年轻时期就崇信的永嘉

---

① Arthur F. Wrighted. , *Studies in Chinese Thought*, Chicago: The Uuniversity of Chicago Press, 1953, p. 5.

事功之学,并对他二十余年的政治实践加以总结,从而丰富和发展了永嘉学派的思想,以集其大成。这一阶段的研究成果集中于他评论历代学术著作的专著《习学记言序目》之中。

学而优则仕,是古代文人实现自己抱负的唯一途径,有了仕之得失与甘苦的体验后则治学,重返学术生涯是越地文人从政中的普遍现象,体现了从政价值的升华。把理政与治学统一起来,主要表现在以下几个方面:一是抨击时弊,对社会风气的深刻批判而形成的真知灼见。如王充60岁致仕后重回学术活动,提倡"实事疾妄",刘基所写的《郁离子》用生动而洗练的寓言故事反映了元末错综、尖锐的社会矛盾,并展示出作者为解决这些社会矛盾所作的种种设计。二是总结从政经验,革新政务。吕祖谦、陈亮、叶适等卸任后总结执政之要是尚功利、崇事功,追求"立国本"和"活民命"之功利,企慕合乎"天道人心"和"举而措之天下之民"的事业,在取得治国安民的实际功效的同时,获得与立德、立言并列的立功的人生价值指归。三是改造儒学思想体系。宋明两代传统儒学由此盛极而衰,以陆九渊、王阳明为代表的主观唯心主义对程朱理学提出了挑战,阳明心学成为流传甚广、影响极大的学说,在明清之际,阳明心学再经刘宗周、黄宗羲的传承和发展,创立了浙东学派。四是批判封建政治制度,开启思想启蒙的先河。黄宗羲站在"公天下"观念的视野,猛烈抨击"家天下"意识,深入思考有关对封建政体的改造与设想,尽管在封建时代无法实现,然而这种有价值的政治构想,尤其是试图以法治的社会机制来防止与阻碍封建君主制度下的专制政治的出现,期盼乌托邦式的理想社会,从中透射出的闪光的民主意识,无愧于划归中国17世纪启蒙思想的范畴,深受后世的褒赞。

3. 经世通变为越地学术之用

经世致用是越地学者从事学术活动的价值追求。若对经世的意涵做更进一步的考察,可将其内容区分为三个层面。第一,是针对制度或政治层面的兴利除弊进行的探究和思考。包括典章法制的沿革、政治准则的厘定、对国家和社会事务的掌管治理,还包括对以上诸项的批评或改革等。前者如晚明东林党的"纪纲世界"、"訾议国政"[①],后者如北宋王安石的变

———————————
① 黄宗羲等:《明儒学案》第58卷《东林学案一》,中华书局1985年版,第1399、1379页。

法。这一层面直接关系着国家和社会的治乱。第二,是针对物质或经济层面的开发进行的探究和思考,亦即"开物成务",诸如农工商贾、水利漕运、兵马钱粮等一切有关国计民生的实际事务都包括在内。这一层面直接关系着国家的强弱和社会的盛衰。第三,是针对精神或文化层面的涵养和弘扬进行的探究和思考。其重心在于建构、完善和维护社会的文化价值系统,以范导和改善"世道人心"。这一层面关系着社会各阶层道德水准的高低、精神气质的优劣、社会风气的好坏等等。上述三个层面体现了追求经世致用的思想家重建社会秩序的全面要求。

经世是越地学者从事学术活动的基本价值追求,虽然不同时期和不同个体在追求经世的侧重点上各有不同,但在寻求学术的经世致用上是共通的。

王充的经世致用是注重于塑造社会理想和规范。他在主张博学、"贵通"的同时,更强调"贵用",他把只会读书、不会应用的人称做"匿书主人"和"能言鹦鹉"。他所谓的"贵用"除了现实的实际应用之外,更在于为现实提供理想和规范。他向往的是"笔能著文,则心能谋论"的鸿儒。王充最赞扬的鸿儒,汉以前仅有孔子,汉代只有扬雄、桓谭等屈指可数的几人。他主要从三个方面肯定其人其书:其一,著作有新意,有深意,有独立见解。他称颂孔子、扬雄等人的著作"眇思自出于胸中",能"立义创意"、"兴论立说",不是鹦鹉学舌的经书注释。其二,著作以求实为宗旨。王充指出:"凡天下之事不可增损,考察前后,效验自列。自列,则是非之实有所定矣。"他认为文人为文应奉此原则。如孔子与桓谭之为文,均"得道理之实",故称孔子为素王,桓谭为素相,"孔子不王,素王之业在于《春秋》;然则桓君山不相,素丞相之迹存于《新论》者也"。其三,著书为文的根本目的是有益政道,有益教化,"文人之笔,劝善惩恶","作有益于化,化有补于正"。①

南宋一代的浙东学者的经世致用则更关注于功利。吕祖谦在《太学策问》中提出"讲实理,育实才,而求实用",主张"学者须当为有用之学"②。这与叶适、陈亮的观点无异。他说:"学者以务实躬行为本,语言枝叶。"认为做学问与百工治器一样,"百工治器,必贵于有用,而不可用工费为也。

---

① 引自北京大学历史系:《论衡注释》,中华书局 1979 年版,第 777、443、1579、1180、1650 页。

② 吕祖谦:《左氏传说》卷五。

学而无所用,学将何为也?"学术力主"明理躬行",强调经世致用,反对空谈物理心性,注重治乱兴衰和典章制度。吕祖谦在所上札子中讲:"不为俗学所汩者,必能求实学;不为腐儒所眩者,必能用真儒。"在《与内兄曾提刑》中提倡"学者以务实躬行为本"。鄙视功利是儒家的传统,到了南宋,鄙视功利,空谈心性,更加风行一时,陈亮则一反讳言功利的倾向,理直气壮地举起了功利主义旗帜,所谓"堂堂之阵,正正之旗"。叶适从功利的立场出发,重视务实精神。他治学、为文、奏事、施政,无一不从功利出发而求实效。这些被朱熹指斥为"专是功利"。"今浙中人却是计利害太甚,做成回互耳,其弊至于可以得利者无不为。"①

《宋史·地理志》说这里的人"善进取,急图利,而奇技之巧出焉"。这里与中原内陆农耕区域的安土重迁、贵本贱末、黜奢崇俭、重义轻利等等不同。乾隆《温州府志》说这里的人多兼营副业或外出经商打工。平阳一带"文风逊浙西远甚。士子得一青衿便为止境,养习商贾事","诵读者率皆志气卑小,甫游痒辄束书高阁,营什一之利"。②

而阳明心学的经世致用是关心教化人心。王门大弟子王畿强调说:"夫儒者之学,务于经世,但患于不得其要耳。"③阳明也说过须以讲学为"天下首务"的话。据此可以认为,讲学才是王门的经世之"要"。而讲学的宗旨则在于变革人心。阳明认为,"民虽格面,未知格心"④。与前者相比,后者关系到对心灵的改造,因而更加重要,也更加艰难。正因为如此,王阳明在劝励门人讲学时说:"若诸贤扫荡心腹之寇,以收廓清平定之功,此诚大丈夫不世之伟绩。"⑤王阳明把以精神建设和人心改善为宗旨的讲学运动,视为儒家首要的社会事务,因而,完全没有理由将讲学运动排斥在儒家的经世事业范围之外。以往对王学性质的评价多将其归结为与"经世致用"对立的"内省修身"之学⑥,而这恰恰忽略了王阳明以讲学为经世事业的特质。得出这一结论,并不是说王阳明的经世意识仅囿于讲学这一个层

① 《朱子语类》卷一二二。
② 民国《平阳县志·风土志》。
③ 《王阳明全集》第37卷,上海古籍出版社1992年版,第1361页。
④ 《王阳明全集》第33卷,上海古籍出版社1992年版,第1255页。
⑤ 《王阳明全集》第4卷,上海古籍出版社1992年版,第168页。
⑥ 李泽厚:《经世观念随笔》,《中国古代思想史论》,人民出版社1985年版,第270页。

面,对其他事务一概漠然视之。事实上,王阳明经世大业的着眼点虽在讲学,但其最终的社会理想仍关乎国家和天下的治平。就是说,讲学最终仍然要落实于社会政治层面。这正如王阳明所说:"今夫天下之不治,由于士风之衰薄;而士风之衰薄,由于学术之不明;学术之不明,由于无豪杰之士者为之倡焉耳。"①王阳明经世思路的基本脉络是:从聚集天下"豪杰之士"起而倡明学术亦即讲学开始,通过改变士风,进而扩展为全社会范围内改善人心的运动,最后达到天下之治。故着眼于人心改善的讲学经世,是以阳明为代表的明代儒家学者关注的焦点。

4. 批判创新为越地学术之魂

学术的生命力在于批判创新。一地之学术传统能一以贯之地维系批判创新的强劲势头,在地域文化的发展史上也是较为鲜见的现象。越地学术传统中的批判创新事实上已经成为学术之魂。批判始于怀疑,怀疑精神就是不盲从,不附合,对一些事物或现象进行冷静的思考和分析,从而得出自己的判断和结论。怀疑精神是人类思想进步、知识创新的前提。具有批判精神者大多表现出狂狷的个性,王阳明在总结自己受到众多谤议的原因时归结为有狂者胸次,归于自己只信良知、率性而动、行不掩言的处世态度。

王充的怀疑精神是他"疾虚妄"的态度的基础,也是他"疾虚妄"的利器。"疾虚妄"首先表现在怀疑一些书传记载的失实伪造,继而表现在他对崇古习气的激烈批评。我国古代普遍存在着崇古的习气,尤其是汉代,崇古之风尤重。然一味信古,以古为贵,则必然贬损今人的成就与价值,在学术上也就难以创新。王充在《论衡》中以天道自然论为武器,对两汉神秘化的官方学说进行了全面批判,动摇了谶纬和"天人感应"的理论基础。他推崇权威而不迷信权威,敢于"问孔"、"非韩"、"刺孟"。他身处谶纬之书遍布天下的时代,以他渊博的学问,敏锐的眼光,深刻的思想,敢于向迷信挑战。胡适认为"王充的哲学是批评的哲学"。进而认为:"中国的思想不经过这一番破坏的批评,决不能有汉末魏晋的大解放。"②王充之后,对于神秘化的官方意识形态的批判仍在继续。王充利用"元气自然说"对"神学目的

---

① 《王阳明全集》第22卷,上海古籍出版社1992年版,第884页。
② 胡适:《论衡校释附编四》。

论"进行的批判,直接导引出"任自然"的玄学本体论。嵇康主张"越名教而任自然",阮籍大力鞭挞"士君子礼法",皆强调自然与名教的对立,主张"无措",即不在名教上生心,化解对名教之执。

宋明两代属于儒学正统程朱理学盛极一时的时代,也是传统儒学由此盛极而衰,逐渐成为失去活力的教条化时代。从南宋的浙东学派到明代的阳明心学,构筑了越地学术活动的又一个高峰期。浙东地区以吕祖谦为代表的金华学派、以陈亮为代表的永康学派、以叶适为代表的永嘉学派,共同之处在于注重务实,讲求事功,强调经世致用。他们共同的批判目标都是直指程朱道学,批判道德性命之学是浙东事功学派的共同特点。其中的卓越代表陈亮对道德性命之学的批判更是不遗余力。结果遭到道学家们众口一词的攻讦,"谤议沸腾,讥谏百出",更有甚者,"每读亮与门下书,则怒发冲冠,心为异说:每见亮来,则以为怪人,辄舍去不与共坐"。①

明代王阳明独创"阳明心学",敢于与程朱理学叫板,反对拘守经典,对陈旧的道学格套进行了大胆批判,极大地弘扬了人的主体精神,在儒学发展史上树立了新的里程碑。王阳明是封建君主的耿耿忠臣,也为维护明朝的统治立下了大功。但他在学术思想上倡导自由,倡导人之为人的自主性,本意并不是要做君主政治上的叛逆,但却无意中成为后世"异端"思想的前驱。

黄宗羲反对思想僵化,强调独立思考,主张维新变法,他提出的"为天下,非为君;为万民,非为一姓"的民主启蒙思想,堪称启蒙主义之先驱。在中国近代思想史上,黄宗羲率先在《明夷待访录》中表达了以反对君主专制、强调万民地位为特征的"新民本"思想。"新民本"思想是明清之际形成的一种政治理念和社会思潮,是在传统民本思想基础上发展起来的一种介于传统政治与近代民主政治之间的中间形态。

张岱也是生活在天崩地裂的时代,他对其所处的社会开始发生全方位溃疡充满忧患感,也激发了他对现实政治的激烈批判。斥责"世之空列须眉,终鲜仁义",使之不得已而求之夷,更不得已而求之兽,最后感叹"以愧世人之不如猴、马者",以狂狷的姿态反映他的激愤。进而是理性地反思治乱之因果,对崇祯悲剧性的人生的评价及对党争的批评都显示出一个历史

———————————
① 《陈亮集》卷二十,中华书局 1974 年版。

学家的敏锐和深刻。

5. 爱国主义为越地学术之怀

越地学者大都是终生忧国忧民的知识分子,从不置身于国家民族盛衰兴亡大事之外。他们在其学术活动和学术思想中反映出浓厚的爱国主义情怀,高举起爱国主义的旗帜。南宋的叶适对爱国主义思想的阐述表现出了独特性和典型性,他一是突破了儒家传统的夷夏之别的思想,而以仇敌立论,以此来论证金统治者的非正义性和南宋抗金的正义性;一是突破了以往"不出于用兵则出于通和"的两极思维方式,主张走以改革弊政、改弱就强以求恢复的新路。特别是在明末清初和清末民初这样的社会大转折时期,越地知识分子所表现出来的激烈抗争,迸发出毫不妥协的硬气,作为一种群体性的现象,在中国历史上是并不多见的。

明清易代所引发的一系列问题,不能不引起清初有识之士的反思和总结。刘宗周步入政界之日,正值明代社会局势动荡、矛盾重重之际,皇帝深居宫苑、不视朝事,国势日衰。为了挽救明皇朝的危亡,刘宗周始终"清直敢言",前后上疏凡百余次,指陈时政得失,崇正辟邪。虽所论皆深中时弊,然往往以忤旨而被黜,三次革职为民,排斥在野。南明弘光元年(1645),清兵南下,破扬州,占南京,陷杭州,南明江山即将易手,刘宗周告诫儿子刘汋不要应举、不要做官,同时,他认为在这种国破君亡的情况下,为人臣子唯有一死才可以对得起天地祖宗,于是绝食而亡。

清初,众人用"天崩地裂"或"天崩地坼"、"天崩地解"来形容当时的形势。先是李自成的农民军攻入北京,明王朝中央政权覆灭的甲申之变,继是清兵入关,清王朝的建立,以及南明诸政权的败亡等一系列的巨大事变,即所谓"朝更世变"。此间,既有明末农民大起义的扫荡,也有清初汉族人民反抗民族压迫的残酷斗争,更看到了终于出现全国大一统的局面。这些对有识之士来说是五味杂陈,他们的内心世界不可避免地会出现新旧思想的矛盾和斗争。他们纷纷地对世事作出自己的判断和评价,为"天崩地裂"的社会开出自己的救疗药方。虽然清初的统治者认真地吸取了历史的经验教训,从经济基础到上层建筑采取了相应的变革措施,从而巩固了新王朝的统治,促进了经济的恢复和发展。至于汉族士大夫文人中的大多数人,他们痛定思痛,一方面不能不承认清王朝的现实统治,并为国家的统一、政治的稳定和经济的发展而欢呼;另一方面,在他们的内心深处却仍然念念不忘已经灭亡的故国,并千方百计地表彰明清易代之际的"故国忠义"。万斯同以"布衣"而傲视于清廷显贵之间,没有民族意识的激勉,是很难做到的。他虽非前朝遗民,从未食前明之禄,朝不坐,宴不与,然而以遗民自居。他在论述宋元历史中提倡"名节立身","大名节立身之大闲,名节一丧,将一生之百行俱坠,可以是为小节而不顾哉!"①他特别重视晚节,认为王应麟、黄震在宋亡后潜隐山泽,穷饿而死,"其高风峻节,真足师表万世"②,可是《宋史》在他两人的传记中,"于宋亡之后,绝不及其晚节一字"③。《明季两浙忠义考》虽是一个及其简略的写作提纲,但已经十分明确地表达了要收集桑梓抗清死难烈士或拒不仕清遗民的事迹。张岱在清朝统治者磨刀相向、文网极密的时代环境下,秉笔直书,热情歌颂在民族危亡关头的孤忠劲节和慷慨赴死精神,体现出了万死不辞的勇气和责任感。同时,将全部的爱国热情倾注到对汉民族文化传统的呵护和传承行动之中。在张岱看来,保存国史,维系民族文化传统之不坠,乃是国土被敌人侵占后作为文化人义不容辞的责任。正是这种自觉的责任感和使命感,使他选择了一条比死还难的道路:在米炊不继、清人时时搜捕的情况下,以惊人的毅力完成了《石匮书》、《石匮书后集》、《有明于越三不朽图赞》等重要著作。

清初有几次大的文字狱,皆是针对浙江的学者。雍正就因浙江的士大夫文人抗清最为激烈,又连续发生了吕留良、汪景祺和查嗣庭等人的案件,对浙江人(包括士大夫文人和民间氓庶)深恶痛绝。其七年(1729)上谕曰:"朕向来谓浙江风俗浇漓,人怀不逞,如汪景祺、查嗣庭之流,皆谤讪悖逆;甚至民间氓庶,亦喜造言生事,皆吕留良之遗害也。"全祖望对家乡的年轻一代忘却了前辈们抗清的正义斗争,对"故国忠义"事迹的漠然置之极为气愤,为此,他不遗余力、不怕风险地搜辑乡邦文献,表彰"故国忠义",以先烈和先贤们的动人事迹、崇高品德来教育年轻一代,并借此发扬传统的美德,以改变不良的"时风众势"。

纵观两千年越地学术思想的流变,源远流长,并逐渐显示出强劲的生命力,卓越的贡献力。概括其内在的特殊性,也不难发现其众多启迪后人的有价值的精神基因。

①　万斯同:《群书疑辨》卷十一《书元史陈栎传后》。
②　万斯同:《群书疑辨》卷十一《书宋史谢皋羽传后》。
③　万斯同:《群书疑辨》卷十一《书宋史王应麟传后》。

第二章 越地经史之学及特色

在两千多年的传统学术思想中,研究经史之学始终是一条主线,其中经学又是占据着统治地位的正统显学,主宰着学术话语权。越地学术思想的突出之处在于始终把经视为史,"六经皆史"成为众多越地学者的共识,在经史之学特别是在史学研究上为古代学术思想的发展做出了重大贡献,占据着重要的地位。

一、经学传统及其演变脉络

经学是中国传统学术研究的主干。自两汉至1919年的五四运动,两千年的人文学术研究始终是围绕着经学展开的。由于儒家经典具有万世教科书的地位,人们的知识水平、道德水准、行为规范以至于能否入仕为官这一切都是由对"经"的领悟和理解程度来决定的,因此,必然导致儒生士大夫对"经"的狂热考据、诠释和阐发,进而造成注经方面的支离蔓衍和种种分歧。

"经"在先秦时期已经存在。"经"字的本义是布帛的经线,经线贯穿于整幅布帛之间,从而"经"引申为常、本的意思。在中国古代,凡被尊为基本典籍,常相传授的书,便叫做"经"。那些解释或发挥经义的,则称为"传"、"记"、"说"、"解",后来还有"训"、"诂"、"注"、"笺"等名。通常经学之"经"是指以孔子为宗师的儒家所编著之书籍的统称,是被中国自西汉中期起的历代封建统治者"法定"的"经典"。经典之说出现于战国时期诸子中的记载,《管子·戒》:"泽其四经。"《荀子·劝学》:"学恶乎始?恶乎终?曰:其数则始乎诵经,终乎读礼。"《庄子·天道》:孔子"于是繙十二经以说"。《庄子·天运》:"孔子谓老聃曰:'丘治《诗》《书》《礼》《乐》《易》《春秋》六经,自以为久矣。'"

秦始皇统一六国,禁止"私学",以吏为师,只许士人学习秦朝的法令制度,但朝廷仍有博士官和儒生。西汉初期,"尚有干戈,平定海内,亦未暇遑庠序之事也。孝惠、高后时,公卿皆武力有功之臣"①,对儒家并不重视。当时,指导政治的学说首先是黄老刑名之学,其次是阴阳五行之术。文帝景帝之时,儒家的学说虽已渐被重视,长于治某经的儒生也被延立为博士,但当时博士并不是儒家所专有。直到汉武帝"罢黜百家,表彰六经",立五经博士后,《诗》、《书》、《礼》、《易》、《春秋》五书才成为"法定"的"经典"。

经学之"经"有着广义和狭义之分,狭义的"经"专指部分由封建统治者"法定"的儒家书籍,晚清今文经学派认为"经"只是孔子著作的专称;广义的"经"则可包括儒经在内并旁及一些被奉为典范的著作和宗教典籍,晚清古文经学派以为"经"是古代书籍的通称。历史上的经学之"经"主要取其狭义的界定,即是指以孔子为宗师的儒家所编著之书籍的通称,是被中国自西汉中期起的历代封建政府法定的"经典"。② 关于"经学"的含义,学术界争论不大,基本上都同意是指对儒家经典注释解说、阐发经义的学问。据周同予等的表述,比较完备的含义是:经学是训解或阐述儒家经典之学。汉武帝"罢黜百家",立"五经博士",置"博士弟子员"等一系列举措的施行,标志着"经学"的正式确立,同时也标志着中国历史上持续长达两千年

---

① 司马迁:《史记·儒林列传》。

② 参见许道勋、徐洪兴:《中国经学史》,上海人民出版社2006年版,第1页。

之久的"经学时代"的开始。直至20世纪初的五四新文化运动,摧毁封建文化,经学时代才宣告结束。

经学之"经"有三个特点,一是随着封建社会的发展和统治者的需要范围不断扩大。汉武帝初定五经,又因"以孝治天下"的需要,将《论语》《孝经》升格,称为"七经"。到唐代,《五经正义》成为科举取士的标准书,又载明经科重设"三礼"(《周礼》、《仪礼》、《礼记》)、"三传"(《左传》、《公羊传》、《穀梁传》),连同《易》、《书》、《诗》合称为"九经"。到了宋代,《孟子》也升格为经,而有所谓十三经之目(九经加《论语》、《孝经》、《孟子》、《尔雅》)。同时,儒者又根据时代需要,把《礼记》中的《大学》、《中庸》单独抽出来和《论语》、《孟子》共称为"四书"。明成祖永乐十二年(1414),御敕胡广等修《五经四书大全》"颁行天下"。二是从合法儒家书籍中挑选出来的,是以孔子为宗师的古代儒家书籍。秦汉及之后所编著的书籍,固然不能称为"经",即使是之前的儒家书籍,也不全都可以称经的。战国时期,"儒分为八"①,这些儒家,有的也曾编著书籍,如《子思》、《荀子》等都不曾被尊为经。三是能够符合封建统治者进行教化和培养人才的需要。从所有合法的书籍中挑选出法定的经典,是要把它作为文化教育和思想统治的主要工具,同时也作为培养和选拔人才的主要标准。②

经学之名最早出现在《汉书》的记载中。《汉书·邹阳传》:"阳曰:邹鲁守经学,齐楚多辩知,韩魏时有奇节,吾将历问之。"《汉书·兒宽传》:兒宽"见上,语经学,上说之,从问《尚书》一篇"。

经学在历史上有着不断发展变化的过程,在不同的发展阶段呈现出不同的特点,前人把其分为不同的学派,清代就已有"两派说"、"三派说"、"四派说"等。其中以乾隆年间纪昀主编的《四库全书总目提要》为代表的"汉学"、"宋学"两派说,以嘉、道年间的龚自珍为代表的"汉学"、"宋学"和"清学"的三派说,也有把经学分为今文学、古文学、郑氏(玄)学、和朱子(熹)学等四派或两汉、三国隋唐、宋元明及近儒四派。现代学者在经学史的研究中如范文澜、周予同等也提出了"三系说"和"新三派说"。事实上,

---

① 据《韩非子·显学》载:"有子张之儒,有子思之儒,有颜氏之儒,有孟氏之儒,有漆雕氏之儒,有仲良氏之儒,有孙氏之儒,有乐正氏之儒。"

② 参见周予同、汤志军:《"经"、"经学"、经学史——中国经学史论之一》,《文汇报》1961年2月3日。

从学术史的角度,与其是从学派的区别上进行梳理,还不如从阶段性特征上去把握其发展的脉络。可以认为汉唐是一个发展阶段,宋元明是一个发展阶段,清代又是一个发展阶段。

从两汉到隋唐的经学即所谓汉学系统,其中包括汉代的今文学、古文学和郑玄"通学",魏晋南北朝的经学,隋唐经学等,其主流倾向是"我注六经"。

今文经学是对用隶书写成的经典进行章句训诂和经义阐说的学术流派的通称。自汉武帝"置五经博士"后,今文经学成为朝廷官学,占据主导地位。西汉宣帝时的石渠阁会议和东汉章帝时的白虎观会议是皇帝下诏召开的两次重要学术会议,集学士"通经释义",为今文经学的地位奠定了基础。其间由董仲舒为代表的学者把阴阳五行学说与今文《春秋公羊传》相附会用来巩固封建君主集权,逐步建构起了一个完整的"天人感应"神学目的论的理论体系,从而使经学向神学化的方向发展。古文经学是以战国时期东方六国文字写成的遗存经典为依据进行章句训诂和经义阐说的学术流派的通称。西汉晚期刘歆的积极倡导和对古文经典的整理研究,为古文经学的振兴做出了重要贡献。王莽利用刘歆提倡的古文经学《周礼》,作为其"托古改制"的依据。以郑玄的经学成就为标志,融合今古文的"通学"(也称郑学)得到流行。所谓通学,其一是指兼通"五经",不仅专撰一经训诂,而且遍注群经;其二是指兼通古文学与今文学。也就是说,促使今古文学由对立而融合,破除门户之见,达到新的境界。由此,"通儒"成为当时学者的最高追求,东汉末应劭在《风俗通义》中对通儒的解释是:"授先王之制,立当时之事,纲纪国体,原本要化,此通儒也。"今文经学、古文经学的区别仅在于训诂所依据的文本不同,其研究的方法都是对文本的章句训诂和经义阐述,但对当时政治生活的影响是大相径庭。

到魏晋南北朝时期经学受玄学和佛学的影响,魏晋玄学家注释《易》,给经学带来了一股"玄远冷隽"的气息,令传习经业者耳目一新,其典型代表是王弼《周易注》、《周易略例》以及何晏的《周易解》等,他们把象数之学变成为思辨哲学,以言简意赅的论证代替前人的烦琐注释,以抽象思维和义理分析摈弃象数之学与谶讳迷信,开创了一代新风。南北朝时期的南北学风也出现了明显差异,当代人南朝宋刘义庆在《世说新语·文学》中记载了东晋士人的评说:

褚季野〔东晋褚裒〕语孙安国〔东晋孙盛〕云:"北人学问,渊综广博。"孙答曰:"南人学问,精通简要。"支道林闻之,曰:"圣贤固所忘言,自中人以还,北人看书如显处视月,南人学问如牖中窥日。"

即南朝经学以"精通简要"为特色,显得清新,北朝经学则以"渊综广博"为传统,较为质朴。此时的经学在本质上没有改变我注六经的基本倾向,只是着重于比"注"更为详细的"义疏"。

唐代以孔颖达奉命编订的《五经正义》成为总结汉学系统的重要标志,唐太宗为了适应国子监经学教育之需,在颁布由颜师古审核的"五经定本"基础上,命令孔颖达编撰《五经正义》,作为国子监教材,为统一的五经义疏,是对汉魏两晋南北朝经义的一次大总结,初步克服了"师说多门"的弊病。

宋元明是经学发展的一个新阶段,即所谓"宋学"阶段,其主流倾向是"六经注我",即以主观阐释为主要特征。

清代考据学家们把宋学作为与汉学相对的一个概念提出来,他们认为,"汉儒专言训诂,宋儒专言义理"①。

以训诂义疏为标志的汉学的衰落并被宋学所替代是众多因素综合而成的。首先,经学虽然含有经世之学的意味,但讲究章句或训诂的治学方式,无助于解决日益复杂的社会问题,诸如外戚、宦官专权,党争激化,豪强兼并,割据势力上升,农民起义纷起等一系列社会政治、经济矛盾等,已经难以担当经学治国的重任。其次,经学遭到了玄学思潮及来自异域的佛教和本土的道教的冲击和威胁。严重的社会危机为佛教的传播提供了有利的社会环境,佛教般若学与玄学在学理上的近似和暗合,又成为知识群体主动接受这一外来文化的内在契机。佛教以其思辨的慎密和精巧的心性理论胜过玄学,因而从原来依附于玄学而渐渐变为使玄学佛学化,并在此过程中逐步取代玄学而征服中国的上层思想界。其三,其他思想又无法代替儒家学说成为中国这个由小农经济、宗法制度及大一统政治制度特殊结构的社会的统治思想。如此一来,以经学为主要表现形态的儒家思想的更新改造已经成为必然。

与汉学相区别的宋学,具有四个最显著的特点,一是从重注疏到重义

① 江藩:《国朝宋学渊源记》,伍崇曜跋语。

理的转变。如果说汉学是训诂之学,那么宋学就是义理之学。认为沉溺于章句名物典章制度的训释,是舍本逐末,把儒学的"大义"丢失殆尽,因此,要振兴儒学唯有抛弃汉学,回到孔孟,直追三代,从儒家原典中直接寻找"大义",以自己的体验来把握儒学精神,凭己意说经。二是学派蜂拥,形成诸多不同的学术见解。关于宋学的崛起以及宋学学派的出现,全祖望有两段概述很值得关注:第一段为"有宋真、仁之际,儒林之草昧也……"①第二段为"庆历之际,学统四起……"②当时形成了胡瑗等的苏湖之学、孙复等的泰山之学、欧阳修等的江西之学,由周敦颐而得名的濂学。到宋神宗熙、丰年间更是学者辈出,学派林立,出现了张载的关学、二程的洛学、王安石的新学、司马光的涑水学、邵雍的象数学、苏轼的蜀学等学派。其中,二程开创的洛学,经过朱熹的发展、完善,形成了完备形态的理学,并成为当时的主流学派。到南宋末年,程朱理学逐渐成为官方正统学派,并延续到清末。更值得一提的是由南宋陆九渊开创的经明代王阳明发展、完善的心学一派,在晚明的思想界和学术界有压倒"朱学"之势,随着心学的广泛传播,又在全国形成了许多派别。三是以经为史,以史治经。其代表是以浙东学派通称的金华学派、永嘉学派和永康学派,其共同的特点是重视史学,正如章学诚所言,"浙东之学,言性命必究于史"③,此特点一直延续到清代的"浙东学派"。四是援佛道入儒或统合儒释道的倾向十分明显,摄取佛教和道教的理论内核,运用其理论方法和理论要素,对儒家经典进行重新研究,其对理论进行重新建构并作出全新的阐释,从而使儒学开辟了新的天地,也直接改变了此后中国思想史的整体面貌。

清代是经学发展的第三阶段,这一阶段经历了从强调重振儒家经典以经世致用到重视考据训诂的过程,即以"客观求证"为主要特征。

明朝灭亡的惨痛教训,使朝野许多有识之士深感"理学"、"心学"的空疏本质是导致国弱民贫的重要原因,是明亡的重要祸根,从而强调以经世实学取代"明心见性"之学。清代经学研究的不同学派的学术取向其实大相径庭,清初的浙东学派由经入史,治经兼治史,其研究史学的成就影响深

---

① 黄宗羲等:《宋元学案》卷三《高平学案》王梓材引,中华书局 1986 年版,第 134 页。又可参见《鲒埼亭集外编》卷十六《庆历五先生书院记》。

② 黄宗羲等:《宋元学案》卷六《士刘诸儒学案》。

③ 章学诚:《文史通义》卷五。

远,如现代史学家蔡尚思就认为,黄宗羲、万斯大、万斯同、全祖望等清代史学家,在中国史学史上的地位是难以比拟的,值得大书特书。以戴震为代表的皖派和以惠栋为代表的吴派,都是研究古文经的纯汉学地域性学派,稍晚的扬州学派是在继承和吸收吴、皖两派的学术宗旨和治学方法的基础上,逐渐形成自己的学术特色。同时,在乾嘉年间还形成了研究今文经学——《春秋公羊传》的常州学派,成为对经学研究中尊东汉古文经、重视训诂名物、以字解经的乾嘉学风的一种反拨。鸦片战争爆发前后,常州学派的龚自珍、魏源打出《春秋》公羊学旗号,借经学议政事,改风俗,思人才,正学术,经学进入近代阶段。清初,宋学一如明代那样得到官方大力提携,但在学术研究中已成颓势,可是在汉学如日中天之时,以桐城派姚门弟子方东树、湖南学者唐鉴为代表的"宋学派",他们批评汉学家以"六经"为宗、以训诂治经的学风,遵循宋明理学家以义理解经的旨趣。

清代经学研究分三个阶段。第一阶段是明末至康熙末年的经典研究,反对宋学以理说经、袖手空谈心性的学风。顾炎武大倡"舍经学无理学"之说,教学者挣脱宋明理学的羁绊,直接返求之古经,黄宗羲强调"圣经兴废,上关天运",方以智考名物、象数、训诂、音声,穷源溯委,词必有证,首开经典考据之风。毛奇龄则认为"家国天下大经,尽在六经之中"。清初的经典研究,首先是对宋代《易》学的反拨,廓清宋代学者对《易》学的种种附会之说。众所周知,宋儒《易》学繁芜,其中尤以"先天"、"太极"之说最具代表。邵雍以《易》学糅合道教之说,制定"先天八卦图"以推测自然与人世的变化规律,开创了《易》学的"先天学",朱熹又将周敦颐"太极图",结合邵雍"先天学",著成"先天太极"说。在朱熹理论的影响下,宋、元、明的《易》学研究形成了"舍图书无以见《易》"的定式。也正因为如此,宋《易》成为清初学者批判的对象。黄宗羲作《易学象数论》,从经学的角度,针对朱熹的穿凿不经,"摘发传主之讹,复还经文之旧",认为把"先天"加于文王、周、孔之前,是背离儒家传统,胡渭广泛收集了宋代以前的各种附益于《易》的图像,考证其作者、年代、内容,以及其中分合流变,来龙去脉,对错综纷纭、诡伪变异的图像背景,作了全面的清理、考证,得出"易图出于道教"的结论。此外,如王船山、孙奇逢等清初学者,对宋《易》也进行了广泛的批评和抵制。

其次是对经学原典的整理考订。朱彝尊的三百卷《经义考》,是中国第一部儒学经籍史,其中博采晚周先秦迄于明代的经典研究成果,包括逸经、纬书、拟经之类的各种著述,通过考订,使流传二千余年的经传之原委——可稽。作为嘉庆间阮元编纂的《十三经注疏》之先行者,它成为清初经典研究的要著。阎若璩的《古文尚书疏证》广引经传古籍,将自东晋以来被立于学官的这部《古文尚书》考证其伪,从而使雄踞意识形态顶端上被尊奉了一千多年的圣经,终于恢复了原貌。张尔岐绝意仕途,潜心经籍,对《礼》有精深研究,所著《仪礼郑注句读》,章分经注,酌定句读,融以己意,考辨详博,被誉为开清代《礼》学研究之先河。对经学原典考订的意义在于回归经学原典的学术取向,表明了清初的学术研究方向,正朝着实证和理性的方面转移,这在客观上为清代乾嘉考据学的兴起和发展作了必要的准备。

第二阶段是从乾嘉到道光年间的清代经典研究鼎盛时期。这一时期的"复古"倾向迅速抬头,尘封的周秦古籍、久被遗忘的汉代经注、失传已久的古音古字,以及宋元时代的木刻本或手抄本,都成了学者争相研究的对象,形成乾嘉考据学派。因其研究要求是弄清材料的本貌,及把零散或亡佚的材料系统化,即训诂、考证、订补、校勘等;其研究的方法是对所研究的问题广泛地收寻材料,每事必穷根源,所言必求依据,讲究旁参互证,解决逻辑矛盾,反对空谈臆度,也反对孤证立论。

第三阶段是从道光年间到近代中国,经学研究呈现回光返照。19、20世纪之交,俞樾、黄以周、孙诒让三人以盖过当代经师的学术成就,让古老的汉学在越地闪烁了最后的光耀。

二、越地学者的治经传统

越地学者在经学发展史上长期以来都占据着重要的地位,发挥了重要的作用,许多学术思想在当时后世都产生了重要的影响。

余姚虞氏为易学世家,自虞光开始治孟氏《易》,其子孙世传其业,至东汉末年虞翻时已传五世,而虞翻(164—233)是孙吴江东世族中最有成就、最有影响的经师,是当时孙吴三家《易注》之一。裴松之注《三国志》卷五十七《虞翻传》引《虞翻别传》载,其自述家世云:"臣高祖父故零陵太守光,少治孟氏《易》;曾祖父故平舆令成,缵述其业。至臣祖父凤为之最密。臣亡考故日南太守歆,受本于凤,最有旧书,世传其业至臣五世。"虞翻除《易注》

外,尚有《周易日月变例》6卷(与陆绩合撰)、《周易集林律历》1卷、《易律历》1卷、注《论语》10卷、《春秋外传国语》21卷、《扬子太玄经》14卷、《老子》2卷。虞翻之后,虞氏家族仍有精于《易》学者,如南朝虞通之善言《易》。自东汉直至唐初文化名人辈出,著述宏富。据《余姚市志》统计,虞氏家族从事学术活动的有25人,其中18人史籍记载有学术著作62种965卷,内容涉及经学、史学、诸子学、天文学、历法学、医药学、书法学和金石学等。

山阴贺氏是东汉以来的礼学世家。贺循(260—319),其先庆普,汉世传《礼》,世所谓庆氏学。汉安帝时,庆纯博学有重名,官至侍中,因避安帝父讳,改为贺氏。此后,山阴贺氏世传礼学不变,至六朝仍为经学世家。贺循博览众书,尤精礼传。晋室南渡,朝廷在礼制上有疑滞之处,皆咨之于贺循,循常依经礼而对,《晋书》卷六十八称他"为当世儒宗"。南朝,贺循曾孙贺道力善《三礼》,其子贺损亦传家业,后人传研《三礼》者众多。

山阴孔氏东晋以来世治五经。孔安国(前156—前74)以儒素显,孔坦通《左氏传》。南朝孔金少师事何胤,通《五经》,尤明《三礼》、《孝经》、《论语》,为五经博士,其子淑玄颇涉文学,官至太学博士。孔子祛通经术,尤明古文《尚书》,兼国子助教,讲授《尚书》,曾为梁武帝撰写的《五经讲疏》、《孔子正言》检阅群书作义证。

其余如山阴谢氏、武康沈氏、盐官顾氏、钱塘范氏、朱氏、杜氏等在经学上均卓有建树,不断有著作问世,

北宋庆历之际,经学研究"浙东则有明州杨〔适〕、杜〔醇〕五子,永嘉之儒志〔王开祖〕、经行〔丁昌期〕二子,浙西则有杭之吴存仁,皆与安定〔胡瑗〕湖学相应"①。

南宋时期,讲究"道问学"的程朱理学和讲究"尊德性"的陆学,讲求事功的浙东学派之间的研究路子各不相同,但他们的共通之处在于都是以经学为基础。陆九渊述而不著,善于演讲,形成一个颇有影响的学派。其中得力弟子多在浙东,代表人物就是被称为"甬上四先生"的杨简、袁燮、舒璘、沈焕。陆学直到明中叶开始,在王阳明的大力倡导之下,"心学"才重新获得了很大发展,并在晚明的思想界、学术界有压倒"朱学"之势。

---

① 全祖望:《宋元学案·序录》。

南宋经学在以吕祖谦为代表的"金华学派"中表现各不相同,全祖望在《宋元学案》中把以吕祖谦、陈亮、唐仲友为代表的三派统称为"婺学",认为:乾嘉之际,婺学最盛,东莱兄弟以性命之学起,同甫以事功之学起,而说斋则为经制之学。①

吕祖谦之学又称"吕学",是金华学派的真正代表。吕祖谦(1137—1181),祖上由北地南迁,官宦世家,是北宋的显赫家族,家学渊源深长,被选入《宋元学案》的就有17人之多,故入南宋后有"传中原文献之学"之说。吕祖谦经学著作颇多,有《东莱左氏博议》、《吕氏家塾读诗记》、《书说》、《易说》(亦名《系辞精义》)、《古周易》、《古易音训》、《周易传义音训》、《春秋左氏传说》、《春秋左氏传续说》等多种。②

吕祖谦的治经特点,一是"以经为史",尝谓:"观史先自《书》始,然后次及《左氏》《通鉴》欲其体统源流相承接耳。"③二是目的在于"致用",强调"学者须当为有用之学",认为孔门弟子在治国理政方面就难与管仲相比④,这与当时的陈亮、叶氏的事功学说相一致。对此,朱熹在其《文集》和《语类》中有过许多严厉指责,但同时也受到浙东学者的好评。

陈亮的学说以重史及事功著称,又被称为永康学派,在经学上无大的建树,且以后即不传;唐仲友的经、史学均负时名,经学著作有《六经解》、《孝经解》、《九经发题》、《经史难答》等多种,惜都不传,又其与朱熹交恶,为历史上的一大公案,浙东诸子均不与其交往,其学亦很快失传。

关于宋元之际的金华朱学,首先涉及的是"北山四先生"。《宋元学案》卷八十六云:"晦翁生平不喜浙学,而端平以后,闽中、江右诸弟子支离、舛戾、固陋,无不有之,其能中振之者,北山师弟为一支,东发为一支,皆浙产也。"此处北山一支是宋元之际活跃于金华地区的北山四先生:何基、王柏、金履祥和许谦。他们因推广朱学有功,受到后世的褒扬,被列为理学的正宗。

他们承接于朱熹的亲传高足黄干。全祖望称:"嘉定而后,足以光其师传,为有体有用之儒者,勉斋〔黄干号〕黄文肃公其人,与玉峰、东发论道统,

① 参见全祖望:《宋元学案》卷六十。
② 参见潘富恩、徐余庆:《吕祖谦评传》,南京大学出版社1992年版,第一章。
③ 《吕东莱文集》卷三。
④ 参见同上书,卷二十。

三先生之后,勉斋一人而已。"①在黄干的受业弟子中,何基可谓最得师传。何基终生布衣,隐居孤里盘溪,以传播朱学为业,在学术上"确守师训",思想上缺乏创造性。《宋元学案》称其"研精覃思,平心易气,以俟义理之自通,未尝立异以为高,徇人而少变也。凡所读书,朱墨标点,义显意明,有不待论说而自见者。杨与立深推服之。先生未尝开门授徒,闻而来学者亦未尝立题目作话头。王鲁斋柏登其门,先生举胡五峰之言曰:立志以定其本,居敬以持其志,志立乎事物之表,敬行乎事物之间。先生有文集三十卷,其间与鲁斋问辩者十八卷,盖一事而至十余往复,先生终不变其说也"②。

王柏也与何基一样,淡泊名利,毕生探讨生命之学,其志趣、操守和处世态度均似何基。但他比较关注社会现实问题,如他主张改革当时的科举制度,恢复古代的考选制,并提出"富国强兵,以理财为本"的思想,这对一个理学家来说,是难能可贵的。

金履祥从事讲学,以著述终其生,受业于何基,但思想更接近于王柏,具有怀疑精神,也较关心社会现实问题,具有强烈的爱国思想。

许谦受业于金履祥,金去世后,专事讲学,"为学者师,垂四十年,著录迨千余人。……四方之士,以不及门为耻"③,门墙之甚,逾前面三人,与北方大儒许衡并称"南北二许"。在学术上企图折中朱陆关于"尊德性"和"道问学"的论争,从而鲜明地表现出朱陆合流的思想倾向。但从总体来说,他对理学的承传多拘守家法,阐述多而建树少,未能继承王柏、金履祥的疑经精神。

北山一派在元代的传承可以说是绵绵不绝,至宋濂时知名的学者多达一百余位。其中黄溍和戴良的学术思想具有明显的多元性。黄溍出生于婺州名族,幼时接受正统的儒学教育。成人后不名一师,交游甚广,曾与当时著名的学者论学问道,从而使他的思想具有多元化的特点。他继承了吕祖谦倡导的博采众长的金华学风,除对婺学、朱学进行深入的研究之外,对永嘉之学、陆学等学术的源流分合也作了认真的探讨。所以,黄溍之论学,主张义理与事功并重统一,反对并批判义理派与事功派的相互轻视、相互指责。其学术思想呈现出兼重义理与事功,博采心学、气学以及传统儒学,

---

① 黄宗羲等:《宋元学案》卷六十三《勉斋学案》。
② 黄宗羲等:《宋元学案》卷八十二《北山四先生学案》。
③ 黄溍:《许谦墓铭志》,《金华黄先生文集》卷三十二。

甚至老庄之学,而成融通各家之势。戴良也不守金华学统,学术驳杂,混朱学、陆学、老庄之学及其他杂学为一。他公开推尊陆学,写了不少文章津津乐道佛法方术,这些都表现出对金华学统的背离。也正因为如此,戴良不像金华朱学前辈那样拘谨迂阔,他的学术眼光要现实得多。他从致用的立场出发,对义理之学、文章之士都给予深刻的批判。他所挣破的不仅仅是金华学术的樊篱,而是一切空疏无用的学问。

金华朱学有两个显著特点:一是学源交叉,博采众长,呈交融之势。入元后,婺学之兼容并包的学术风范对朱学有很大影响。二是理学和文学并重,最终有"流而为文"的趋势,一反以前理学家重道轻文的倾向,如二程认为"作文害道"、"玩物丧志",但婺州理学家是既重道也不废文,大多有文集行世,并且给后世留下了许多富有理学色彩的文学评论,在元代文学史上都占有重要地位。

理学在明代的发展,全祖望认为方孝孺与曹端是南方理学的起点,薛瑄与吴与弼是北方理学的起点,是明代理学开山的"四君子":"明初学统,逊志先生起于南,曹学正起于北,嗣之则吴聘君,起于南,先生〔薛瑄〕起于北。三百年导山导水,必自嗣君子为首。"①

明代中期王阳明的心学十分流行,大有压倒程朱理学之势。后来变得日益空疏,被视为"狂禅"。阳明之学,以"龙场悟道"为界,前后各有三变,不仅建立起其"心学"体系,更集历史上"心学"之大成,他的"心即理"、"知行合一"、"致良知"、"四句教"等命题,属于哲学范畴。就其经学而论,其著述有《五经臆说》、《大学问》、《大学古本傍释》等。

他提出经学即心学的观点,把"六经注我"推向极端:

> 六经者非他,吾心之常道也,故《易》也者,志吾心之阴阳消息者也;《书》也者,志吾心之纪纲政事者也;《诗》也者,志吾心之歌咏性情者也;《礼》也者,志吾心之条理节文者也;《乐》也者,志吾心之欣喜和平者也;《春秋》也者,志吾心之诚伪邪正者也。……故六经者,吾心之记籍也,而六经之实则具于吾心。②

由此,他批评传统的儒者说:

---

① 全祖望:《薛文清公画像记》,《全祖望集汇校集注》,上海古籍出版社 2000 年版,第 1101 页。

② 《王阳明全集·稽山书院尊经阁记》。

而世之学者,不知求六经之实于吾心,而徒考索于影响之间,牵制于文义之末,硁硁然以为六经矣。……呜乎! 六经之学,其不明于世,非一朝一夕之故矣。尚功利,崇邪说,是谓乱经;习训诂,传记诵,没溺于浅闻小见以涂天下之耳目,是谓侮经;侈淫辞,竞诡辩,饰奸心盗行,逐世垄断,而犹自以为通经,是谓贼经。①

阳明心学作为理学的内部反对派,与官方之学的"朱学"立异,以"反传统"的姿态出现,在明代中后期的思想学术界造成极大影响。随着"王学"的广泛传播,在全国形成了许多派别,黄宗羲在《明儒学案》中除立《姚江学案》外,还列出"浙中王门"、"江右王门"、"南中王门"、"楚中王门"、"北方王门"、"粤闽王门"等《学案》,此外如《泰州学案》、《蕺山学案》等应该说也都出于"王门"。阳明后学在经学方面的态度可分为两种:较多的是从"经学即心学"出发,轻视经典,甚者则更有所谓"粪土六经"之说,典型代表当推王畿和李贽,如王畿把陆九渊"六经皆我注脚"命题纳入"王学"体系,认为"良知是六经之枢纽,故曰:'六经皆我注脚'"②。李贽则把六经与童心对立起来,认为"六经、《语》《孟》,乃道学之口实,假人之渊薮"③。较少一些人则不同意上说,如王艮提倡"以经证悟,以悟释经",罗汝芳、焦竑、陈第等也颇重经学研究。但总的来看,王门后学大多不重经学,至其末流则"束书不观"而流为"狂禅"。

黄宗羲的经学思想,主要贡献是对宋《易》的批判清算。《周易》是六经之首,在研究中先后创立了"太极"、"河图洛书"、"先天"、"后天"等说,长期以来鲜有质疑,直到清初才出现了广泛的怀疑、抵制与批评,其中尤以黄宗羲《易学象数论》最具代表。《易学象数论》六卷,内外各三篇,内篇重在理论批判,对邵雍、朱熹先天《易学》发难,对宋元明以来迷信图书之学,不敢议论朱子,作了严厉的批判,成为清初第一部抨击《易》学异端的著作。他明确指出该书的任务就在于把依附于《易》以行的九流百家之说,剥离出去,还《易》以《易》,还象数以象数。

此后,德清胡渭所著的十卷本著作《易图明辨》在清代经学史上具有很高的学术价值。万斯同以为:"以此布于人间,《易》首之九图,即从此永废

①《王阳明全集·稽山书院尊经阁记》。
②《龙溪王先生全集》卷一。
③ 李贽:《焚书·童心说》。

可也。"胡渭对易图的考证,不仅使《九图》从此永废,而且从经学史的角度理解,他指出易图并非是孔子真传,不得与圣人经典相混淆,实际为儒经考据张目。

余姚卢文弨是皖派的著名经学家,也是乾嘉之际著名的校勘学家之一,他所校《荀子》是清代咸丰、同光以前最善之本,此外,《春秋繁露》、《颜氏家训》、《经典释文》、《吕氏春秋》、《墨子》等都经卢文弨手校而成善本。与戴震、段玉裁切磋经义,潜心研究汉学,校刊了《抱经堂丛书》15 种,辑成《群书拾补》。自著有《礼仪注疏详校》、《广雅注》等。

万斯大注重于《礼》经研究。万斯大治学师从黄宗羲,主张"非通诸经,不能通一经;非悟传注之失,则不能通经;非以经释经,则亦无由悟传之失"。这对清初学术致力于经文本义,冲破宋儒"传注之重围",归还儒经本来面目,具有积极的学术价值。万斯大一生专注于《礼》经研究,尤其偏重三《礼》中论郊、论社、论祖宗、论明堂、论丧服诸义,辨正商、周改月改时,周诗周正,及兄弟昭穆等,都非常精确,被当时学者誉为"冠古今必传之作"。著有《周官辨非》、《仪礼商》、《礼奇偶笺》、《学礼质疑》、《学春秋随笔》等。另据《文献征存录》载,有未刊稿《礼记集解》与《春秋明辨》二种。对万斯大的经学成就,黄宗羲称赞他的"穷经","破坏训诂"的浅陋。①

万斯同的经学思想也是以《礼》学为主,兼涉《书》学和《诗》学。万斯同的经学与宋学和晚明经学相比较,具有鲜明的特点,一是不空谈是非,而是求证于经传注疏,反映了他的独立思考和怀疑创新精神。他非郑玄,疑朱熹,力排众儒,甚而疑经非圣人所著,倡言"不必以前王所定为一字不可增损也"②。与宋学的"务别是非"和明学的"各舒心得"不同,万斯同致力于引古义③,重实证,实事求是,持之有故,言之有理,反映了经学史上由虚返实的趋势。二是汉宋兼顾,根据不同的特点进行取舍。他认可宋学的特点"言义理"而批评宋儒的"凭臆而论"④,主张后来所谓的汉学的"考制度",但批评"暗于识而疏于经术"⑤。三是继承黄宗羲倡导的"经术所以经

---

① 黄宗羲:《南雷书历》卷二《寄陈介眉兼怀贞一》。
② 万斯同:《群书疑辨》卷二《买妾》。
③ 参见《四库全书总目提要经部总叙》。
④ 万斯同:《群书疑辨》卷五《周正辨一》。
⑤ 万斯同:《群书疑辨》卷六《禘说二》。

世"的特点。浙江学使汪廷珍在评说他的《礼》学时认为:"明先圣之制,砭流俗之失,酌古今之宜,浍情理之中,尤尽善可施用。"①李慈铭也认为万斯同论丧礼,"酌古礼以正时俗凶礼之失,皆切实可行,不为迂论"②。万斯同著有《儒林宗派》和《石经考》,在《儒林宗派》中以图标的形式列出"纪孔子以下迄明末诸儒",所载人物之多实属空前,时间跨度为在他之前的整个中国封建时代,这样对中国学术思想的大规模清理,在历史上尚属首创。此外还有以《明史稿》为代表的不少史学著作。

全祖望也有不凡的经学成就。章学诚曾指出,全祖望"其文集专搜遗文轶献,为功于史学甚大"③。李慈铭《越缦堂日记》则曰:"谢山最精史学,于南宋、残明尤为贵。"其实全祖望对于搜访乡邦文献,以表彰忠义、激励节气的工作是相当自负的。尝谓"非予表而出之,其谁更表而出之!"④他的友朋和弟子,亦无不推崇他在这方面的功力和贡献。全祖望4岁就塾诵四子书、诸经。8岁便读《通鉴》《通考》,为人峻严狷介,爱憎分明,32岁成进士,入庶常馆,因不附时相,遂罢官归里。44岁出任蕺山书院主讲。一生著作颇丰,与经学史有关的主要是《宋元学案》。《宋元学案》原是由黄宗羲在完成了《明儒学案》后着手编撰的,但黄宗羲仅仅写成了《叙录》与正文17卷便去世了。其子黄百家继续编撰,也未成而卒。直到全祖望才大体完成了这一巨著。《宋元学案》100卷,共列87个学案。其中涑水、百源、濂溪、明道、伊川等9个学案分上下卷,余下一案一卷。体例基本采用《明儒学案》的编撰原则。每案前首列一表,以明学术系统,继缕述学说要旨,并附列学侣、同调、家学、门人、私淑、续传等人事迹,调理细密、井然。所述主要是宋代学术流派,也包括部分元代的学术流派。其中全祖望自撰45个,修补17个。在黄宗羲所撰的25个学案中也有经过全祖望修改的。因此,《宋元学案》实际上大部分是由他编撰而成的。对此,全祖望也很自负,说"余续南雷《宋儒学案》,旁搜不遗余力。盖有六百年来儒林所不及知,而予表而出之者"。全祖望研究经学的专著,除了《经史答问》外,仅收录于《鲒埼亭集外编》中的还有《汉经师论》、《唐陆、孔二京师优劣论》、《三家易学

---

① 万斯同:《群书疑辨·汪廷珍序》。
② 李慈铭:《越缦堂读书记·群书疑辨》,上海商务印书馆1959年版。
③ 《章氏遗书》卷十三《校雠通义外编与胡雒君论校胡稚威集二简》。
④ 全祖望:《鲒埼亭集》卷十六《提督贵州学政翰林院编修九沙万公神道碑铭》。

同源论》、《尊经阁祀典仪》、《毛诗初列学官考》、《周礼正岁正月考》、《原纬》等,都有卓识。

章学诚在经学史上的地位,主要是在他的名著《文史通义》中,完整地提出了"六经皆史"的命题。关于经史关系问题,唐宋以来学者如隋王通,南宋陈傅良、叶适,明宋濂、王阳明和李贽等都曾讨论过。王阳明曾提出"五经皆史说",李贽曾提出"经史相为表里说",但系统讨论经史关系,并赋予以一种新的含义,则是章学诚。他认为,六经只是先王施政的历史记录,六经皆史的史,专指史学,而不是历史资料。六经所以皆史,是因为其中有"史意"存在。他强调编撰历史,必须具有史意,并兼及"经世"之用,反对那种泥古不化、墨守师说、言古必胜今的论调。正是基于这种认识,章学诚从"六经皆史"、史学就是经史之学立论出发,探讨了古今学术源流的演变,从而提出了一整套对史学的看法。"六经皆史"这一命题的提出,不仅是针对当时脱离实际的考据学和空洞说教的理学的批判,而且继承了黄宗羲等人的经世致用思想,改铸了传统史学理论,并具有将经学还原为史学的性质。

邵晋涵精于史学,但不废治经,以郭璞《尔雅》为宗,兼采汉人旧注,撰《尔雅正义》20卷,为研究训诂学的重要著作。开清儒重新注疏儒家经典之先河,在清代经学史上占有重要地位。然而他最为当时学者所推崇的却是史学,乾嘉学人"言经学则推戴吉士震,言史学则推君"①。此外,还有《孟子述义》、《谷梁正义》、《韩诗内传考》、《皇朝大臣事迹录》、《方舆金石编目》、《輶轩日记》、《南江诗文抄》等著作传世。

从两汉以来的世家治经到宋代事功主义学者追求经世意义上的治经,有清一代,越地一大批史学家在经史结合上治经,构成了越地学者经学研究的基本轨迹。

三、从经即史到六经皆史的经史观

在经学的发展中,经史关系是始终一个绕不开的话题。经史之学分治大约在东汉或魏晋时期。到西晋时已经开始频频使用"经史"一词,意味着

---

① 钱大昕:《潜研堂文集》卷四十三《邵君墓志铭》。

经与史发生了分离。"经史"一词的出现、目录分类的变化、教育中史学科目与经学科目的分别设置都反映了一个共同的事实,那就是,史学确实独立了。史学摆脱经学而独立表明人们对经、史的认识有了变化。

经史之学分治,东汉的王充可谓是思想上的先行者。《论衡·谢短篇》中提出:"夫儒生之业,五经也。南面为师,旦夕讲授章句,滑习义理,究备于五经,可也。五经之后,秦汉之事,不能知者,短也。夫知古不知今,谓之陆沉,然则儒生,所谓陆沉者也。五经之前,至于天地始开,帝王初立者,主名为谁,儒生又不知也。夫知今不知古,谓之盲瞽。五经比于上古,犹为今也。徒能说经,不晓上古,然则儒生,所谓盲瞽者也。"

文中王充责难儒生只懂五经而不了解古今历史,这当然是对史学的强调。不过,更为引人注目的是他的叙述方式,他把历史分为"五经之前"与"五经之后",言外之意,"五经"只是这之间的一段历史的记载而已,儒生所了解的历史仅至于此。这实际上已是视经为史了。所以,他又说:"儒者不见汉书,谓汉劣不若,使汉有弘文之人经传汉事,则《尚书》、《春秋》也。"经亦史,史亦经,这种大胆的思想使我们在经学泛滥的时代看到了史学振兴的可能。余英时先生称王充为"晚汉思想界之陈涉"①,比喻极为恰当。

汉代以后,尊经、治经成为学术思想史的主流。王充本着"疾虚妄"的精神,不仅批判今文经学,而且对"经"的本身也表示怀疑。他说:"儒者说五经多失其实。"又说:"经之传不可从,五经皆多失实之说。"②指出当时的人以五经为是非标准,"使言非五经,虽是不见听"。认为,如果五经真是出于孔门,一直是完整无缺,情犹可说。可是,五经经过秦朝的禁、烧,都是残缺不全的,各家的编排注释,"不知何者为是"。至于诸子之书,并没有受过这种灾难,"秦虽无道,不燔诸子","文篇具在"。"由此言之,书亦为本,经亦为末。末失事实,本得道质。""知屋漏者在宇下;知政失者在草野;知经误者在诸子。"③

经史关系的讨论实际上是从宋代开始的。以二程为代表的理学家们将"理"与"事"的讨论转化为经史关系的讨论,形成强调读经轻史的实事,

---

① 余英时:《汉晋之际士之新自觉与新思潮》,《士与中国文化》,上海人民出版社 2003 年版。

② 王充:《论衡·正说》。

③ 王充:《论衡·书解》。

二程认为:"盖《春秋》圣人之用也,《诗》《书》《易》如律,《春秋》如断案,《诗》《书》《易》如药方,《春秋》如治法。"表现出明显的荣经陋史倾向。

吕祖谦认为"经即史"。他提出"当如身在其中"的观史之法,也就是要从历史的客观实际即从当时当地的具体历史环境中来分析、考察问题,总结历史之经验教训,锻炼培养自己处世应事之能力,也只有这样学习、研究历史,才能达到"经世致用"的目的。观史就是要学会对历史的分析与思考:"看史须看一半便掩卷,料其后成败如何。其大要有六:择善、警戒、阃范、治体、议论、处事。"①这样的方法只要坚持不懈,就可以收到"学问亦可以进,知识亦可以高"的效果,这同当时朱熹把"天理"作为评论历史事件和历史人物的最高标准,所谓"陶熔历代之偏驳,会归一理之纯粹",做到"合于天理之正,人心之安"②的观点存在着严重的分歧。

在吕祖谦那里经、史没有轻重先后之分,常常将经史并论,而且坚持认为儒家经典本身也是属于史籍之列,如"观史先自《书》始"明确把尚书列为史籍,后世"六经皆史"之说,亦可能发轫于此。并且积极评价秉实写史的史官,认为有功于圣人。

认为国家大事和社会进步取决于"合群策、集事功",决不是帝王个人之事。他以古之句践、刘邦君臣共谋大事为例说明这一观点,实际上匡正和否定了当时盛行的心术决定论。在吕祖谦看来,古代圣人之所以超越"后世之君",关键就在于他们在处理问题时,注意汲取"众人聪明","是以天下之耳目为耳目,是上下远近俱无雍蔽不通下情者,此舜即位第一件事"③。

强调历史的发展是"有因有革",亦即对基本典章制度和政治伦理观念只能是"因"而不是"革",但重要的是不能借谨守祖宗之法因循守旧,坐视其弊,而必须大胆革除已经过时的陈规陋习,"祖宗之意,只欲天下安,我措置得天下安,便是承祖宗之意,不必事事要学也"④。如此说是基于这样一种认识,即历史总是在向前发展的,"先世制度"只能适应"先世",而不能适应"后世",因此,"施行先世制度于近日"是注定不能成功的。

---

① 《吕东莱文集·杂说》卷二十。
② 李方自:《资治通鉴纲目后序》。
③ 《吕东莱文集·杂说》卷二十。
④ 《吕东莱文集·说盅》卷十二。

　　陈亮提出了"察古今之变,识圣人之用,而得成顺致利之道"①的史学观点,他对《六经》的见解,与后人的浙东学派有异曲同工之妙。他认为《六经》决不是关于某种抽象义理的说教,它们所记载的也不仅仅是仁义道德之说,而更是先王遗制与圣人之志,是先王致天下太平的实迹。在《六经发题》等著述中,强调《六经》的根本意义乃在于记载了先王施治的实迹,体现了特定的历史现实,反映了处于该现实条件之下人类对于天道的实践与贯彻;简言之,《六经》即载道之书,故"《六经》作而天人之际其始终可考矣"②,已经取消了《六经》独立于历史过程的绝对性而将其纳入历史的一般范畴。如果《六经》不是历史现实的体现,而"无非仁义道德之说",那么所谓尧舜之治、三代之道的实际情形,又从何知之? 今世儒者又何从得之? 唯有《六经》是历史的先王之遗制于三代行道之实才可能在人们的认识活动中获得还原。由此陈亮确实是将《六经》与"诸史"相提并论:

　　　　《六经》、诸史,反复推究,以见天运人事流行参错之处,而识观象之妙、时措之宜,如长江大河,浑浑浩浩,尽收众流而万古不能尽也。③

　　淳熙十一年至淳熙十三年陈亮与朱熹的"王霸义利之辩",是双方在历史观上重大差异的集中体现。理学家的道统说认为道统从尧舜至孟子后遂成绝学,及至北宋二程出,方得直接于孟子之后。朱熹在《中庸章句序》中最先提出"道统"一词,"盖自上古圣神继天立极,而道统之传有自来矣"。在叙述了周召之前的道统之传后,评价夫子"则虽不得其位,而所以继往圣、开来学,其功反有贤于尧舜者"。并强调"程夫子兄弟者出,得有所考,以续夫千载不传之绪……"陈亮与朱熹的争论焦点在于"汉唐之义不足以接三代之统绪",反对将战国秦汉以降的千五百年历史排斥在这一系统之外,而要求将道统说真正贯彻到底。按照他的理解,"夫子之道即尧舜之道,尧舜之道即天地之道"④,若天地之道为博厚高明悠久无疆,则尧舜之道必有同样性质,而不可能秦汉以后即为不存。当先王致治之初,仰则观象于天,俯则观法于地,近取诸身,远取诸物,遂确立以天地之道措置于民情

---

① 《陈亮集》卷二十三《书林勋本政后》。
② 《陈亮集》卷十二《传注》。
③ 《陈亮集》卷三十六《钱叔因墓碣铭》。
④ 《陈亮集》卷十九《汉论高帝朝》。

物故的致治原则。及尧舜作而王天下，"通其变，使民不倦，神而化之，使民宜之"①，提出三代之制，虽相因而又不尽相同，"因时立制"乃为"万世法程"。若就这种精神实质而言，汉唐之所以治天下之道实与三代无异。若必以汉唐为不足以接三代之统绪，则不仅否定了道之常存不息的绝对性，而且否定了圣人之道的普遍有效性，这样也就割裂了作为道的完整运动而展开的社会历史之过程的连续性与统一性。

以叶适为代表的永嘉之学，溯源于北宋庆历之际的王开祖、丁昌期等，以后周行己、许景衡等又把"洛学"、"关学"传到温州，但形成学派则在南宋。叶适是集大成者。叶适的学术重事功，其著述颇留意于政治、经济、军事。在经学方面，他亦多新见，详载于其《习学纪言序目》一书中，清四库馆臣曾评论说："今观其书，如谓'太极生两仪'等语为文浅义陋，谓《檀弓》肤率于义理而謷缩于文词，谓孟子、子产不知为政，仲尼'不为己甚'语皆未当，此类不免于骇俗。然如论读《诗》者专溺旧文，不得《诗》意，尽去本序，其失愈多；言《国语》非左氏所作；以及考子思生卒年月，斥汉人言《洪范》五行灾异之非，皆能确有所见，足与其雄辩之才相副。"②

叶适关于经、史关系的见解值得关注，他较早就提出了经籍即史书的观点，认为：笺传之学，唯《春秋》为难工。经，理也；史，事也。《春秋》名经而实史也。专于经则理虚而无证，专于史则事碍而不通，所以难也。③ 这里叶适指出经、史间的关联与区别，他的见解是经史相通。

在金华学派的后学中，最为杰出的则是宋末著名的政治人物和经史学者王应麟，王氏一生著述极富，凡三十余种，计六百余卷，而《困学纪闻》则是中国学术史上的名著。其学问之博洽，连鄙视宋儒的清儒都不得不承认，"博学多闻，在宋代罕其伦比"④，胡三省是王应麟的门人，是元代从现实出发研究历史、强调史学的经世致用的杰出代表，陈垣的评价是：

胡三省亲眼看到宋朝在蒙古贵族的严重压迫下，政治上还是那么腐败，又眼见宋朝覆灭，元朝的残酷统治，精神不断受到剧烈的打击，他要揭露宋朝招致灭亡的原因，斥责那些卖国投降的败类，申诉元朝

---

① 《易·系辞下》。
② 《四库全书总目提要》卷一一七。
③ 参见《水心集》卷十二《徐德操春秋解序》。
④ 《四库全书总目提要》卷一一八。

横暴统治的难以容忍,以及自己身受亡国惨痛的心情,因此在《通鉴注》里,他充分表现了民族气节和爱国热情。①

胡三省为了从历史的经验中寻找现实世界的出路,用毕生精力注《通鉴》,着意于历代典制、历史事件、历史人物的成败得失的探索和评价,认为"夫道无不在,散于事为之间,因事之得失成败,可以知道之万世亡弊,史可少欤!"要求人们"迹古人之所以得,鉴古人之所以失",以历史为借鉴。②同时代人袁桷的评价是"青衫不受折腰辱",所著《通鉴注》是写心声之悲愤,寄托自己的思想和感情。

元代的浙东史学以婺州金履祥、绍兴杨维桢、鄞县袁桷、宁海胡三省、温州周达观最为著名。此外如许谦、柳贯、张明卿、黄溍、吴师道、吴莱、陶宗仪、陈刚、张枢、朱震亨、吕溥、徐昭文、陈康子、叶葵、孔洙等,亦在史学上取得一定的成就。这些大多是南宋浙东史学的传人,其地位可视为南宋浙东史学流派的余波。但是,随着元朝统治者采用朱子理学统治意识形态领域,并成为判断是非的唯一标准,史学理学化的现象日益严重,"先理而后文辞,崇道德而黜功利"成为修史的原则,而史学之"大旨以表彰道学为宗"。③ 在这种社会思潮的影响下,越地史学的学者中不仅接受传播朱子学说的人越来越多,而且思想灵魂亦日益被理学所同化。

在对经史关系的把握上,王阳明明确提出"五经亦史"的观点:爱曰:"先儒论六经,以《春秋》为史,史专记事,恐与五经事体终或稍异?"先生曰:"以事言,谓之史;以道言,谓之经。事即道,道即事。《春秋》亦经,五经亦史。《易》是包牺氏之史,《书》是尧舜以下史,《礼》《乐》是三代史。其事同,其道同,安有所谓异?"④提出要恢复儒家经典道事合一的本来面目,主张经史合一,六经皆史。这就推动了学术思潮的变革,为明清之际浙东史学流派的再度崛起和清代浙东史学流派高峰期的到来开辟了道路。这个观点以后为李贽的"经史相为表里"、王世贞的"六经,史之言理者也"所继承和发扬,到清代浙东学派的章学诚那里则升华为完整的"六经皆史"理论。

---

① 陈垣:《通鉴胡注表微·重印后记》。
② 参见胡三省:《新注资治通鉴序》。
③ 欧阳玄:《进宋史表》,《四库全书总目》卷四十六。
④ 《王阳明全集》卷一《传习录上》。

第三章　浙东学派及学术渊源关系

　　越地经史之学的成就,集中地体现在南宋和明末清初两个高峰期,形成了著名的南宋浙东学派和明末清初的浙东学派,它们的共同之处是以史学见长,强调经世致用,在中国古代学术思想史上具有重大的影响和重要的地位。

一、南宋时期浙东学派的形成及主要成就

　　"学派"一词在中国早已有之,它最早有可能出现于《明史》。《明史》卷二八三列传第一七一载:"阳明学派,以龙溪、心斋为得其宗。"学派的形成,大致有赖于三种因缘:即师承、地域、问题,因而大体上可归为三类:即"师承性学派"、"地域性学派"和"问题性学派"。三者互有联系,它们之间的划分界限绝非泾渭分明。作为一个学派,其基本要素有三条:一要有自己的宗师;二要有独立的学术思想体系,并为群体成员所认同;三要有比较

明确的师承关系。

浙东学派是一个地域性的学术群体。浙东是一个地域概念，宋代设置两浙东路，下有越、明、温、婺、台、衢、处七州，大致上在今钱塘江以东。浙东学派在北宋时萌生，而形成于南宋时期。"宋之南也，浙东儒者极盛。"[①]南宋时期及以后出现了诸如以叶适为代表的"永嘉学派"、以陈亮为代表的"永康学派"、以吕祖谦为代表的"金华学派"、以杨简为代表的"四明学派"、以王守仁为代表的"姚江学派"以及黄宗羲开其先，万斯同、全祖望继其后的史学流派，这些派别历来被称做"浙学"、"浙东学派"、"浙东史学"。

各种名称的出现是与一定的历史时期相联系的。最早提出"浙学"的是朱熹，不过朱熹提出"浙学"这个概念是为了用来概括和批判当时活跃在浙江金华、永嘉、永康等地的所谓"事功、功利学派"的，因而它是一个带有贬低、责难意味的词汇。朱熹说："江西之学只是禅。浙学却专是功利。禅学，后来学者摸索一上，无可摸索，自会转去；若功利，则学者习之，便可见效，此意甚可忧。"[②]当时的永嘉学派、永康学派、金华学派在思想上相通，都讲求功利，与朱熹有较大的分歧，所以对这些学派持批判否定的态度。但他明确地把当时金华、永嘉、永康等地的事功学派称之为"浙学"，这在思想学术史上有着标志性的重要意义，因为他赋予了"浙学"概念一个重要的基本含义，即"浙学"并不是一个学派的单一的称谓，而是表示具有浙地之学或浙人之学这种地域性特点的多个学派、学说的统称。"浙学"概念的这种基本含义此后一直沿续了下来，并被不断延伸扩展。如元代学者刘埙的《隐居通议二》中说："宋乾〔道〕淳〔熙〕间，浙学兴，推东莱吕氏〔祖谦〕为宗。然前是已有周恭叔〔行己〕、郑景望〔伯熊〕、薛士龙〔季宣〕出矣，继是又有陈止斋〔傅良〕出，有徐子宜〔谊〕、叶水心〔适〕诸公出，龙川陈同甫亮则出于其间也。"正是这种"浙学"构成了一种被人们公认为是可以与当时的朱学、陆学鼎足而立的重要思想学说。著名经学史家周予同在《朱熹与当代学派》中说："按初期浙学，如陈亮之粗疏，陈傅良之醇恪，其功力与辩解，自非朱熹之敌。但自叶适之《习学记言》出，不仅与朱、陆二派鼎足而三，而且有将破坏朱氏全部哲学之势。"[③]

---

① 黄宗羲等:《宋元学案》卷四十九。
② 《朱子语类》卷一二三。
③ 《周予同经学史论著选集》，上海人民出版社 1983 年版，第 178—179 页。

南宋时期浙东学派的各个分支,永嘉学派、金华学派、永康学派,虽有不同的师承,但在同一时期、同一区域,面对同一社会问题,形成了在学术上有相同旨趣的流派。叶适、陈亮、吕祖谦等浙东学者都积极参与政治,他们或伏阙上书,反对屈辱求和;或身临前线组织抗金,具有强烈的民族精神。在严峻的现实问题面前,他们反对理学家空谈心性义理,提出学术经世。他们经史兼治,注重历史研究,强调从历史中吸取经验教训,为现实服务,完成了从心性义理之学到经制事功之学的转变。

从社会现实看,当时的南宋面临着严峻的社会危机和政治危机,是浙东学派产生和发展的社会根源。一种思潮的产生与发展,必然与其社会现实及其思想文化的一般趋势有着密切联系。整个宋代是个高度集权且积弱的时代,特别是宋室南渡后,南宋朝廷实际上是一个流亡政府,山河沦陷,国破家亡,民族矛盾和社会矛盾达到空前剧烈的程度。是希求东南一隅的苟且偏安,还是卧薪尝胆以图恢复及以何等举措以图恢复成为朝野争论的焦点。另一方面,由于官僚腐败、政治衰颓而产生的国家财政困难,导致朝廷采取厚赋于民的政策,人民则由于沉重的力役租赋而趋于普遍贫穷,诚如赵翼所云:"统观南宋之取民,盖不减于唐之旬输月送,民之生于是时者,不知何以为生也。"①危机的存在和深化,必然引起有良知的知识分子深刻反思和积极寻求对策;资本主义经济萌芽的出现及对社会生活带来的影响,同样引起敏感的知识分子的深入思考,南宋时期的浙东学派就是在这一背景下逐渐形成的。

从学术文化渊源上看,随着理学的繁荣,其自身固有的空谈性理的致命缺陷逐渐暴露,针对这些缺陷的批判和思考,引起了不同的学术观点相互交流甚至争锋,产生了一大批著名学者,可谓是群星灿烂。当时的四明五先生与永嘉九先生对南宋浙东学派的影响极大,是浙东学术上的先驱。

四明五先生是活动于北宋庆历年间明州地区的五位儒学大家,即杨适、杜醇、王致、王说、楼郁。他们的共同特点是都以教育为主要职业,在思想上都受胡瑗的影响,在学术史和教育史上都有重要的地位。全祖望在《宋元学案》卷六《士刘诸儒学案》中有这样的评价:"庆历之际,学统四起,齐鲁有士建中、刘颜夹辅泰山而兴,浙东则有明州杨杜五子,永嘉之儒志、

---

① 赵翼:《廿二史札记·南宋取民无艺》。

经行二子,浙西则有杭之吴存仁,皆与安定湖学相应。"并生动地描述了"杨杜五子"的声望,当时两浙路地像范仲淹等地方长官,对于五先生"皆抠衣请见,惟恐失之"。就连陈(执中)、贾(昌朝)二相,"亦知以五先生为重"。而且由于"杨杜五子"思想在明州地区的传播,"数十年以后,吾乡遂称邹鲁"。五先生不求闻达,潜心于教育,在北宋真、仁之际,他们讲学于浙东,对浙江以后的学风颇有影响。

稍后于四明五先生,在北宋神宗元丰、哲宗元祐年间,浙东温州地区又有"永嘉九先生"从事学术和教育活动。之前的庆历之际还有"儒志、经行二子"进行学术活动。王开祖(1035—1068),字景山,号儒志,学者称为儒志先生。皇祐五年(1053)进士,杜门著书讲学,"从学常数百人"。著有《儒志编》,32岁英年早逝。他认为:"孟子以来,道学不明,今将述尧舜之道,论文武之治。"与当时的著名政治家王安石友善,也有主张变革的思想,认为"无通变之略。持规模之见者,无过人之功"。丁昌其,字逢辰,号经行,学者称为经行先生。哲宗元祐三年(1088),举明经修科不获用,归隐于郡城东郊,筑醉经堂讲学。

永嘉九先生是指周行己、许景衡、沈躬行、刘安节、刘安上、戴述、赵霄、张辉、蒋元中九位学人。在《宋元学案》卷三十二专列《周许诸儒学案》对他们的生平事迹作了评价。《宋史》及有关地方志也有记载。在学术上他们传洛学兼传关学,周行己(1067—1125)在学术上不宗主一说,接受关学的优良传统,对实用之学比较重视。他认为:"士之学道,亦欲兼济于时。"这对后世学者产生了良好影响,他的学术思想在生前并未受到学界的注意,到南宋初期才逐渐被重视。他在哲学思想方面的创见在于提出了"心"的地位和作用问题。他在论述当时学者评论佛老和儒者的同异时认为:"末学晚生,尚不能知其言,况能达其心乎?"并认为只有"略其立教之迹,而明其为心之道",才能"定同异之论"。在《浮沚集》卷八、九中,多处出现这样的诗句:"丈夫行道会有时,用心深处良独知";"经纶道自心源出,损溢时随世变迁";"人生万事惟心时,真处何况世俗讥"。就是在这种宇宙观的基础上,他认定:"人者,位乎天地之间,立于万事之上。天地与吾同体也,万物与吾同气也。"这种思想很可能直接受到关学创始人张载的"民胞物与"思想的影响。但更重要的是继承了孟子的"心"学思想和"万物皆备于我"的"天人合一"论。这些思想虽未展开论证,但毕竟明白地提出来了,对于后来浙东学术思想的发展趋向具有特别重要的意义。

许景衡(1072—1128)的思想创见主要在政治思想方面。他认为"奉法循理"、"至仁博爱"应是为政之首务,对贪吏、滑吏"欺压无辜",使民"困虐无告",进行无情的揭露。其次,认为政治应"宽其徭役","实惠及民",对民生极为关注。再次,认为政务可以"公共讨论",以利于"尽革旧弊",这是最富有时代感的主张。在《上十事札子》中列举了需要革除的十个方面弊政,即"人才未备而政事不立,法度未修而宿弊尚存,浮费不节而国用空虚,赋税烦重而民力困弊,命令不行而事多壅滞,赏罚未明而人无惩劝,盗贼继作而吏民被害,边境危急而武备弗严,奸赃未逐而贪暴滋多,公议未伸而亲党害政"①。

刘安节(1068—1116)、刘安上(1069—1128)思想虽基本一致,但各有侧重。相比而言,刘安节的学术思想比较全面,其哲学思想颇具特色,对"道"、"器"关系有相当精辟的论述,认为"道"与"器",只是形之上下而言,"形一也,而名二者"。"可是世之昧者不知其一,乃以虚空旷荡而言道,故终日言道而不及物","以形名象数而言物,故终日言物而不及道,道与物离而为二,不能相通,则非特不知道,亦不知物矣"。他明白地说:"盖有道必有物,无物则非道;有物必有道,无道则非物。是物也者论其形,而道也者所以适乎物者也。""一名于道……则其散著万物也。""道行不已,物之形所以生;物生不已,道之运所以著。"②因此,"道"与"物"、"一"与"万"乃是合而为一的实存。进而运用这种道器关系的理论,分析社会现象,阐述了"以天下为心"、"与天地为一"的问题。

从永嘉九先生到南宋郑伯熊(1124—1181)、郑伯英(1130—1192)在学术上的作用主要是把洛学、关学思想传播到永嘉地区,只是地域上的扩张,他们恪守师说,少有变通,仅为道学的一个分支而已,还没有形成独立的学派。真正成为与朱陆鼎足的"弥纶以通世变"的永嘉学派,是从薛季宣开始的,经陈傅良发展而由叶适集其大成。薛季宣(1134—1173)是永嘉事功学派的开创者,全祖望的评价是:

> 永嘉之学统远矣,其以程门袁氏之传为别派者,自艮斋薛文宪公

① 毕沅:《续资治通鉴》卷一〇〇,中华书局 1979 年版。
② 《温州文献丛书·刘安节集》,上海社会科学院出版社 2006 年版。

始。艮斋之父学于武夷,而艮斋又自成一家,亦人门之盛也。其学主礼乐制度,以求见之事功。①

隆兴二年(1164)薛季宣由鄂州武昌县令任满回永嘉,开始设帐授徒,陈傅良是其得意门生,形成如黄宗羲所说的"教人就事上理会,步步著实,言之必使可行,足以开物成务"的事功之学特色。② 他视空谈义理的道学家们的学风为异端,"今之异端,言道不及物"③。认为这种离开"物"与"事"来谈论"道",从而把道与实物割裂开来的异端之说,是很有害的,从而阐述了道不离器的观点:"曰道曰器,道无形,舍器将安适哉? 且道非器可名,然不违远,则常存乎形器之内。昧者离器于道,以为非道,遗之,非但不能知器,亦不知道矣"④,表现出薛季宣在当时的哲学重大问题上是同程朱道学根本对立的。在此基础上,强调为学要切于实务,要"学以致用",把义理与事功统一起来,反对不实的空言。教导学生和后辈,要研究有利于国民生计的实学。

南宋中期,吕祖谦所开创的学派是理学中的三大学派之一,他在当时与朱熹、张栻齐名,号称"东南三贤"。他学识恢宏博大,既是著名的理学家,又注重文献传统,考论有据,不作空论,对典章制度、政事人物都有精深研究,故其学术实以史论与政论最有特色,对后世的影响也最大。

金华学派即婺学,是指以丽泽书院为核心的学统,是以地望为纽带联结的学派。吕祖谦与弟祖俭等居金华明招山丽泽书院,四方之士争相趋之,与朱熹、张栻共同倡道于东南,形成鼎足之势。金华学派自吕祖谦开创后,不断有人传承,承袭400年之久,在中国文化学术史上影响深远。当时的理学三派因解决理学中的基本范畴——理气心性的着眼点不同而产生分歧。朱熹认为,"理在气先",主张为学先"道问学","即物穷理",由格物致知上通天理,属于理学中的理本派。陆九渊认为"心即理",为学主先"尊德性",直达心性,以立其大者,属于理学中的"心本论"。吕祖谦则"兼取其长,而复以中原文献之统润色之"。"兼取"者,同时把朱陆的"理""心"作为其最高哲学范畴。他认为理是无始终、无生灭的永恒存在,天地万物都

---

① 黄宗羲等:《宋元学案》卷五十二《艮斋学案序录》。

② 参见黄宗羲等:《宋元学案》卷五十二《艮斋学案》。

③ 薛季宣:《浪语集》卷二十五。

④ 薛季宣:《浪语集》卷二十三《答陈同甫书》。

出于"理","理之在天下，犹元气只在万物也。一气之春，播于品物，根茎枝叶……名虽千万而理未尝不一也"。与此同时，他又把"心"抬到世界本原的地位，说："气听命于心……圣贤君子以心御气，而不为气所御，以心移气而为气所移。……心即天也，未尝有心外之天，心即神也，未尝有心外之神，乌可舍此而他求"，表现出对两派观点的折衷。

金华学派虽同属于理学阵营，但与其他理学的不同之处在于：第一，金华学派是一个以史为主的学派，属于理学中的文献之学。注重对历史文献的研究是吕氏家学的一个明显特征。《周易·大蓄卦》曾提出"君子以多识前言往行，以蓄其德"的命题，吕氏家学以此为圭臬。"祖谦之学本之于家庭，有中原文献之传"，主张"多识前言往行，考迹以观其用，察言以求其心，而后德可蓄"。同时以儒家为本兼通诸家，具有博杂的特点。他崇尚史学，从历史的兴衰的复杂现象中，认识到仅仅有性命之说不足以维系政权，还必须讲经世致用。朱熹说他："伯恭于史分外仔细，于经却不甚理会。"《宋元学案·说斋学案》云："考当时之为经制者，无若永嘉诸子，其于东莱、同甫，皆互相讨论，臭味契合，东莱尤能并包一切。"

第二，提出"讲实理，育实才，而求实用"的治学目标和教学目标。这与叶适、陈亮的观点无异。因此《龙川学案》称他们是讲友，《东莱学案》则称他们是学侣，因为在学术上"自味契合"。吕祖谦强调明理躬行，务实致用。他说："学者以务实躬行为本，语言枝叶。"认为做学问与百工治器一样，"百工治器，必贵于有用，而不可用工费为也。学而无所用，学将何为也？"

第三，形成了"博杂"，"不主一门，不私一说，直截径捷，以造圣人"的治学独特风格。自六世祖吕公著开始，吕氏家学杂博风格逐渐形成，且引起学术界的重视。吕公著在主持国子监期间就与士大夫有过相当广泛的接触，和当时各主要学派的代表人物保持了良好的关系，也成为他在学术界名声鹊起、身价大增的重要原因。吕公著与新学领袖王安石一度在学术上相互推崇，后虽因政见严重不合而逐渐疏远，但在私交上有一定程度上的往来，对被理学家全盘否定的王氏之学亦在一定程度上表示尊重。同时与北宋象数学鼻祖邵雍亲善厚交，与理学的实际奠基人程颢、程颐兄弟交谊深厚，特别是对程颐更为器重，视其为当世道德文章之楷模、经世济物之奇才。吕公著能够周旋于不同学派的代表人物之中，且与他们和睦相处，主要是缘于他学识上的博杂和品行上的宽厚包容。吕公著这一学风对吕祖谦产生了重要影响。经吕希哲、吕好问至吕本中，一直延续不名一师、不主一说，遍交当世名宿，博采众家之说的风格。吕祖谦从小就跟随吕本中，也一生从师多人，治学"泛观广接"，学术思想不主一说，具有浓烈的调和色彩。朱熹曾直言不讳地指责吕祖谦"其学太杂"，"不能守约"。他说："东莱博学多识则有之，守约恐未也。"① 又说："博杂极害事，伯恭日前只向杂博处用功，却不要约处不曾仔细研究。"②

第四，是以地望为纽带。南宋学术最著者有两派三家，心性、事功两派，朱学、陆学两家，都不以地望为纽带相联结，唯独浙学一家，其分支金华、永嘉、永康学派都是以地望名派，他们以金华学派为核心，"皆左祖非朱，右祖非陆，而自为门庭"，各取其长而舍其短，丰富了自己的学说，在两者之间独树一帜，保持了一种比较平和客观的优良学风。

金华学派在长达400年的时间里一直保持着大致相同的学术特色。突出地表现在金华学派的学者大都博学多识，不私一说而兼取诸家之长。朱熹虽曾批评吕祖谦的学问"博杂"，但也赞扬他"德宇宽弘，识量宏廓"，"绍文献于故家，又隆师而亲友，极探讨之幽遐，所以禀之既厚而养之深，取之既博而成之粹，宜所立之甚高，亦无求而不备"。③ 周必大赞扬吕祖谦"学富而醇，文敏而丽，通今不流，博古不泯；高明之识，力去其蔽；卓绝之行，亦矜其细"。金华学派的学人做学问大都力求博大精深，不局促一隅。

永嘉学派是南宋浙东学派的重要力量。该学派以其代表人物多为浙江永嘉人而获名。这些学者大多是在哲学思想上认为充盈宇宙者是"物"，而道存在于事物本身（物之所在，道则在焉）；提倡功利之学，反对虚谈性命。学派溯源于北宋庆历年间的王开祖、丁昌期，此后永嘉地区学者辈出，到南宋时，在郑伯熊、薛季宣、陈傅良、徐谊等永嘉学者手中形成学派，后叶适集永嘉学派前辈之大成，进一步扩大了"永嘉学派"的影响，在南宋的学术界拥有举足轻重的地位。

永嘉学派最早提出了"事功"思想，亦是永嘉学派最大的特点，主张利与义的一致性，"以利和义，不以义抑利"，反对道学家的空谈义理。认为"道不离器"，反对"专以心性为宗主"，对传统儒家中"正其义不谋其利，明

① 《朱子语类》卷一二二。
② 黄宗羲等：《宋元学案·东莱学案》。
③ 同上。

其道不计其功"的说法表示异议,曰:"既无功利,则道义者乃无用之虚语尔。"①

他们继承了传统儒学中"外王"和"经世"的思想,提倡"学与道合,人与德合",杰出人物应是"实德"和"实政"的结合。论述了"夷夏之辨"与"正恶之辨"的区别,突出金兵入侵的非正义性,强调抗击金人的正义性与合法性。强调以民为本,坚持改革政弊,重视历史和制度的研究,考求历代国家的成败兴亡、典章制度的兴废,希望以此寻出振兴南宋、转弱为强的途径。

他们反对传统"重农抑商"的政策,主张"通商惠工,以国家之力扶持商贾,流通货币",认为应该大力发展工业与商品经济,并指出雇佣关系和私有制的合理性。南宋时期,永嘉(今温州)地区工商业经济发达,出现数量众多的富商、富工及经营工商业的地主,他们要求抵御外侮,维持社会安定,主张买卖自由,尊重富人,并希望能减轻捐税,发展商业。永嘉学派代表的即是这些新兴阶层的利益,故历史学家们指出,这是南宋时期封建官僚制度趋向瓦解,新兴资本主义势力萌芽的标志。

以陈亮为代表的永康学派的事功思想更为强烈。因陈亮为婺州永康(今属浙江)人,故有此称。陈亮学术思想无一定师承关系,言论亦多与传统观点不同,哲学上承认客观规律之实在,强调道存在于实事实物之中。反对道学家空谈义理,以为道义不能脱离功利。在陈亮学说的传播过程中,逐渐形成以师生关系为主的"永康学派",在众多弟子中有倪朴、王自中、喻偘、喻南强、吕祖俭等,万斯同《儒林宗派》卷十一列门人喻偘以下18人,《宋元学案·龙川学案》列喻民献以下34人。倪朴喜"谈兵说剑,耻为无用之学",痛恨朝廷御侮无策,曾著《舆地会元志》,记录全国山川险夷形势和户口虚实情况,为积极抗金筹策。他反对道德性命之说而"独与同甫〔陈亮〕讲明其学,凡所著述,但以示同甫"。王自中主张兵农结合以备边防,"其所学大略类同甫"。喻偘、喻南强均严守师说,曾为营救陈亮脱狱而努力。永康学派与永嘉学派观点比较一致,在当时外交上"力主抗金",反对议和。在国家治理政策上主张"简法重令"。在学术上主张"经世致用",倡有益国计民生之"事功之学",反对空谈。陈亮学说当时在浙东、江西一

---

① 叶适:《习学记言序目》卷二十三。

带得到了迅速传播，并造成了影响所及范围之内的学风之转变，带动了对史学以及社会现实事务的关切，其结果是形成了一种新的学术思潮，打破了学术相对统一的局面，启迪了人们的思想。

陈亮的史学思想是以"究天人之际"与"通古今之变"为核心和研究历史的目的。在陈亮的眼中，天人之际，就是在社会—历史的运动过程中，特定的社会群体在某一时空状态下的现实存在，这一现实存在应该囊括阶层结构、经济制度、政治机器与人民的生活方式，以及人文—自然环境等。究天人之际就是通过对已往的这种现实的寻求，为当代的社会现实提供一种值得借鉴的参照体系，将其时代纳入社会历史运动的整体范畴。他以这种天人之际的历史现实为观察历史的最终依据，来解释一个朝代兴衰存亡的某种必然性、合理性。进而他把这种天人之际界定为"道"，因此，道具有无限的包容性和绝对的普遍性，"天下固无道外之事"①，同时又具有普遍存在于经验世界并且必然展示于人的经验活动之中，"道之在天下，平施于日用之间"②。其次，道的存在是处于永无止境的运动变化之中。"夫阴阳之气，阖辟往来，间不容息。……此天地盈虚消息之理，阳极必阴，阴极必阳，迭相为主而不可穷也。"③正是阴阳之气"间不容息"的不断运动，才使天道获得其自身存在的恒久。究天人之际就是人的主体性对于这种道的历史进程的必然性的把握、领会及在现实政治与各种制度之中的实际施用。而"察古今之变，识圣人之用，而得成顺致利之道"④，则是历史认识的根本目的。这样的历史研究是依据关于人类已往之实践经验的载籍，以对历代的史著研究为手段，深入于史著背后的历史现实，把握其天人之际的切实内涵及其历史性变动的所以然来完成的，由此，通古今之变就成为历史学的一个基本目的。进而得出结论，《六经》所记载的不仅仅是仁义道德之说，或先王遗制与圣人之志，更是先王致天下太平的实迹，故"《六经》作而天人之际其始终可考矣"⑤。他实际上是将《六经》视为特定历史条件下的产物，本身是历史的，由于它们体现了天人之际的历史性变动，故其内涵也是

越地学术思想论
通文化论
越

----

① 《陈亮集》卷九《勉强行道大有功》。
② 《陈亮集》卷十《六经发题·诗》。
③ 《陈亮集》卷二十七《与徐彦才大谏》。
④ 《陈亮集》卷二十三《书林勋本政书后》。
⑤ 《陈亮集》卷十二《传注》。

历史的。在陈亮那里,"六经皆史"的观念,已经呼之欲出。

南宋浙东学派的形成其影响是深远的,在当时,如果没有以金华学派为核心的浙学,则朱陆异同的争论必将更为激烈尖锐,朱学将更加泛滥,陆学也就不可能从江西传到浙江,演化为阳明学而成为明代中后期的主流思潮。学术思想的发展需要多样化,在多样化的基础上互相取长补短、相互借鉴,才会有学术的繁荣。浙东学派无疑是在南宋至明代起到了良好作用的一个学派,同时亦开启了"言性命者必究于史"的浙东之学的新路数。

二、清初浙东学派的形成及主要成就

经过明代阳明心学的滥觞,明末清初逐渐形成了以史学为主要特征的浙东学派,并与吴派、皖派、扬州学派同为乾嘉学术的主流。所不同的是浙东学派以史为主兼及经学。

南宋以后,朱熹的理学逐渐取得统治地位,影响整个意识形态领域。浙东学术的发展受到严重的阻滞,元明时期的浙东史学,虽有胡三省、宋濂等史学家的成就,但总体上看处于低谷时期。及至明代中后期,王阳明崛起于姚江,泛滥诸家,批判朱子理学的教条,主张经史合一,学术思想领域开始活跃起来。明末清初,社会政治经济状况发生了巨大的变化。资本主义萌芽已有相当的发展,民族矛盾、阶级矛盾错综复杂。余姚黄宗羲师从王阳明再传弟子刘宗周,得王学之传,兼取各家之长,开创一代学风。他继承南宋浙东学术的事功传统,主张经世致用,把历史研究与当世之务结合起来。万斯大、万斯同兄弟是黄宗羲的高足,万斯同以布衣领明史馆,独尊史法;全祖望私淑黄、万,奔走山海之间,搜讨遗音,表彰先哲;邵廷采亦尝问业于黄宗羲,尤善言明末遗事。至乾嘉时期,考据之学盛极一时,浙东仍有邵晋涵、章学诚出,继承黄宗羲之统系,形成浙东史学的又一个高峰期。

在中国思想史上,明清之际是可以与春秋战国之际相媲美的重要时代,如果说春秋战国时期预示着中国漫长封建时代的开始,明清之际则表征着中国封建时代的没落。明清之际,中国社会走到了一个新的十字路口,处在由传统社会向近代社会过渡的关键时期,无论是在政治、经济领域还是在思想、文化领域,旧的传统的思想观念与新的先进的价值理念在这一时期发生了激烈的冲击和碰撞,社会面临着一系列令人瞩目的价值冲突和社会转向。随着中国封建制度日益走向没落,无论是理学还是心学,越发展越背离初衷;越发展其弊端就越暴露无遗。到明后期,随着封建制度走向没落,理学已呈现出"风靡波颓不可挽"、"竭而无余华"之势,完全沦为"游谈无根",以抄袭"宋人语录"及"策论"为治学圭臬,严重脱离实际,变成了空疏无用之学,对宋明以来的学风造成了极其恶劣的影响,使得一般士人沉湎于空谈心性,不切实际,不谙时务。

刘宗周(1578—1645)可以视为由经入史之开山。章学诚在前引《浙东学术》中也把他作为浙东学派在清代的开山之祖。《中兴金鉴录》是刘宗周晚年编纂的一部历史著作,其最初的动机是向弘光帝提供龟鉴。随着中兴理想的破灭,刘宗周将先前欲上未果的《敬陈中兴第一义疏》改造、扩编成是书,流露出以下几个方面的史学意识:选择历史事件要以其"历史性"为依据;认识历史事件的方法是对其"历史性"进行"具体的解悟";评价历史坚持"道德判断"和"历史判断"相结合的原则;历史发展最终由"诚意"决定。①

明清之际的黄宗羲,虽然在《移史馆论不宜立理学传书》一文中首次使用了"浙东学派"一词,批评当时负责制定《修史条例》的明史馆臣所谓"浙东学派最多流弊"之言是对"浙东学派"的曲解。但黄宗羲所谓"浙东学派",指的是浙东地区学术发展的主要脉络,即浙东学统,或曰浙东学脉,而非现代意义的学派。② 自视是"梨洲私淑"的全祖望在所撰的《宋元学案·叙录》中多次使用"浙学"一词,至章学诚著《文史通义》,特辟《浙东学术》篇专论浙东之学,且溯其源流、揭示宗旨,虽未用"浙东学派"之名,实极大地有助于"浙东学派"之名的成立及其影响的推广。

浙东学者对史学的研究取得了突破性的进展。浙东史学的第一个高峰期是在宋代,当时主要集中在永嘉、永康、金华三地,其代表人物分别为叶适、陈亮、吕祖谦等。虽然在当时被视为"经制事功之学",实质上是一个史学派别。此外,当时宁波、绍兴等地的史学也相当发达,代表人物有黄

---

① 参见张瑞涛、张允熠:《论刘宗周〈中兴金鉴录〉中的史学意识》,《史学月刊》2004 年第 6 期。

② 参见吴光:《三论浙学的内涵及基本精神》,《越风·浙学·秋瑾·绍兴师爷研究》,人民出版社 2008 年版,第 67 页。

震、王应麟和陆游、高似孙等,他们的史学思想对清代浙东史学有着重要的影响。但在元明时期随着中国学术走向低谷,浙东史学虽有如元代金华的金履祥、宁波的袁桷、胡三省,明代金华的宋濂、义乌的王祎、天台的方孝孺、兰溪的胡应麟等努力延续浙东史学的传统,但已逐渐丧失了南宋时期那种蒸蒸日上的锐气。从明代中后期开始由于时代的变迁、学术思想的演变,浙东地区又逐渐出现了类似宋代的可喜景象,学者们著书立说,讲学论道蔚然成风。而开这种风气先河者,便是余姚的王阳明,他提倡心学良知,批判朱子理学的教条统治,要恢复儒家经典"道事合一"的本来面目,注重经史结合,六经皆史。这就推动了学术思潮的变革,为明清之际浙东史学流派的再度崛起和清代浙东史学高峰期的到来开辟了道路。

浙东史学在清代史学中是最富有生气的阵容,如果没有这一部分就会黯然失色。仓修良、魏德良先生在《中国古代史学史简编》中的评价是:

> 综观清代史学阵容,如果抽掉了富有生气、具有活力的浙东史学的内容,那将是黯然失色的。

因为"有清一代史学家中,有创见、有贡献、有作为、有影响的人大多出自浙东学派"。它似一座巍峨青山屹立于中国文化之林。众所周知,乾嘉史学是清代史学发展史上的顶峰,但是,如果排除了全祖望、章学诚等浙东史学名家,剩下的就只有以考史著称的钱大昕、王鸣盛、赵翼等人了。这些史家虽说在整理古籍、考订真伪方面做出了贡献,但毕竟只是些"襞绩补苴"的工作,缺少创造性的成就,而浙东学派的史学家的重大贡献正在于贵在发明创造。

黄宗羲(1610—1695)是开一代史学新风的肇始人,提倡学术经世致用,尤其在于开创了学术史的编纂。中国完善的学术史始于他的《明儒学案》和《宋元学案》。其弟子万斯同以布衣身份参修《明史》并总其成,著有《历代史表》、《儒林宗派》等史学方面的著作,在史学上有其杰出的贡献。邵廷采在史学方面的两部著作《东南纪事》、《西南纪事》被梁启超等人誉为"有系统的著述",具有"永久的价值"。① 再传弟子全祖望在史学上的贡献更是多方面的,续补《宋元学案》,在学术史编纂体例上有创见,是继黄、万而重视采集文献的代表人物,用碑传记序等形式,记录晚明史事,他还七校

---

① 梁启超:《中国近三百年学术史》,上海三联书店 2006 年版,第 245 页。

《水经注》，三笺《困学纪闻》。作为浙东史学殿军的章学诚，单就他的《文史通义》和《校雠通义》两书，就足以说明他在史学上的巨大贡献，何况他还编了一部规模更大的《史籍考》，以及多部高质量的地方志书。之所以这些学者有如此的成就和贡献，在于他们有共同的治学特点：一是反对门户之见；二是贵专家之学；三是主张学术必须经世致用。

黄宗羲学术思想中史学最为突出，被推崇为"清代史学开山之祖"①，其成就和贡献主要表现为：

第一，强调史学必须"经世致用"。他在批判"俗学"空谈误国，倡导"儒者之学经纬天地"②，"经术所以经世"的同时，十分重视史学的经世作用，力图将历史研究与当世之务结合起来。他在《补历代史表序》中认为："二十一史所载，凡经世之业，无不备矣。"又在《孟子师说》中说，即使是"六经"，亦"皆先王之法也，其垂世者，非一圣人之心思，亦非一圣人之竭也"。他深感当时实学事功的史学已陷入危机，《历代史表序》说：

> 自科举之学盛，而史学遂废。昔蔡京、蔡卞当国，欲绝灭史学，即《资治通鉴》板亦议毁之，然而不能。今未尝有史学之禁，而读史者顾无其人，由是而叹人才之日下也。

所以他提出："学必原本于经术，而后不为蹈虚，必证明于史籍，而后足以应务。"③史学的作用，就是他在《破邪论·地狱》中提出的，要使"大奸大恶"之人，"载之于史，传之于后，使千载而下，人人欲加刃其颈，贱之为禽兽，是亦足矣"。他在《留书·史》中指出，若"为史而使乱臣贼子得志于天下，其不如无史之为愈也"。在《张节母叶孺人墓志铭》中说到，史学的作用在惩恶的同时，又要劝善，即表彰好人，使忠烈之士那"可歌可泣之精神，长留天壤"，让后人敬仰和学习。在《谈孺木墓表》、《辨野史》等文中，他又针对明季以来那些"不能通知一带盛衰之始终"的空洞无物和严重失实、脱离实际的史书提出了批判。在《董公墓志铭》中更指出：在国破家亡的时候，史学的经世作用显得尤为重要，因为"国可灭，史不可灭"。

第二，致力于明代兴亡史的探索和研究。据全祖望《梨洲先生神道碑问》记载，黄宗羲早在年轻时就遵循其父"学者不可不通知史事"的教诲，有

---

① 梁启超：《中国近三百年学术史》，上海三联书店2006年版，第80页。
② 《黄宗羲全集》第10卷，浙江古籍出版社1993年版，第421页。
③ 引自全祖望：《鲒埼亭集外编》卷十六《甬上证人书院记》，第23页。

志于史学研究。"自明十三朝实录,上溯至二十一史,靡不究心。"而明亡后,探讨明朝兴亡的历史经验教训,表彰晚明抗清忠烈之士,更成为他毕生的志向。

第三,开创学术思想史研究的新局面。《明儒学案》的编著,不仅是黄宗羲明史研究的成果之一,更是我国古代最早的一部完整的学术思想史著作,并且为中国史学创立了一种新史体——学案体。是书完成于康熙十五年(1676),共62卷,将明代214位学者按时代顺序,分割各学派有机地组织起来,分类立案。每一学案前作小序以篇,简述该学派的源流和宗旨。接着是学者的评传,包括生平、著述、学术思想和学术传授等,最后是学者本人的重要著作节录和语录选辑。梁启超在《中国近三百年学术史》之五《阳明学派之余波及其修正》里说:"著学术史有四个必要条件:第一,叙一个时代的学术,须把那时代重要各学派全数网罗,不可以爱憎为去取;第二,叙某家学说,须将其特点提掣出来,令读者有很明晰的观念;第三,要忠实传写各家真相,勿以主观上下其手;第四,要把个人的时代和他一生经历大概叙述,看出那人的全人格。梨洲的《明儒学案》,总算具备这四个条件。"故"中国有完整的学术史,自梨洲之著学案始"。此外,黄宗羲又曾发凡起例,编著《宋元学案》,但仅成17卷而卒,后由黄百家、全祖望续成,共100卷。

第四,培养浙东史学人才。黄宗羲不仅自己发愤著述,阐发经世致用的史学思想,而且还长期通过授徒讲学,为浙东培养了一大批史学人才,形成了别具特色的浙东史学流派,并且开启了该学派的一系列学风特点。

山阴张岱(1597—1679)是与黄宗羲同时代的史学名家,生前著有500万字的史学著作,因其包括《石匮书》在内的史学著作三百多年来一直密锁深藏,鲜为人知,但在时人眼中,张岱的史才、史识在"浙东四大史家"(谈迁、张岱、万斯同、查继佐)中也是"最为佼佼",《石匮书》前编成稿后,他的"史学知己"李砚斋给予很高评价:"当今史家,无逾陶庵。"①他的史学思想,一是坚持"事必求真"、"宁阙勿书"的原则。张岱修史因"不入仕版",所作无须"进呈御览",又"既鲜恩仇,遂不顾世情,事必求真,语必务

---

① 张岱:《琅嬛文集》卷三,《与李砚翁》。

确,……稍有未核,宁阙勿书"。① 正因为如此,他写《石匮书》曾"五易其稿,九正其讹",花了 40 年时间才得完成。二是不以成败论英雄。"成王败寇"是中国古代正统史学家中占支配地位的观念,诚如鲁迅先生感叹的那样:"中国一向就少有失败的英雄,少有韧性的反抗,少有敢单身鏖战的武人,少有敢抚哭叛徒的吊客;见胜兆则纷纷聚集,见败兆则纷纷逃亡。"②张岱在二十多岁撰写《古今义烈传》就提出了不以成败论英雄的写史原则,他说:

> 博浪以击,千古有椎秦帝之子房;沐浴一朝,万世有讨陈桓之孔子。虽亦空弦,有关实录。吾尝读汉吉平与宋施全传,毛发倒竖,寒栗不能自禁,何快如之! 故凡豺狼当道,请剑无门,虽能以一身挫其锋,以片言折其角者,并收列之,盖欲以空言存斧钺,不欲以成败论英雄也。

三是秉笔直书民族危亡关头的孤忠劲节和慷慨赴死精神。他在《越绝诗小序》中言及:"忠臣义士,多见于国破家亡之际,如敲石出火,一闪即灭,人主不急起收之,则火种绝矣。"③他把"以为天地间留浩然之气"作为历史学家的责任。

万斯同(1638—1702)是黄宗羲最得意的门生,也是万泰八子(时称万氏八龙)中成就最为突出者之一,继承的是黄氏的史学。万斯同在明亡后,不仕清朝,以纂修《明史》为己任,立志弘扬乃师的学术。他认为要继承乃师学术,就要继承黄氏"儒者经纬天地"的经世致用思想,把历史研究与经世之务结合起来。他强调的"经世致用",并不只是社会上缺少什么,临时从历史中去寻找某种借鉴,而是要运用整个史学研究作为立国之根本,所以,他把史学视做"治国平天下之业"。他尖锐地批评当时那些只知埋头考据而脱离现实的考据学者:"吾窃怪今之学者,其下者既溺志于诗文,而不知经济为何事;其稍知振拔者则以古文为极轨,而未尝以天下为念;其为圣贤之子者又往往疏于经世,意以为粗迹而不欲为。于是学术与经济遂判然分为两途,而天下始无真儒也,而天下始无善治矣。"④所以,他为自己立下

---

① 《张子文秕》卷一《石匮书自序》。
② 《鲁迅全集》第 3 卷,人民文学出版社 1981 年版,第 142 页。
③ 《张子文秕》卷一。
④ 万斯同:《石园文集》卷七。

这样的志向：

> 吾窃不自揆，常欲讲求经世之学。……吾非敢自谓能此者，特以吾子之才志可与语此，故不惮冒天下之讥而为是言，愿辍古文之学而专意从事于此，使古今之典章法制粲然于胸中，而经纬条贯实可建万世之长策，他日用则为帝王师，不用则著书名山，为后世法，始为儒者之实学，而吾亦俯仰于天地之间而无愧矣。①

万斯同没有专门的史论著作，其史论之作多是散见于《群书疑辨》关于宋元明的史论之中，但数量不多。其中一个重要的原因是他在康熙十二年（1673）因接受潘平格的观点受到了黄宗羲的严厉批评，表示不再谈学后，他的史学思想失去了哲学思想的自觉指导，缺少相应的理论高度。

万斯同的经世致用史学突出地表现在重视明史研究、探究明亡教训和总结研究历代典章制度以及表彰宋明忠义之士三个方面。他以布衣身份参与明史馆的明史纂修，经过十多年的努力，终于主撰完成了长达500卷的《明史稿》，也就是后来的《明史》的主要底稿。所以，万斯同实际上是《明史》的总纂修人。在唐代以后的官修诸史中，《明史》的质量为最高。此外，万斯同的史学著作还有《宋季忠义录》、《两浙忠贤录》、《明季两浙忠义考》等表彰忠烈节义之士的著作，更有《历代史表》、《历代宰辅汇考》、《纪元汇考》、《明代河渠考》、《昆仑河源考》等历代典制沿革著作，以及《儒林宗派》、《书学汇编》等学术文化史著作。时人称他的史学成就是"刘知几、郑樵不能及也"，是司马迁、班固以后"一人而已"。梁启超在《中国近三百年学术史》十五中说："清代史学开拓于黄梨洲、万季野。"

全祖望（1705—1755）是清代浙东学派的第三代大师，他私淑黄宗羲、万斯同，并承其遗绪，在史学上做出了更大的成绩。世人这样评价他在浙东学派中的地位：上承黄宗羲、万斯同，下启邵晋涵、章学诚，"为浙东史学大柱"②。其成就主要表现在对晚明清初历史文献的搜集、整理和研究上，对学术史的编纂，以及对乡邦文献的重视等三个方面。为了搜访和表彰百年来"断头死国"的志士仁人的光辉事迹和遗文逸献，他冒着文字狱的风险，甘受庸愚者之嗤笑，做到了全力以赴，矢志不移，达到了呕心沥血、废寝

---

① 万斯同：《石园文集》卷七《与从子贞一书》。
② 钱穆：《中国近三百年学术史》上册，商务印书馆1997年版，第335页。

忘食的程度,每有收获总是欣喜若狂。全祖望专心致志于搜访和研究南宋和残明的乡邦文献,除了与南宋王室的家族渊源和祖父辈参与抗清斗争的历史,主要源于他的进步历史观。此外,除了表彰"故国忠义",为故乡增光添彩,更以一地为例概括出一个特定时代的精神,以弘扬中华民族的传统美德。

坚守史德,即使对故国遗臣和忠义的碑铭墓表,虽然笔锋常带感情,感人至深,但也"不敢有溢词,亦不敢没其实"①,对传主的材料参伍考稽,务求详实,决不"以虚声言史事,妄加褒贬"②。

既重视正史,又注意吸收野志稗乘、世家谱牒等可资参考的史料;对于正史和野乘,均不妄目相信,而是严加考辨,区别对待;对于正史和野乘所未及者,则根据自己通过别的途径所掌握的可靠史料加以补充,这是全祖望史学研究的又一个特点。

由理学而史学,以"史事证经学",这是他研究史学的另一个特点。他潜心研究宋明理学,是为了总结经验,经世致用。其理学研究引导了史学研究,而其史学研究,又促进了理学研究,两者相辅相成,珠联璧合。他在《跋杨诚斋易传》中极为称赞杨万里"以史事证经学"方面的卓见:"《易》至南宋,康节之学盛行,鲜有不眩惑其说,其卓然不惑者,则诚斋之《易传》乎。其于图书九十之妄,方位南北之讹,未尝有一语及者。得意忘象,得象忘言;清谈娓娓,醇乎其醇,真潦水尽而寒潭清之会也。中以史事证经学,尤为洞邃。"③他自己的治学也是坚定地走经史结合之路,坚持了浙东史学的优良传统。

全祖望的史学观点之一:史以纪实为信史。"不核其实,则徒使其书之不足取信于世","一言之失,遂贻粉社千古之误"。④ 特别反对"以虚声言史事,妄加褒贬",而对那些"纪实"之史书极为推重。对于那些或为亲者讳,为亲者翻案;或出于门户之见;或为发泄私愤,而没有做到"纪实"之书,深为不满,对那些"郢书燕说,混淆信史"之书,更是深恶痛绝。即使是自己

---

① 全祖望:《鲒埼亭集》卷十八《吏部侍郎兼翰林院掌院学士巡抚江苏思蓼邵公神道碑铭》。
② 全祖望:《鲒埼亭集外编》卷三十七《刘锜论》。
③ 黄宗羲等:《宋元学案》卷四十四《赵张诸儒学案·文节杨诚斋先生万里》。
④ 全祖望:《鲒埼亭集》卷三十五《辨大夫种非鄞产》。

所景仰的前辈,出现失实之史书亦从不为贤者讳。如在《与史雪汀论"行朝录"书》中指出黄宗羲之记载"亦颇有遗错"。

史学观点之二:既看重历史人物的"生平大节",又"不以人废言"。他所看重的"生平大节",包括民族气节和立身处世的道德品质,这样的标准既适用于政治家,也适用于学者和诗人。对学者的评价尤其重视他们的气节,批评某些学者所宣扬的不重气节的言论。但在评价的过程中既强调全面性,又主张不能"以一偏之词定之",应该作全面周详的考核,由此他对黄宗羲不作苛求。在他看来:

> 盖士之报国各有分限,正亦未可刻求也。是可以知先生之所以自处,固有大不得已者。盖先生老而有母,岂得尽废甘旨之奉。但使大节无亏,固不能避世以为洁。及观其《送万季野北行诗》,戒以勿上河汾太平之策,则先生之不可夺者,又确如矣。是固论世所当周详考核,而无容以一偏之词定之者也。①

又强调以发展的眼光来看待人们的"生平大节",尤其重视人的"晚节"。重视"生平大节"的目的是"欲存君臣之义于天地之间",也由于此,对有关历史人物和事件的评述,必须讲究《春秋》笔法,即所谓论史的"史法"。

史学观点之三:反对"成败论人"。"且莫论人成败中,郑君终不负重瞳。"②在他看来,"成败论人,百口纷滋",反之,则可以实事求是地评价古人。这样的史学观点突出地表现在他为曹爽和王叔文、王伾之大鸣不平上。在《读魏志曹爽传》和《韩柳交情论》中对曹爽和王叔文、王伾"思以张王室"的行为,认为是壮士、英雄之举,其失败只是因为缺少驾驭复杂局势之才和识人之才。

正因为如此,他对许多历史人物的评价,往往有其独到的见解。如对叶适和陈亮,在当时和后世的非议、排斥之声不绝,但在当时全祖望就认为:

> 水心大功在王室,左右余干成夹日。
> 斯人斯学真有用,岂独文章称卓绝。③

------

① 全祖望:《鲒埼亭集外编》卷四十四《罗文毅公画像记》。
② 全祖望:《鲒埼亭诗集》卷六《偷儿弃余集·晋江夜泊,有感淮张旧事》。
③ 全祖望:《鲒埼亭诗集》卷六《偷儿弃余集·东潜论水心先生多所不满,予谓是宋史之误也,当以开禧上殿札子正》。

为此,他把黄宗羲《宋元学案·永嘉学案》中的叶适单列出来,别为《水心学案》上下二卷,"特详具其事迹以明之"。并在《序录》中对叶适之学作了极为深刻、允当的评论。同样,他也十分重视陈亮及其学说,改《永康学案》为《龙川学案》,认为"自同甫有义利双行,王霸杂用之论,世之为建安之徒者,无不大声排之。吾以为是尚未足以贬同甫"①。

在全祖望看来,陈亮尽管晚节有亏,又"学有未醇","尚不失为汉以后人物",这如同"孔明有王佐之才,而学堕于刑名家。要之,固汉时一人豪也"。不同意不加分析地贬斥陈亮及其学说,更反对"反面事二姓之方回","摭流俗人之传闻"诋毁陈亮。

浙东学派的殿军是章学诚(1738—1801)。这不仅是因为他和浙东诸史学大师共同生活在浙东地区,并与他们在学术上有着极为密切的师友关系;而且因为他弘扬光大了浙东学派的学术思想和治学精神,在史学上取得了罕有其匹的高度成就;更因为他始终以浙东学派的一员自居,并在晚年著成《浙东学术》一文,对浙东学术进行了反思总结。该文追根溯源,论述了清代浙东学派的发展脉络和派系,更总结了它的一系列特点和主要精神,标志着浙东学派已经发展到了自我反省的阶段,是该学派发展到鼎盛时期的产物。

章学诚梳理了清代浙东学派的上承下传之派系源流:

> 世推顾亭林氏为开国儒宗,然自浙西之学;不知同时有黄梨洲氏出于浙东,虽与顾氏并峙,而上宗王〔阳明〕、刘〔宗周〕,下开二万〔万斯大、万斯同〕,较之顾氏源远流长矣。

又说"梨洲黄氏,出蕺山刘氏之门,而开万氏弟兄经史之学,以至全氏祖望辈尚存其意"。此处只上推王刘,而未及宋代,是因为此时重点是阐述清代浙东学派。但在另外的地方则屡言宋以来浙东之学术,如在《与胡雏君论校胡稚威集二简》中即明确指出:"浙东史学,自宋、元数百年来历有渊源。"在《邵与桐别传》里也说:"南宋以来,浙东儒哲讲姓名者,多攻史学,历有师承。宋、明两朝,记载皆稿荟于浙东,史馆取为依据,其间文献之征,所见所闻,容有中原耆宿不克与闻者矣。"又在《与阮学使论求遗书》里说:"浙中自元、明以来,藏书之家不乏,盖元明两史,其初稿皆辑成于甬东人士,故浙东

---

① 全祖望:《鲒埼亭集》卷二十九《陈同甫论》。

史学,历有渊源,而乙部储藏,亦甲他处。"①

　　章学诚把浙东史学的特点概括为"言性命者必究于史",强调史学必须是"经世致用",反对"空言著述",而且能与时代紧密结合,根据时代的变化体现"经世"的学术。由此与汉学、宋学区别开来。此外,他认为浙东史学还有贵专家之学和反对门户之见两个特点。他说:"浙东贵专家,浙西尚博雅,各因其习而习也。""顾氏宗朱,而黄氏宗陆,盖非讲学专家,各持门户之见者,故互相推服,而不相非诋。学者不可无宗主,而必不可有门户。故浙东、浙西,道并行而不悖也。"而这两个特点实际上是由其"经世致用"、"切于人事事功"的学术宗旨所决定的。因为"讲学者必有事事,不特无门户可持,亦且无以持门户矣"。学术不可以无宗主,但学派断不可以搞门户之见;争门户者往往是那些没有真才实学的浮夸小人。这是极有见地的分析,真道出了学术之真谛。

　　章学诚将浙东学派的学术推向顶峰,还突出地表现在他所构建的杰出的史学理论体系和方志学说两个方面。

　　继承浙东学派的史学传统,并成就一家之言,构筑自己的史学理论体系,一直是章学诚矢志不渝、孜孜以求的奋斗目标。他对此也十分自信与自负,在《家书二》中自言:"吾于史学,盖有天授,自信发凡起例,多为后世开山。"又在《与汪龙庄书》中说:"拙撰《文史通义》,中间议论开辟,实有不得已而发挥,为千古史学辟其榛芜。"这种自负与自信,绝非随意自吹自夸,只要将他的史学理论代表作《文史通义》放到古代史学发展的长河中去考察,便可以证明这一点。书中对历史学的宗旨和任务在于"明道"和"经世致用"的阐述,对"六经皆史"说的高唱,对"史义"论和"史德"论的首创,都是抓住了古代史学的灵魂,从根本上对整个传统史学赋予了崭新的内容和总结、发挥。在历史编纂学理论方面,也提出了关于史体、史料、史籍分类等各方面的理论框架。尤其值得注意的是,他还对当时举世埋头考据的学风作出了尖锐的批判,这就使得他的学术理论具有重要的现实意义。

　　第一,强调史学经世论与六经皆史论。章学诚的学术思想最突出的一点就是强调学术必须经世致用,反对空谈义理和专事考据的无用之学。他在《文史通义·与邵二云论学》中说:"君家念鲁先生有言:'文章有关世道,

─────────
① 《章学诚遗书》,文物出版社 1985 年版。

不可不作,文采未极,亦不妨作。'仆非能文者也,服膺先生遗言,不敢无所撰著,足下亦许以为且可矣。"又在《文史通义·浙东学术》里说:"浙东之学,言生命者必究于史,此其所以卓也。"正是深受浙东学派先辈们"经世致用"学术思想的启示,章学诚于《与史余村》里大声疾呼:"文章经世之业,立言亦期有补于世。否则古人著述已厌烦多,岂容更益简编,撑床叠架为哉!"在《文史通义·博约》中,把那些"逐于时趋,而误以襞积补苴谓足尽天下之能事"的考据学者视为"俗儒",嘲讽他们"幸而生后世也,如生秦火未毁以前,典籍具存,无事补辑,彼将无所用其学矣"。并进一步在《上朱大司马论文》中指出:

> 世士以博稽言史,则史考也;以文笔言史则史选也;以故实言史,则史纂也;以议论言史,则史评也;以体裁言史,则史例也。唐宋至今,积学之士,不过史纂、史考、史例;能文之士,不过史选、史评。古人所为史学,则未闻之矣。

从以上宗旨出发,提出了"六经皆史"的命题。《文史通义》首篇《易教上》第一句话,就开宗明义地说:"六经皆史也。古人不著书,古人未尝离事而言理,六经皆先王之政典也。"并且在众多篇章中反复论述了这个命题,指出即使是古代奉为神圣经典的"六经",也是与当时的现实社会政治紧密联系的,既没有离开现实空言义理,也没有脱离现实搞烦琐的古文字考据。也就是说,"经世致用"这一治学宗旨是孔子编"六经"时就已经确立了的。关于经、史关系问题,唐宋以来一直是一个讨论的话题,王阳明曾提出过"五经皆史"说,李贽也有"经史相为表里"说,但系统地探讨经史关系,并赋予一种新的含义,则是章学诚。他认为,六经只是先王施政的历史记录,六经皆史的"史",专指史学,而不是指历史资料。六经所以皆史,是因为其中有史意存在。他认为编撰历史,必须具有史意,并兼及"经世"之用,反对那种泥古不化,墨守师说,言古必胜今的论调。正是基于此,章学诚从"六经皆史"、史学就是"经史"之学立论出发,探讨了古今学术源流的演变,从而提出了一整套对史学的看法。"六经皆史"这一命题的提出,不仅是针对当时脱离实际的考据学和空洞说教的理学的批评,而且继承了黄宗羲等人经世致用思想,改铸了传统史学理论,并且有将经学还原为史学的性质。在《浙东学术》里他还批评了当时治学者"舍今而求古,舍人事而言性天"的错误倾向。这些思想具有极强的现实针对性和社会意义。与此同时,他更扩大史学研究的对象和范围,在《报孙渊如书》中提出了广义的"史学"含义,认为"盈天地间凡涉及著作之林,皆是史学,《六经》特圣人取此六种之史以垂训者耳。子集诸家,其源皆出于史"。

第二,推崇史义论与史德论。章学诚认为,史学的经世致用并不是一句口号,而是关系到整个史学理论的关键。史学要经世致用,就必须推明史学的意蕴,具备一定的历史理论和观点,"史义"或称"史意",是史学明道经世的途径和关键。所以,对"史义"的阐述,构成了章学诚史学理论最富有哲理性的内容。

"史义"是指历史理论和观点。相对于历史事实的"史事"和史书文笔的"史文"而言的。孔子在作《春秋》时,曾以独得"史义"而自负,后来司马迁等在史书写作实践中,也都十分重视史义,但却很少有人从理论上加以总结发挥,即便是刘知己、曾巩、郑樵等史学理论名家,也都未能详述。章学诚在《文史通义·和州志志隅自叙》中即说,不讲史义,是史学的一大灾难,"郑樵有史识而未有史学,曾巩具史学而不具史法,刘知己得史法而不得史意,此予《文史通义》所为作也"。表明自己撰写《文史通义》的主要目的是为了阐发史学的义——史意,这一历来被史家所忽视的重要课题。认为这是自己与刘知己的根本区别,他反复强调"作史贵知其意","史所贵者义也"的观点,并将史义比作人的"精神"。他在《答客问上》中进一步指出,真正的"史义",是要掌握那些能反映历史运动发展趋势的历史理论和观点,能"纲纪天人,推明大道,所以通古今之变而成一家之言者"。

"史德"是章学诚在刘知己提出的"才"、"学"、"识"三长的基础上,对历史学家提出的更高要求,在《文史通义》中专立《史德》一篇,要求历史学家更要具备"史德",即"著书者之心术"和道德品行。所谓史才,就是指写文章的表达能力;史学,就是指具有渊博的历史知识,掌握丰富的历史资料;史识,是指对历史事件、人物的是非曲直进行观察、鉴别和判断的能力;而史德,就是历史学家的道德修养和思想品德,既包括据事直书、书法不隐,更包括正确处理史家主观与历史客观的关系,要尽可能地使自己的主观如实反映历史客观,尊重历史真相,而不掺杂任何主观偏见,也就是要"慎辨于天人之际,尽其天而不益人,……亦足以称著书者之心术矣"。

第三,总结史书编纂论。章学诚在总结历代史书编纂的经验教训,衡评各种史书体裁的基础上,提出了自己的史书编纂理论。他对传统史书的纪传、编年、纪事本末三种史体分别作了分析评判,进而提出一种新史体来,这种新史体由三部分组成:按年编排的大事记——本纪(不同于传统的帝王家谱)、因事命篇的纪事本末、文省事明的历史图表。这种新史体虽然依旧建立在旧史体的基础上,但它综合吸取了各种旧史体的优点,已有点类似于后来梁启超、章太炎等提出的"综合体"史体。章学诚还力主编写"通史",认为"通史"最能通古今之变,观历史盛衰,纲纪天人,宣明大道,起到经世致用的社会作用。他还将史书分为"撰述"(即著作之书)、"记注"(即历史资料书)两种,并特别强调"撰述"之重要性。

第四,倡言校雠学和谱牒学理论。"为著作之林校雠得失",也是章学诚治学的一个重要内容。为此,他专门撰写了《校雠通义》一书,与《文史通义》相表里,系统总结了传统的校雠学理论和实践,并提出了自己完整的理论体系。他为挽救当时为考据而考据的时弊,首先明确提出校雠学的目的和任务,是在于"辨章学术、考镜源流",最终达到"推阐大义","宣明大道"。也就是说,要通过考察学术发展的渊源流变,反映出一代历史的兴亡演变趋势。这就澄清了千百年来对校雠学的狭隘理解,驳斥了当时颇为时兴的为校雠而校雠的不良学风,将学术必须经世致用这一时代命题,推向更广、更深的学术领域。其次,提出了一系列的具体理论和研究方法:"序录最为明道之要"(强调校雠书籍时要撰写序录,内容包括作者生平事迹和学术思想、图书内容价值、校雠的经过等等)、互著和别裁(遇到一书内容论及两种以上主题的,要将该书分别录在两个以上的类别中,称互著;遇到一书中的有些篇章各自独立的,要将这些篇章裁出,单独著录在相关的其他类别里,称别裁)、辨嫌名与编索引(对于一书有多种名称的或异书而同名的,作者有多种字号的或同名同姓的,都要分别注明、辨别清楚,叫辨嫌名;更重要的是要编制各种书名索引和作者索引)等崭新的观点。他对图书的辑佚、校勘、收藏等也提出了许多具体意见。

对于研究人类宗族、家族世系历史的学问谱牒学,章学诚也予以足够的重视和具有系统的见解。清代民间修宗谱、家谱的现象十分兴盛,章学诚也经常因生计所迫为他人撰写志书谱牒,看到存在内容失真的时弊,为此,多次撰文强调谱牒学的性质和作用,与史学是一样的。他在《刘忠介公谱叙》中写道:谱牒之学,"亦史部支流,用备一家之书而已"。在《为张吉甫司马撰大名县志序》中又云:"夫家有谱,州县有志,国有史,其义一也。"这也就是说，谱牒学与方志学一样，都是历史学的一个分支学科，其性质作用与国史相较也一样，只是记载范围大小不同而已。谱为史体，这一性质的确立，其意义非同小可。因为谱牒既为一家一族之史书，那么，作谱牒时就应该坚持史家"书实之义"，"事必信而有征"，不能"矫诬失实"。并认为唯有"谨严之至斯"，才真正称得上是"敬其先也"。

　　章学诚作为史学理论家，还是方志学理论的奠基人。章学诚在参与编修和主修多部州县府志的过程中，撰写了《修志十议》、《方志立三书议》、《州县请立志科议》、《方志辨体》等论文，以及大量的志书序文和论志日记。从中提出了方志学理论，由此也成为中国的"方志之圣"。他从方志的起源发展和性质作用，到各类志书的记载范围和编写体例，以及志书资料的搜集考证修志人员的素质修养等等，都作了论述，从而为中国古代方志学建立起比较完整的学科理论体系。对此，他自己的评价是："鄙人少长贫困，笔墨干人，屡膺志乘之聘，阅历志事多矣。其间评骘古人是非，斟酌后志凡例，盖尝详哉其言之矣。"①梁启超在所著《中国近三百年学术史》之十五"清代学者整理旧学之总成绩·方志学"中评价说："能认识方志之真价值、说明其真意义者，则莫如章实斋。……'方志学'之成立，实自实斋始也。"

　　提出方志学的性质和作用：志乃史体，为国史之羽翼　传统观点认为方志属于地理学范畴，起源于《禹贡》等古地理书，故目录学著作也都将其归于"地理类"，戴震是当时此派的主要代表。章学诚则从方志起源于古史的角度，论证志属史体，其作用也无异于史书。他反复强调"志乃史裁"、"志属信史"、"志乃史体"，目的是要提高方志的地位，驳斥志为地理书的观点，认为方志的性质属于史学范畴。对于方志的作用，首先认为具有"经世"的作用，《文史通义·答甄秀才论修志第一书》云："史志之书，有裨风教者，原因传述忠孝节义，凛凛烈烈，有声有色，使百世而下，怯者勇生，贪者廉立。……况天地间大节大义，纲常赖以扶持，世教赖以撑柱者乎？"其次认为是为朝廷修国史提供翔实的资料，"为国史所取裁"。《文史通义·方志立三书议》云："方志亡而国史之受病也久矣。方志既不为国史所凭，则虚设而不得其用。"又在《州县强立志科议》中说："朝廷修史，必将于方志取其裁。"

---

① 章学诚：《文史通义·州县请立志科议》。

提出方志的编纂原则：当归史法　志书既然是一种史书，那么，编修方志也就必须遵守史家法度，坚持史书编写的原则。"志者，史之一隅，州志，又志之一隅也。……史家所谓规矩方圆之至也。"①他要求修志者坚持史家的才、学、识、德四长，做到"识足以断凡例，明足以决去取，公足以绝请托"②。特别是在志书中一切要贯彻"史义"这个著述宗旨为中心。对此，他曾有过详尽的论述：

> 志者，志也。其事其文之外，心有义焉，史家著作之微旨也。……其可以言传者，则规矩法度，心明全史之通裁也。明全史之通裁当奈何？曰：知方志非地理专书，则山川都里，坊表名胜，皆当汇入地理，而不可分占篇目，失宾主之义也；知方志为国史取裁，则人物当详于史传，而不可节录大略，艺文当详载书目，而不可类选诗文也；知方志为史部要删，则胥吏案牍，文士绮言，皆无所用，而体裁当归史法也。③

提出方志编纂的体例：分立三书——志、掌故、文征　他在《文史通义·方志分立三书议》中指出，一部完整的方志，必须具有三大结构："仿纪传正史之体而作志，仿律令典例之体而作掌故，仿《文选》《文苑》之体而作文征。三书相辅而行，阙一不可；合而为一，尤不可也。"三书之中，"志"是主体，是一种"词尚体要"的著作，具体可设纪、传、考、图、表诸门类。"掌故"如同会要、会典，是将当地政府机关一些重要的章程条例和重要文件，按类编选，别为专书，与"志"相辅而行。"文征"类似文鉴、文类，是选择那些足以"证史"、能反映本地风土民情和社会生活的诗文，以及那些"人所同好"的"名篇佳作"，汇辑成一书，与"志"相辅而行。此外，在修志的过程中，肯定有一些收集的资料没有采入书中，存在着强行"阑入则不伦，弃之则可惜"的问题，其中有些"考据、轶事、琐语、异闻"，可作为旁证资料。章学诚又别具匠心地设立"丛谈"，以附于后。

提出方志的编纂纲要：二便、三长、五难、八忌、四体、四要　二便即地近则易核，时近则迹真。三长即识足以断凡例，明足以决去取，公足以绝请托。五难即清晰天度难，考衷古界难，调剂众议难，广征藏书难，预杜是非

---

① 章学诚：《文史通义·和州志志隅自叙》。
② 章学诚：《修志十议》，《章氏遗书》卷十五《方志略二》；见张树棻纂辑、朱士嘉校订《章实斋方志论文集》，山东省地方史志编纂委员会办公室1983年重印本，第47页。
③ 章学诚：《文史通义》外篇六《为张吉甫司马撰大名县志序》。

难。八忌即忌条理混杂,忌详略失体,忌偏尚文辞,忌妆点名胜,忌擅翻旧案,忌浮记功绩,忌泥古不变,忌贪载传奇。四体即皇恩庆典宜作纪,官师科甲宜作谱,典籍法制宜作考,名宦人物宜作传。四要即要简,要严,要核,要雅。

"章学诚是那个时代最深刻、最敏锐地感受到学术风气的压迫,因此又亟欲超越风气以有所建树的人。"①1789 年 4 月 11 日至 5 月初八,他在近一个月的时间内著文二十余篇,从哲理上探索学术史、治学宗旨、治学途径和学风问题,将自己的主张予以理论性的论证和阐发,其中《原道》、《原学》、《经解》、《博约》、《史释》等篇,皆为《文史通义》中的精粹。针对戴震的"经学训诂",提出了"文史校雠"的学术方向,并且合理地推导出:校雠是一切学术的基础,通过校雠之学,才能厘清古今著作的源流,进而探文史的"义例",最后一步,则是由文史以明道。其学术意义在于,不仅在音韵诂训,也在"文史校雠",而"六经皆史"这一命题直接颠覆了"经"所具有的崇高地位。1788 年《校雠通义》的修订与后来的《史籍考》的编纂,标志着章学诚的学术思想开始进入成熟阶段,这种成熟首先从目录学理论完成。在《校雠通义》中,章学诚将其理论概括为"辨章学术,考镜源流"八个字,"辨章学术"是要指明群书大旨,辨清图书所属的学术体系及各自的特点,"求能推阐大义,条别学术异同";而"考镜源流",则是要求明了各门学术发生、发展的来龙去脉,"使人由委溯源,以想见坟籍之初者"。② 侯外庐以为:"《文史通义》略当今日所谓之文化史学,《校雠通义》则当今日所谓之学术史。"③

对于章学诚来说,"别出心裁"和"发凡起例"是学问中最重要的两件事,因此他在"用功"与"识解"之间,宁去前者而取后者。通过郑樵,章学诚发现了史家的最高境界,乃在于——

> 独取三千年来遗文古册,运以别识心裁,盖承通史家风,而自为经纬,成一家之言。④

---

① 刘墨:《乾嘉学术十论》,三联书店 2006 年版,第 158 页。
② 《章氏遗书》卷十《校雠通义叙》。
③ 侯外庐:《乾嘉时代的汉学潮流与文化史学的抗议》,《侯外庐史学论文选集》下册,人民出版社 1988 年版,第 228 页。
④ 章学诚:《文史通义·审郑》。

• 69 •

三、南宋浙东学派与清代浙东学派的学术渊源关系

尽管南宋与清代这两个时期的浙东学术并不是一个统一的学派，缺少脉络可寻的师承关系和统一的学术谱系，但却仍然具有十分相似的精神气质和思想追求，表现了基本共同的学术主张和价值取向，这不能不说是一个奇特而有意味的学术思想史景观。

章学诚说："浙东之学，言性命者，必究于史。"[①]又说："南宋以来，浙东儒者，讲性命者，多攻史学，历有师承。宋明两朝，记载皆稿荟于浙东，史馆取为依据。"考察学界对"浙东学派"概念的理解，可以说与历史上人们对狭义上的"浙学"概念的理解是基本一样的，即或指南宋的事功之学或指清代的浙东史学，所以《辞海》中释"浙东学派"有二义："浙东学派，（1）南宋以浙东地区为活动中心的学派。包括以吕祖谦为代表的金华学派（一称婺学），以薛季宣、陈傅良、叶适为代表的永嘉学派和以陈亮为代表的永康学派。……（2）清初以黄宗羲、万斯大、万斯同、全望祖、章学诚、邵晋涵等为代表的史学派别。……"[②]

种种阐释说明，一是从空间上看，可以把在不同地点但又主要集中浙东地域上的具有较多共性的多种学派、学说概括为"浙东学派"。二是从时间上看，可以把宋代事功之学或清代浙东史学这样一种具有特定的时间界限，但又处在一个较漫长的历史发展过程之中的学说、学派统称之为"浙东学派"。三是从性质上看，可以把在内部虽不是一个统一的学派，也没有严格意义上的师承授受关系，而且也不是处在同一时、同一地，但却都有比较一致的思想观念、思想方法（及治学方法）和价值追求，具有一些较突出的共同特征（如注重实际事功、追求经世致用、长于史学研究等），且相互之间存在着一定的思想影响和承续关系的浙东的学术思想学说、学派归之为"浙东学派"。

梳理两个时期浙东学派的学术渊源关系，可以从中发现众多的共同

① 《章学诚遗书·浙东学术》，北京文物出版社 1985 年版。
② 《辞海》，上海辞书出版社 1989 年版，第 2446 页。

之处。

一是在南宋和清代浙东学派中存在着重视历史观探究的一贯性和思想的继承性。清代浙东学派中在历史理论上最有建树的当属章学诚,然章氏的理论往往多承受于浙东前辈学者。如"道不离器"的朴素唯物论的观点,就有本于薛季宣所说的"道无形埒,舍器将安适哉?"①而叶适的"物之所在,道则在焉"②和黄宗羲"道、理皆从形、气而立"③的看法也是一贯的。又如章学诚重视历史与现实的相互联系,认为历史发展是"有因有革"的,这也可溯源于南宋浙东学者吕祖谦、陈亮的有关论述。关于历史发展动因,章学诚有如违背民心所愿,即使圣贤也不能建功立业、推动历史发展的思想。南宋吕祖谦就有"合群策,集事功"、"藉众人之力而共建"的思想。④这些思想也体现在后来者章太炎、蔡元培、陈黻宸等人的著作中。

二是在治学的宗旨和目的上也是存在着前后的一贯性,经世致用是贯穿始终的基线。永嘉学派的创始人薛季宣,"其学主礼乐制度,以求见之事功"。陈傅良从薛季宣游,深得薛氏经制事功之精髓。他编撰《历代兵制》就是为南宋统治者取以为鉴的。吕祖谦认为"学者当为有用之学"⑤,他写的《历代制度详说》就从涉及经济、政治、军事及国计民生等方面的 15 种制度入手,讨论其因革损益,分析历代制度的利弊,以为当世之用。叶适倡言"务实而不务虚"的学风⑥,把经术与政事结合起来,叶适论史,处处注意联系实际,如他论纪纲、论用兵、论理财、论民族关系等,陈古刺今,无不以历史经验结合南宋现实而发。这种经世致用的学风在道学统治几百年和心学盛行之后,在清初的浙东学派中得到了新的传承。黄宗羲称赞宋代事功学说:"永嘉之学,教人就事上理会,步步著实,言之必使可行,足以开物成务。"⑦他的《明夷待访录》、《明儒学案》都体现了经世致用的思想。章学诚在《文史通义》中更是不厌其烦地反复阐明其经世致用的学术宗旨。历代浙东学者重视对《春秋左传》和《周礼》的研究,就是出于经世的目的。清末

---

① 薛季宣:《浪语集》卷二十三《答陈同父》。
② 叶适:《习学纪言序目》卷四十七《皇朝文鉴一·四言诗》。
③ 黄宗羲:《子刘子行状》卷下。
④ 参见潘富恩、徐余庆:《吕祖谦评传》(南京大学出版社 1992 年版)第 9 章。
⑤ 吕祖谦:《左氏传说》卷五。
⑥ 《水心文集补遗·奏礼》。
⑦ 黄宗羲等:《宋元学案》卷五十二。

新史学思潮更是经世致用的产物,宋恕、蔡元培、章太炎、陈黻宸、孙诒让等无不热心投入社会政治运动,关注社会改革变迁。宋恕、章太炎等把自己参与所办的报纸就命名为《经世报》,针对当时有人看不起经世之学,宋恕还在《〈经世报〉序》中指出:"古无所谓经学、史学也,学者学经世而已矣!理者经世之的;数与文者,经世之器;而经、史、诸子者,经世之师承也……今白种诸国,莫不以经世为学。"从章太炎、陈黻宸的史学论著及其所订编史体例来看,也都可明显地感受到经世致用的精神。

三是在治学的路径和方法上都强调经史并治。对于经史关系的理解,明确提出"六经皆史"说的,是清代的章学诚。其实章氏这一命题是继承浙东前辈思想而来的。薛季宣说:"《春秋》者何?鲁史记之名也。"①吕祖谦说:"观史,先自《书》始。"②而在叶适那里,更已形成六经皆史的思想的雏形。他说:"《书》起唐虞,《诗》止于周,《春秋》著于衰周之后,史体杂出而其义各有属,尧舜以来,变故悉矣。"他认为:"经,理也;史,事也。《春秋》名经而实史也,专于史经则理虚而无证,专于史则事硙而不通。"③王阳明也认为:"《春秋》亦经,《五经》亦史。《易》是包牺之史,《书》是尧、舜以下史,《礼》、《乐》是三代史。"章太炎也是把经学作为史学来看待的,在这一方面他是深受叶适、章学诚等人影响的。④ 由上述可见,六经皆史思想是浙东史学一脉相传的思想。因此,浙东学者重史而不废经,经史并治,故能在史学领域取得不凡的成绩。

南宋以来,不少浙东学者受古文经学的影响,把汉儒治经的方法运用到治史上,他们将对古史的研究重点放在《左传》、《周礼》上,形成求实考信的治史态度和以注疏考据为主的治学方法。吕祖谦撰《大事记》,以《左传》、《竹书纪年》等书纠正了《史记》不少纪年上的错误。叶适也多用考据的方法证明"六经"为先秦史籍,而非孔子所作。王应麟的《困学纪闻·考史》,对"十七史"、《通鉴》、《纲目》、《唐鉴》、《续通鉴长编》等书都有所考辨,开全面考评历代史籍之先河。胡三省的《通鉴注》"凡纪事之本末,地名

① 薛季宣:《浪语集·经解春秋旨要序》。
② 《东莱别集》卷七《与张荆州敬夫》。
③ 《水心文集》卷十二。
④ 参见诸祖耿:《记本师章公自述治学之功夫及志向》,《章太炎学术年谱》,山西古籍出版社 1996 年版。

之异同,州县之建置离合,制度之沿革损益"都有所疏释。黄宗羲强调治经"必明证于史籍而后足以应物",其研究《周易》,对卦象的解释,许多地方都是以史证经,排除历来对卦象的神秘主义说教,还其古代文献的地位。上述传统对乾嘉时期的学风也产生了很大的影响,到全祖望、邵廷采、章学诚的时代,考据方法已成为治学的主要方法。但浙东史学能坚持它"经世致用"的原则,不为考据而考据。因此在乾嘉时期,大多数学者在埋头故纸之时,浙东学者仍能取得诸如"明史研究"、《宋元学案》、《文史通义》之类的重大创新成果。

晚清以来,黄以周、平步青、李慈铭等走的仍然是考据的路子,至孙诒让融经世致用与章句考证为一体,故有《周礼正义》、《墨子间诂》等经世巨著的问世。宋恕、章太炎更是在古文经学的基础上,提出变法改革的主张,形成一派区别于康有为、梁启超一系的维新变法力量,为重振"浙东学术"树起了鲜明的旗帜。

越地学术思想论

通论 越文化

第四章　越地哲学思想的发展轨迹

哲学是一个民族智慧的集中体现,代表了一个民族理论思维的最高水平,因此可以说它是民族文化的核心部分,在整个文化系统中起主导作用。在传统文化中,哲学不是作为独立的学科体系而是隐含在经史之学中,但又具有十分丰富的哲学思想。越文化在其发展的历史进程中,哲学思想的发展出现过三个高峰期,在整个中华文化的发展史上具有重大的影响。

一、疾虚妄树异端——越地哲学思想的第一个历史高度

王充(27—约97)是越地第一位影响深远的大哲学家,更是一位以其思想的独特和影响的深远而名垂青史的大思想家,东汉时期最大的"异端"。他读万卷书、成一家言,对古人、世人、名人、伟人之言都能以求实精神、理性精神和批判精神加以衡论,对中国文化产生了巨大的影响。对王充哲

· 74 ·

学,冯友兰的评价是"他的哲学体系完整,斗争性极强"。在两汉哲学思想的交锋中,他的哲学体系是董仲舒哲学体系的对立面。

王充先祖原籍魏郡元城(今河北大名县),由于几代军功,封会稽阳亭,举家南迁。但不到一年,便家道中衰,封地尽失,只有以农桑为生,由于王家所保持的"勇任气"的军人性格与豪强结怨,祖父举家迁往钱塘县,以商贾为业,后又迁回上虞县,在当时可谓是"细族孤门"。祖辈的刚烈性格和坎坷经历,无疑对王充的人格与思想的形成产生了深刻的影响,其耿直不苟的人生态度和愤世嫉俗的批判精神,与祖辈的"勇任气"家风不无关系。

王充自幼聪明好学,有远大志向和抱负,青年时期游学洛阳,受业太学,师从著名史学家班彪,刻苦攻读,学业大进。由于家境贫寒,买不起书,王充只得经常到洛阳的书肆上看书。他依靠勤奋和天分,凭借都城与太学的有利条件,博览了诸子百家的著述,成为饱学之士,为以后在汉代思想史上独树一帜打下了坚实的基础。学业有成,他走上了中国传统知识分子必经的仕途,但到60岁致仕重回学术生活的从政生涯对王充来说是充满坎坷,未曾施展过他的理想抱负。这种刻骨铭心的人生体验,对他的思想形成来说却不无裨益。

他推崇权威而不迷信权威,敢于"问孔"、"非韩"、"刺孟"。他身处谶纬之书遍布天下的时代,以他渊博的学问,敏锐的眼光,深刻的思想,敢于向迷信挑战。

王充一生著述甚丰。据其自叙,先后著有《讥俗》、《政务》、《论衡》、《养性》等书,现保存下来的只有《论衡》30卷,85篇(缺《招致》一篇)。在其代表著《论衡》中,以他所能企及的知识对一切老幼、生死、古今问题,加以衡量,鉴其真伪,攻击虚妄,可以视为当时综合百科的巨著。他以其元气论、天人论和形神论为核心集中地阐述了唯物主义的世界观。

提出了唯物主义的自然观——元气论 王充认为,万物是由"气"构成的。"气"是一种物质性的细微基质(具体的物质形式)。具有物质性、永恒性、基质性和自然无为性等特征。包括阴阳两气在内的气的运动、聚散,造成万物的生成与变化。"万物之生,俱得一气。气之薄渥,万世若一。"[1]"天覆于上,地堰于下,下气蒸上,上气降下,万物自生其中间矣。""人禀元

---

① 王充:《论衡·齐世篇》。

气","人禀气而生,含气而长"等等,以气为基础,对世界万事万物作了统一的理解和说明。用气来解释自然存在、人的存在和社会存在,说明各种自然的和人类的、历史的和现实的、普遍的和特殊的、必然的和偶然的现象。在阐述元气论的时候,他还特别强调阴阳和谐的重要性,认为在"气"凝聚成为万物时,阴阳二气的和谐与否决定着事物的性质。"阴阳不和,灾变发起。"①和气才能产生出瑞物乃至圣人,"瑞物皆起和气而生"②,天地和气,即生圣人。

阐述了唯物主义的宇宙观——天人论　　首先王充对"天"重新作了唯物主义和自然主义的说明。在汉代的主流意识是"天人感应","天"被说成是有情感、有意识、扬善惩恶的众神之主,能对人间的政治好坏、社会治乱表明自己的态度,表扬、奖赏好的君主和臣民,警告、惩罚坏的君主和臣民。因此,人类必须重视"天"的存在,遵循"天"的意志,依照"天"的态度行事,把天人格化和神秘化。基于此,王充对"天"作了重新的解释。第一,天是一种有形之物的自然形态,他根据当时对天文学研究的解释,认为天与地一样,都是平正的。因为很大,因此看起来像一个覆盖着的盆的形状,太阳即附着在天上,随天运转,看起来好像有升有降,实际上没有升降。只有运行到近处,看得见了,就说它升起来了,看不见了,就说它入地下了。"天平正与地无异。然而日出上、日入下者,随天运转,视天若覆盆之状,故视日上下然,似若出入地中矣。然则日之出,近也;其入,远,不复见,故谓之入。……实者不入,远矣。"③其次,王充认为"天"的存在特征是"自然无为",在《论衡》中他反复申说"天道自然"、"天道无为",这种本性是通过"天"的施"气"生"物"的运动中表现出来的。这就是说,"天"在其运动中,施放"元气",产生万物。但是"天"的运动不是有意识地去创生万物,而是万物于其中自己发生的,这就是所谓"自然";"气"的施放也不是有目的地去扶植万物,而是万物于其中自己成长,这就是所谓"无为"。由此,王充继续推演到天人的关系上,他认为"天"在对待人的活动上,同样是无意识、无情感、无目的的。他从"地"以土为体,本无口目,推出"天"也没有口目一类的感官,因而也不会产生欲望和要求,不会作有意识有目的的活动。他分

---

① 王充:《论衡·感类篇》。
② 王充:《论衡·讲瑞篇》。
③ 王充:《论衡·说日篇》。

析了人的出生不是天的"故生"而是"气"所自生；人的生存是自己在生活中，发现了这些自然物对于自己的有用性，于是取之作为自己生存的资源；在人的活动中，"天"不会对人的善恶是非作出任何反应，因而指出所谓的"天人感应"、"祸福报应"是荒谬的。

形成了唯物主义的形神论 王充在探讨天人关系的同时，也很自然地要进入到对形神关系的思考，他从元气论出发，建立起了形神论。所谓形神论，就是关于人的物质存在与人的精神存在的关系问题，是汉代哲学家们探索与争论的一个焦点问题。王充在吸取前辈学者的合理思想的基础上，形成了"精神依倚形体"的比较系统的理论。首先，他认为人是一种有智慧的物，"禀气于元，与物无异"，"人，物也，万物之中有知慧者也"；其次，认为人有精神现象，是因为构成人的"气"有两种，一是阴气，一是阳气，"阴气主为骨肉，阳气主为精神"①，这种构成人的精神的气被称为"精气"或人气、神气；再次，"精气"本身只有与人的形体相结合并以人的形体作为自己的载体，才能使人具有精神现象，具有智慧，"形须气而成，气须形而知"，因此，那种认为人死之后精神依然存在、变为鬼神的说法是毫无根据的、荒谬的。"能为精气者，血脉也。人死血脉竭，竭而精气灭，灭而形体朽，朽而成灰土，何用为鬼？"②进而论证鬼神说产生的缘由："非人死精神为之也，皆人思念存想之所以致也。致之何由？由于疾病。人病则忧惧，……畏惧则存想，存想则目虚见。"在此基础上他反对天地间有鬼说，还反对厚葬，主张薄葬。

主张"知物由学"的唯物主义认识论——实知论 王充秉持"疾虚妄"的原则，反对知识是与生俱来的"生知"和神而先知的"先知"，认为知识是后天与外部世界接触中所获得的关于外部世界的认识，是通过"耳目"、"学问"与"心意"来获得并进行加工而形成的"实知"。在《论衡》中的《实知》与《知实》两篇中，可以看出王充重视认识和客观实在之间的关系，人的知识只能通过后天的对"天下之事，世间之物"的认识而获得。他认为人的认识活动首先在于"任耳目"："实者，圣贤不能知性，须任耳目以定情实。其任耳目也，可知之事，思之辄决；不可知之事，待问乃解。"③但是任耳目在保

---

① 王充：《论衡·订鬼篇》。
② 王充：《论衡·论死篇》。
③ 王充：《论衡·实知篇》。

证认识的客观性和正确性的同时,也存在着作用的局限性,即不可能认识一切外在的事物,因此除了直接的感性经验之外,还需要他人的间接经验。而他人的见解经验是靠"学问"获得的,离开了学与问,不可能形成人的知识。"人才有高下,知物由学。学之乃知,不问不识。"人要获得正确的认识,还需要"开心意"在已经获得的感性认识的基础上,进行合理的推理,作出理性的判断。"揆端推类,原始见终,从闾巷论朝堂,由昭昭察冥冥"①,使得能够由小事见大事,由已知见未知,预见祸福,了解未来。王充反复强调"效验"在人的认识中的作用,通过对经验的观察、实际的测试、行为后果的检验、同类事物的比较等,才能对一种说法、见解、观念予以证实或证伪,提出了检验认识真理性的标准问题。他在《论衡·雷虚篇》中一连举了"五检"来证明"雷之为火",否定了"雷为天怒"的说法。

走向历史观上的自然宿命论 王充在社会治乱观上,有其合理的因素,如"王命之当兴也,犹春气之当为夏也;当其亡也,犹秋之气当为冬也","夫朝之当亡,犹人之当死",意识到社会治理、乱是历史自身规律自然地出现的现象;同时也看到:"夫世之所以为乱者,……由谷食乏绝,不能忍饥寒。夫饥寒并至,而能无为非者寡。然则温饱并至,而能不为善者希。……让生于有余,争起于不足。谷足食多,礼仪之心生。礼丰义重,平安之基立矣。"认为社会的安定,取决于社会物质生活的丰裕,这无疑是十分深刻的。但是,在追究社会治乱的终极根源时,他陷入了自然宿命论:"世之治乱,在时不在政;国之安危,在数不在教";"成败系于天,吉凶制于时"。"昌衰兴废,皆天时也。"在人的性命观上则走得更远,他认为:"人之善恶,共一元气,气有多少,故性有贤愚。""人性有不教而自善者,有教而终不善者矣,天性,犹命也。"甚至说:"凡有首目之类,含血之属,莫不有命。"在历史发展观上,尽管有历史进化论的观点,但主要的是历史循环和不变论。

王充的哲学思想是对秦汉时期科学发展水平的反映,是对两汉哲学的总结,他的思想特别是他的批判精神对后人的影响很大,尤其是对越地后人的影响更加巨大。如三国时会稽余姚人虞翻认为:"有道山阴赵晔,征士上虞王充,各洪才渊懿,学究道源,著书垂藻,骆驿百篇,释经传之宿疑,解

---

① 王充:《论衡·实知篇》。

当今之槃结,或上穷阴阳之奥秘,下摅人情之归极。"①晋朝葛洪称王充是
"冠伦大才"②,是"一代英伟,汉兴以来,未有充比"③。

从汉末到魏晋经历了思维方式的重大变化,特别是抽象思维能力得到
了很大的提高。冯友兰说:

> 汉朝的人是伟大的,但是他们的抽象思维的能力是比较低的,汉
> 朝哲学家们的根本观念都还是具体思维的。……玄学的辨名析理完
> 全是抽象思维,从这一方面说,魏晋玄学是对两汉哲学的一种革命。④

魏晋之际研究方式的变化,从注重经文的注疏到注重对玄奥问题的辨
析,反映出思维方式的一次跃进。玄学作为一种哲学,汤用彤等认为它是
关于有无、本末等问题的宇宙本体论⑤,侯外庐等认为它是运用逻辑的方
法,对诸多复杂深奥问题的概念探讨⑥。玄学已经成为一种真正的思辨哲
学。但就其内涵来说,玄学讨论的中心问题还是天人关系问题,是对社会
现实的变化和精神危机的思想回应。在此学术思想发展过程中对嵇康的
作用评价各不相同。

嵇康(223—263),字叔夜,谯国铚(今安徽宿县西南)人。其先祖本姓
奚(或溪),会稽人,以避怨徙上虞,再迁至谯国铚县,改姓嵇。他"家世儒
学,少有俊才,旷迈不群,高亮任性,不修名誉,宽简有大量。学不师授,博
洽多闻,长而好老、庄之业,恬静无欲"⑦。魏晋之际,"康寓居河内之山阳
县〔今河南修武县〕,与之游者,未尝见其喜愠之色。与陈留阮籍、河内山
涛、河南向秀、籍兄子咸、琅邪王戎、沛人刘伶相与友善,游于竹林,号为七
贤"⑧。

在社会政治观点上,嵇康主张"越名教而任自然"。他说:"情不系于所
欲,故能审贵贱而通物情。物情顺通,故大道无违。"⑨他鼓吹君道无为,君
道自然,"古之王者,承天理物,必崇简易之教,御无为之治。君静于上,臣

---

① 《三国志》卷五十七,裴松之注引《会稽典录》。
② 葛洪:《抱朴子外篇》卷四《喻蔽》卷四十三。
③ 虞世南辑:《北堂书钞》卷一百注引《抱朴子》。
④ 冯友兰:《中国哲学史新编》第4册,人民出版社1986年版,第44页。
⑤ 参见汤用彤:《魏晋玄学论稿》,上海古籍出版社2001年版,第30页。
⑥ 参见侯外庐等:《中国思想通史》第3卷,人民出版社1957年版,第26、43页。
⑦ 《三国志》卷二十一,裴松之注引《嵇氏谱》。
⑧ 《三国志》卷二十一,裴松之注引《魏氏春秋》。
⑨ 嵇康:《释私论》。

顺于下；玄化潜通，天人交泰"①。他反对名教，对儒家经典抱蔑视态度，声称"向之不学，未必为长夜；《六经》未必为太阳"②，甚至"非汤武而薄周孔"③。在《管蔡论》中，他为管叔、蔡叔辩诬，说他们反对周公是"思在王室"、"欲除国患"、"翼存天子"，其实两人都是忠贤之臣，只是因不了解情况，才怀疑周公。嵇康为管、蔡翻案，乃是针对"淮南三叛"，讥刺司马氏也。鲁迅称赞嵇康论文"思想新颖，往往与古时旧说反对"④，就曾以此篇作为例证。

嵇康在玄学理论上最有影响的是《养生论》与《声无哀乐论》。《世说新语·文学》云："王丞相〔导〕过江左，止道《声无哀乐》、《养生》、《言尽意》三理而已，然宛转关生，无所不入。"⑤史载嵇康"性好服食，尝采御上药。善属文论，弹琴咏诗，自足于怀抱之中。以为神仙者，禀之自然，非积学所致。至于导养得理，以尽性命，若安期、彭祖之伦，可以善求而得也；著《养生篇》。知自厚者所以丧其所生，其求益者必失其性，超然独达，遂放世事，纵意于尘埃之表。撰录上古以来圣贤、隐逸、遁心、遗名者，集为传赞，自混沌至于管宁，凡百一十有九人，盖求之于宇宙之内，而发之乎千载之外者矣。故世人莫得而名焉"⑥。嵇康受道家神仙思想的影响，相信有神仙存在；但又不相信常人能经过修炼而成仙。他的养生原则是形神共养，内外相济，"导养得理，以尽性命"：

> 是以君子知形恃神以立，神须形以存。悟生理之易失，知一过之害生。故修性以保神，安心以全身。爱憎不栖于情，忧喜不留于意，泊然无感，而体气和平。又呼吸吐纳，服食养生，使形神相亲，表里俱济也。⑦

他这种清心寡欲，淡泊人生，注重内敛，不为名利所动的养生方法，与元康、永嘉名士那种放浪形骸，沉湎酒色的旷达不羁之风有着天壤之别。⑧

---

① 嵇康：《声无哀乐论》。
② 嵇康：《难自然好学论》。
③ 嵇康：《与山巨源绝交书》。
④ 《鲁迅全集》第3卷，人民文学出版社2005年版，第533页。
⑤ 引自徐震堮：《世说新语校笺》，中华书局1984年版，第114页。
⑥ 《三国志》卷二十一，裴松之注引《嵇氏谱》。
⑦ 嵇康：《养生论》。
⑧ 参见张承宗：《魏晋玄学的形成与发展》，《苏州大学学报》2002年第3期。

稽康的哲学思想表现为：一是"心声二物"的本体论。认为"声之与心，殊途异轨，不相经纬"，这在《声无哀乐论》中说得十分明白："琴瑟之清浊，不在操者之工拙。心能辨理善谭，而不能令内和调利，犹瞽者能善其曲度，而不能令器必清和也。器不假妙瞽而良，和不应慧心而调。然则心之与声，明为二物。"由此，他提出了一系列相关的论点，一方面认为"夫元气陶铄，众生禀焉"①，"浩浩太素，阳曜阴凝，二仪陶化，人伦肇兴"②，"夫天地合德，万德资生。寒暑代往，五行以成。章为五色，发为五音"③。认为形神是相互依存的，"形恃神以立，神须形以存"。另一方面又把微妙的"至理"与"常理"对立起来，把"至明至胆"与普通的明知与胆量对立起来，把神秘的"至物"与普通的"常物"对立起来，认为"至物微妙，可以理知，难以目识"④，最终把超凡的"圣人"、"至人"、"神仙"与"常人"对立起来，陷入了哲学上的二元论。

二是探求自然之理的知识论。稽康注重探讨"自然之理"与"至理"的关系，先求自然之理，即现实世界的常理，再求至理，而至理是精深微妙，并非随处可以发现，"难以目识"，"言所不可及"的统物之理，其形成是"得之于心"，通过"求诸身"体悟到的，又要通过"校外物"检验其客观性，即要抛弃主观臆断，"不以己为度"⑤，继承了王充"考之以心"，"以心意议"，"以心原物"⑥的思想。

三是轻目见、重"较论"的认识方法。所谓"较论"是指机智的辩论方法。稽康在《养生论》中明白无误地告诉我们，对微妙至物的认识，主要是通过较论，而不是通过目见，"夫神仙虽不目见，然记籍所载，前史所传，较而论之其有必矣"，"夫至物微妙，可以理知，难以目识。譬之豫章，生七年然后觉耳"。通过较论这种抽象思维把握事物的至理，本来是合理可取的，符合认识规律的，但问题在于他把"至物"与"常物"截然分割开来，最终导致把目识与理知截然分割开来。在认识方法上，稽康反复批评了"交赊相

① 稽康：《明胆论》。
② 《稽康集·太师箴》。
③ 稽康：《声无哀乐论》。
④ 稽康：《养生论》。
⑤ 稽康：《答释难宅无吉凶摄生论》。
⑥ 王充：《论衡·薄葬》。

倾"、"交赊相夺"、"背赊趣交"等现象。以商品贸易中的"现交"概念来喻示认识中只注重眼前的、现实的、在时间和空间上很近的事,以"赊欠"的概念来喻示认识中比较容易忽视希翼的、预期的、在时间和空间上比较遥远的事,造成认识上的失误或失败。"抑情忍欲,割弃荣愿,而嗜好常在耳目之前,所希在数十年之后,又恐两失,内怀犹豫,心战于内,物诱于外,交赊相倾,如此复败";"常人之情,远,虽大莫不忽之,近,虽小莫不存之,夫何故哉?诚以交赊相夺,识见异情也";"药之已病,其验交见,故君子信之。宅之吉凶,其报赊遥,故君子疑之。今若以交赊为虚实,则恐所以求物之地鲜矣。吾见沟浍不疑江海之大,睹丘垤则知有泰山之高也。若守药则弃宅,见交则非赊,是海人所以众生无山,山客白首无大鱼也"。

在魏晋玄学中,嵇康是一位相对于他人注重构建本体论的抽象思维而言,更加强调对具体事物"自然之理"的深刻把握的独特思想家。

二、由理学到心学——越地哲学思想的第二个历史高度

宋明两代属于客观唯心主义的程朱理学盛极一时的时代,也是传统儒学由此盛极而衰,逐渐成为失去活力的教条的时代。以南宋浙东事功学派的崛起和阳明心学的兴旺为标志,说明越地哲学思想发展的第二个高峰期已经到来。

南宋乾淳时期是学术空气颇为浓厚的一个阶段,可以说是春秋战国以来又一个百家争鸣、互争雄长的时代。当时,代表着不同利益集团的思想家提出各自的政治经济主张的同时,亦在哲学上形成了各具特色的学说。有提倡经世致用的,也有主张论道经邦的。不但出现了具有唯物倾向的永嘉、永康、金华等事功学派与唯心主义的理学两大阵营之间的论战,就在唯物主义学派中,永嘉学派与永康学派的意见也不尽相同,彼此间时有微词,至于在唯心主义的营垒中,以朱熹为代表的"理学"和以陆九渊为代表的"心学"之间更是相互攻讦,双方有时意气用事,闹得不可开交。

吕祖谦发起和组织中国哲学史上著名的哲学辩论会——鹅湖之会,影响深远。淳熙二年(1175)五月,为调和朱熹"理学"与陆九渊"心学"之间

的理论分歧,企图使二人的哲学观点"会归于一",吕祖谦出面邀请陆九龄、陆九渊兄弟前来江西上饶鹅湖寺与朱熹"相聚切磋"。虽然这次会上直接参加辩论的是朱熹和陆九渊兄弟,但列席旁听者不少,闽浙赣有关学者闻风而至。这次会谈的气氛相当紧张,朱熹事后回忆说:"始听莹于胸次,卒纷缴于谈端。"①会议辩论的中心议题是"教人之法",即认识论。朱熹强调通过对外物的考察来启发人的内心潜在良知,陆氏兄弟则主张"先发明人之本心",反对多做读书穷理之功夫,以为读书不是成为至贤的必由之路。会上双方各执己见,互不相让,经过三天的激烈辩论后不欢而散。对于朱、陆双方的观点,吕祖谦内心比较倾向朱熹的"教人"之法,认为二陆的主张过于疏阔,他是这样评价的:"元晦英迈刚明,而功夫就实入细,殊未可量。子静亦坚实有力,但欠开阔。"②会后,吕祖谦继续与二陆深入沟通,他曾对邢邦用提及此事:"近已常为子静详言之,讲贯通绎乃百代为学通法,学者缘此支离泛滥,自是人病非是法病,见此而欲尽废之,正是因噎非食。学者苟徒能言其非,而未能反己求诸实,悠悠汩汩,毋所底止,又适所以坚彼之自信也。"③

吕祖谦在二十多年的学术生涯中,撰写了不少学术专著,可谓学富五车,著作等身。他不论是对前人还是对同时代的学者的学说见解,均能持论公允,很少门户之见。史称其"兼总众说,巨细不遗,挈领提纲,首尾该贯,浑然若出一家之言"④。由于吕祖谦的学术思想是在对当世各家"委曲拥护"的基础上构筑起来的,故而它很少有门户之见,容纳了比其他诸家更多的思想信息,保存了其他诸家所不能保存的思想资料,从某种意义上说,吕祖谦的学术思想不啻是南宋乾淳时期的大型思想库。

吕祖谦的哲学思想最大的特色是"不主一说"、"驳杂而不纯"。由于主张博杂的家学渊源,能以第三者的身份对待理学和心学之争,平允持论,兼蓄"理""心"之说。也由于"中原文献之传"的家学熏陶,使他能从历代王朝兴衰存亡的复杂过程中,隐约感到仅仅依靠"性命义理"之学尚不足以永久而巩固地维护封建统治,必须讲一点"经世致用"的学问,使他与永嘉、永

① 《朱文公文集》卷八十七《祭陆子寿文》。
② 《东莱文集》卷五《与陈同甫》。
③ 《东莱文集》卷四《与邢邦用》。
④ 黄宗羲等:《宋元学案》卷五十一《东莱学案》。

康功利学派有不少共同语言。正是在广泛的学术交往中,相互影响,形成了自己的哲学思想体系。

吕祖谦的哲学思想就其本质而言是属于唯心主义的范畴,把理和心共同列为世界本原的最高范畴。一方面受客观唯心主义的影响,认为"天理"是超时空的绝对,世界上其他事物都有始有终,有生有灭,唯有理是永恒的存在。"天下之不容泯者,天理也。"①他认为唐尧虞舜之世,由于德政流行,在孔孟之旁,则德音充耳,在天理流行之时,谁也不会去怀疑天理的泯灭。但在商纣主政、盗跖横行之时,天下"横逆淫诐",天理似乎荡然无存,但事实上天理还是依然存在着,否则,"身与天违"的纣就不会说"我生不有命在天"这样充满天理的话了,而"身与道违"的跖也不会说"何适而无道"了。因此,"天地生生之理,元不曾消灭得尽"②。将世界的统一性认定为是精神性的"理",是由"一个道理"产生出事物千差万别、形性各异的现象,从而暴露出他的哲学体系的唯心主义倾向。吕祖谦的哲学思想完全根源于二程、朱熹等人"实有是理,始实有是物"、"理一分殊"等命题。

另一方面吕祖谦哲学思想中心学倾向也是非常明显的,将"心"上升为世界的本原。这里既有陆九渊的影响,同时还由于他崇尚程颢之为人和学识,深受其主观唯心主义思想的熏陶。孟子是中国哲学史上率先提出"万物皆备于我"的主观唯心主义命题,吕祖谦在此基础上作了进一步的发挥:"圣人之心,万物皆备,不见其外。"③认为"圣人之心"具有通天彻地之能,自然界的一切变化都掌握在圣人之心中。认为"我"于天地万物之间本来是没有隔阂的,现在的问题是人一旦有了七尺之躯,凡事都喜欢从自家躯壳上起意,妄分物我,将本来浑然一体的天地万物人为地间隔开来。因此要达到己与万物浑然一体的境界,主张"无我"、"舍己",这并不是要取消主观,而是要取消主观与客观的区别,将客观纳入主观之中。并在此基础上,提出了"气听命于心"和"以心御气"的命题④,并以能否达到这一点作为区分圣贤君子与众人的依据。

在吕祖谦的哲学思想中也存在着不少辩证思维的元素,这些因素来之

---

① 《东莱博议》卷三《梁亡》。
② 《东莱文集》卷十三《易说·复》。
③ 《东莱博议》卷二《齐桓公辞太子华》。
④ 《东莱博议》卷一《楚武王心荡》。

于两个方面的影响,一是长期研究《周易》,受古代辩证思想的影响,其中《伊川易传》中所阐发的辩证思想对其启迪颇大。二是作为思想敏锐的学者,平时颇为留意和思考复杂而矛盾的自然现象和社会现象。表现为以中国古代哲人"有对"范畴来说明世界上一切事物都是矛盾地存在着的观点,认为"天下之理,未尝无对也"①。在吕祖谦的著述中列举大量相对立而存在的现象,如盛与衰、强与弱、进与退、荣与辱、始与终、聚与散等等。世界上没有矛盾的对立面(无对)的事物是没有的,这是天下所有事物所呈现的总趋势,亦是"天下之理"的生动体现。他在《东莱博议》中大量地论述了矛盾双方之间相互依存和相反相成的关系,如"无贤者,则不肖者不能独立,无智者,则愚者不能独存"、"相反处乃是相治"等。表现为视"日新"为"天地之道"。认为世界上的事物是变化不定的,故而"初无定体"为"天地之常",矛盾的统一物总是在不停地运动变化(日新)着的。如果以为事物是"一定不易",就会"执而不通",这是不善于观察事物的表现。

吕祖谦的认识论也由于受到各方面思想的影响,在杂博及自相矛盾中存在着一些合理的因素。他坚守主观唯心主义的"天地万物"皆"吾心之发见"观点,强调"反求诸己"、"反视内省"。人们要探索自然和社会的奥秘,把握客观事物的内在规律,则不必求诸于外,求诸内心即可。认为"心"具有认识一切事物的能力,"心"与万物的关系犹如明镜与镜中之影。同时又认为人的良知良能在和外物接触过程中,很容易发生偏倾而为外物所迁,迷失方向,而使良知良能受到蒙蔽,这就需要不断地"明心"、"正心",格物致知。进而又认为当主观认识与客观实际发生矛盾时,要用客观标准去修正主观认识的偏差。

事功学派的重要成员陈亮以其实用主义倾向与程朱理学相抗衡。从他对异端的见解看,认为无论儒墨黄老,只要其学说言之成理,行之有效,便可变通而参取之,以切于当世之实用,而不必尽拘执于孔孟之言。在陈亮看来,即使孔子也是博取众家之论的,并非执于一端以攻其余,因此,"今天下之习日趋轻浮变诈矣,老聃之思虑,孔氏之遗法,周末忧世之君子,各致其说以救时弊者,可以区别而用之欤?"②表明他对"王霸之杂,事功之

---

① 《东莱文集》卷十三《易说恒》。
② 《陈亮集》卷十五《问古今文质文弊》。

会,有可以裨王道之阙而出乎富强之外者,愿与诸君通古今而论之"①,代表了他要以"切于实用"这一基本原则去统摄诸家学说的一种努力。可见,陈亮之论王霸、辨"异端",实际上恰恰是要求人们从王霸、异端诸问题的纠缠中超拔出来,将这些问题暂时搁置起来,唯有着眼于社会政治的实际情形,变通古今,参合同异,以达夫时措之宜,而无须必求尽合于某种"主义"。"义利双行,王霸并用"是陈亮学术之整体的基本性格,也是他与理学阵营相互对垒的关键之所在。

到明代中期,以王阳明为代表的主观唯心主义对程朱理学提出了挑战,阳明心学成为流传甚广、影响极大的学说,是心学体系的发展和完成者。

王阳明早年求学涉猎广泛,曾有"五溺""三变"之说,如湛若水在《阳明先生墓志铭》中称:初溺于任侠之习;再溺于骑射之习;三溺于辞章之习;四溺于神仙之习;五溺于佛氏之习。② 37 岁那年,是他思想历程的转折点。因为他不仅认识到骑射与辞章不应该是学习的最后目的,从而走出了溺于骑射与辞章之路;而且已具体觉悟到佛老思想与人性的矛盾,从而摆脱了佛道思想的阴影。几经波折,终于使他回归到完全认同儒学的立场。但是,由于王阳明的曲折经历包括出入于佛老以及研究朱学的过程,使他所归本的儒学一开始就以注重精神境界为特色而与朱学大异其趣。1505 年在京师授徒讲学,他所首倡的正是与辞章记诵相对立的"身心之学",要求"先立必为圣人之志",扬弃了佛道智慧与境界的身心之学。但这时他还没有找到自己的一套关于本体与工夫的理论以与朱学相抗衡,也即自己的思想体系还没有确立起来,直到被谪居龙场,在极端困苦的环境条件下,继续探索儒学的真谛:

> 自计得失荣辱皆能超脱,惟生死一念尚觉未化,乃为石墩自誓曰"吾惟俟命而已!"日夜端居澄默,以求静一;久之,胸中洒洒。……因念:"圣人处此,更何所道?"忽中夜大悟格物致知之旨,寤寐中若有人语之者,不觉呼跃,从者皆惊。始之圣人之道,吾性自足,向之求理于事物者误也。③

---

① 《陈亮集》卷十五《问皇帝王霸之道》。
② 参见《王阳明全集》卷三十八,上海古籍出版社 1992 年版,第 1401 页。
③ 《王阳明全集》卷三十三,上海古籍出版社 1992 年版,第 1228 页。

从恍若有悟到"再更寒暑"终于建立了知行合一的新说。

朱熹的"即物穷理"说法见之于《格物补传》,是以《大学》为其经典上的理论根据。陆九渊虽然反对"即物穷理",由于对《大学》缺乏深入讨论,难以从根本上推翻其说法。这项任务由王阳明着手完成了。他对《大学》作了更进一步的研究,提出了新的系统见解,以作为他的哲学体系在经典上的理论根据,这部著作就是《大学问》。认为《大学》有三纲领:明德、亲民、至善,而至善不过是明德、亲民的极至。《大学问》与《格物补传》是心学和理学的代表作。两派的目标都是使人成为完全的人,但心学的入手处是"致良知",理学的入手处是"即物穷理"。

王阳明的心学体系颇称庞大严密,"心即理"、"知行合一"和"致良知"为其贯穿始终的三大命题,围绕着以良知为核心,以致良知为宗旨而展开。

关于"心即理"。"心外无物"、"心外无理"、"心即理"是王阳明心学的出发点和基本前提,也是他回答哲学基本问题的根本观点。他以为心只是一个灵明,这个灵明充塞天地,是天地万物的主宰:

> 充天塞地中间只有这个灵明,人只为形体自间隔了。我的灵明便
> 是天地鬼神的主宰,天没有我的灵明谁去仰他高?地没有我的灵明谁
> 去俯他深?鬼神没有我的灵明谁去辨他吉凶灾祥?天地鬼神万物离
> 却我的灵明,便没有天地鬼神万物了;我的灵明离却天地鬼神万物,亦
> 没有我的灵明。如此,便是一气流通的,如何与他间隔得。①

他还认为理是心的本体,物就是理。比如忠君、孝亲,一定是有忠君、孝亲的心,才有忠君、孝亲的理,反过来则全没有了。"物者,事也。凡意之所发,必有其事,意所在之事,谓之物。"②"所以某说无心外之理,无心外之物。"③

他进一步说,心不仅是一身的主宰,而且是统辖整个宇宙的那种理。理虽说散在万物里面,可是这却不外于一个人的心。所以物理是不在于我心之外的。因而得出的结论是:"心外无物,心外无事,心外无理。"④

他还指出理只有一个,只是表现的形式不同,认识方法也就不同。他

---

① 《王阳明全集》卷三,上海古籍出版社 1992 年版,第 124 页。
② 《王阳明全集》卷二十六,上海古籍出版社 1992 年版,第 972 页。
③ 《王阳明全集》卷一,上海古籍出版社 1992 年版,第 6 页。
④ 《王阳明全集》卷四,上海古籍出版社 1992 年版,第 156 页。

第四章 越地哲学思想的发展轨迹

认为理的凝聚叫做性,凝聚的主宰叫做心,主宰的发动叫做意,发动的明觉叫做知,明觉的感应叫做物。所以,就物方面讲叫做格,就知的方面讲叫做致,就意的方面讲叫做诚,就心的方面讲叫做正。只要正心、诚意、致知、格物,则世界万事万物尽在我的心中了。这样就对主观唯心主义作了彻底的阐述。

关于知行合一。针对朱熹理、心两分,"知先行后"说,提出了理即是心的本体,物理不在我心之外,求理于吾心,才是圣门知行合一的遗教的学说。他以"如好好色,如恶恶臭"为例,看到好色,属知的方面,爱好好色,属行的方面。看到了好色,自然会去爱好,并不是看到了以后,又立一个心去爱好,闻到恶臭也是同样。所以他说:"知是行的主意,行是知的功夫。知是行之始,行是知之成。"①"知之真实笃实处,即是行;行之明觉精察处,即是知;知行功夫本不可离。"②在王阳明看来,《大学》里所谓致知、格物、诚意、正心,不过是一件事情的各个方面,没有先后次序可分的。

关于致良知。王阳明首先对良知作了界定。第一,以良知为心之本体。按照程朱理学的解释,良知良能"皆无所由,乃出于天,不系于人"③,而王阳明以心立言,又以良知释心,心与良知是具有相等意义的范畴。他认为,理不在心外,而即在心之中:"夫物理不外吾心,外吾心而求物理,无物理矣。"④理通过天赋而构成了心的内容,心具有"无间于天人"的普遍性,"无分于古今"的永恒性,亦即理具有普遍性和永恒性。心还具有知觉之心与道德之心的双重含义,就前者而言,"天地感而万物化生,实理流行也"⑤,就后者而言,"理也者,心之条理也。是理也,发之于亲则为孝,发之于君则为忠,发之于朋友则为信"⑥。第二,良知即是非之心。王阳明认为,良知作为个体之心与普遍之理的统一,为主体提供了内在的价值评价标准,"只致良知,虽千经万典,异端曲学,如执权衡,天下轻重莫逃焉"⑦,对善恶动机的评判,并非取决于外在的意见,而主要取决于主体自我的当下

---

① 《王阳明全集》卷一,上海古籍出版社 1992 年版,第 4 页。
② 《王阳明全集》卷二,上海古籍出版社 1992 年版,《答顾东桥书》。
③ 《孟子集注·尽心上》。
④ 《王阳明全集》卷二,上海古籍出版社 1992 年版,第 42 页。
⑤ 《王阳明全集》卷二十六,上海古籍出版社 1992 年版,第 978 页。
⑥ 《王阳明全集》卷八,上海古籍出版社 1992 年版,第 277 页。
⑦ 《王阳明全集》卷二十六,上海古籍出版社 1992 年版,第 976 页。

评判。但是如果单纯从个体意识出发，则无法得出具有普遍意义的判断，这样不仅在理论上会各持己见，而且在实践上也会导致各行其是，因此王阳明在把良知作为评判是非准则时，特别强调它们的普遍性品格，使良知成为"公是非，同好恶"的普遍是非善恶标准。第三，良知与意念、意志的关系。王阳明强调良知与意念的区别，"凡应物起念处皆谓之意"，最初的意念往往是是非不明的，但良知则有判断是非的能力。王阳明十分重视意志的作用，认为"志不立，天下无可成之事，虽百工技艺，未有不本于志者"①，只有确立专一的志向，才会具有确定的行为目标。否则，便会茫无所从，一事无成。意志是主体行为自我调节机制之一，具有客观上的定向作用，确保主体行为的持之以恒。但意志自身是否端正直接决定着行为的后果，这就需要良知对意志进行规范，只有心中至善的天赋良知，才能使意志归于专一而端正。

致良知是王阳明对本然的良知转化为明觉的良知的进一步考察。致良知意为达到良知的极限，所谓良知之极，就是"吾良知之所知者无有亏缺障蔽，而得以极其至矣"②，也就是达到了对本然良知的彻底明觉，即化本然之良知为明觉之良知。致良知的第二层意思是依良知而行，实行其良知。"尔那一点良知，是尔自家的准则。尔意念着处，他是便知是，非便知非，更瞒他一些不得。尔只不要欺他，实实落落依着他做去。"③这就是所谓的知行合一并进。他认为知而不行，"徒事口耳谈说"，必将导致终身不行，而终身不行的结果即是终身不能明觉自身的良知。致良知的第三层意思是圣人之学。王阳明的知主要指道德意识，行则指道德实践。这样，由行而致知的过程同时也就是表现为主体通过道德实践而培养德性的过程，后者则与人格理想密切相关。从这个角度看，良知既是致力、知活动的出发点和归宿，又是主体达到人格理想而成为圣人的本原和归宿。因此，他又把致良知称之为圣人之学。认为主体在本质上无不同具有先天良知，从而都有成圣的可能，现实中圣愚有别只是因为主体致知态度与层次有所区别而造成的。因此，如果能致其良知，即便是愚不肖者也可与圣人无异。致良知的第四层意思是把其作为一个过程，良知不是静态的主题，它本质上处于

① 《王阳明全集》卷二十六，上海古籍出版社 1992 年版，第 974 页。
② 同上书，第 972 页。
③ 《王阳明全集》卷三，上海古籍出版社 1992 年版，第 92 页。

发用流行之中,与天地万物一体,同流不息。由于过程是在时间中展开的,时间的无限性和有限性使致良知表现为普遍性和个体性。就个体致知的过程而言,是主体通过"真实切己"的工夫在不同层次上达到、把握良知的过程,大体可以分为"尽心知天"、"存心事天"、"修身以俟"三个阶段,这三个阶段不仅循序渐进,而且相互包含,随着阶段的递进,"日长进一日,愈久愈觉精明"。晚年提出了"无善无恶心之体,有善有恶意之动,知善知恶是良知,为善去恶是格物"的四句教法。它指出人心之本体是无善无恶的良知,但人的意念是有善有恶的,也就是说良知是超越善恶的纯善,只有超越一般善恶观念的纯善才能分辨一般观念的善恶,所以说知善知恶的是良知,在一念发动处运用良知就可以把私欲克倒了,这样落实到行为上就是致吾心之天理良知于事事物物,即人性的净化过程。

王阳明承绪陆九渊,围绕良知与致良知展开而创立的心学思想体系直接丰富着中国思想文化的内涵,从而永久地载入了思想文化的史册。不仅如此,还因为心学由于对抗或修正程朱理学以及自身体系化而带来的多种诠释的可能性,也为心学后进的发挥提供了一个极为广泛的思想空间。即活跃了当时知识分子的思想,启迪了后世人们对统一哲学思想重要性的认识;他的那种积极事功的进取精神和创新立说的果敢风格,为后世进步思想家冲破旧的思想樊笼开拓了道路;"心外无物"的哲学前提,为否定"经书"的神学地位,引起人们对真理标准问题的探索留下了伏笔;"致良知"的哲学道德观,为否定封建等级思想,引起人们对民主平等地位的追求提供了参照系;"知行合一"观,突破了知行长期分离割裂的形而上学,为后来的思想家探索知行关系开辟了新的道路。王阳明的思想还飞越国界,远渡重洋,在朝鲜、日本和东南亚各国产生了深远的影响。

三、由心学到实学——越地哲学
思想的第三个历史高度

明代晚期,阳明心学的发展带来了儒学的民间化。所谓儒学民间化首先是指儒者群体的成员构成以及儒家社会讲学活动的参与者由以往的士大夫阶层扩展到了包括农工商贾在内的其他社会阶层,即出现了大批布衣儒者。自从儒学成为中国文化的主流以来,儒家思想便逐渐影响到民间社会的方方面面,甚至积淀成为社会大众普遍的文化心理结构。不过中晚明的儒学民间化最值得关注的是,儒者群体不再是仅由知识分子、士大夫阶层构成,士农工商不同社会阶层的人物都可以因为讲习和实践阳明心学而成为布衣儒者。王艮就是以一介布衣从游阳明门下,最后成为开启泰州学派的一代儒学宗师,而樵夫朱恕、陶匠韩贞、田夫夏廷美由习阳明心学而被黄宗羲列入《明儒学案》。

儒学民间化的另一个方面,是阳明后学实践的致力方向的侧重点由庙堂转向了民间社会。第一,阳明后学大规模、大范围面向社会的讲学活动。除了阳明后学内部的"讲会"或"会讲"之外,其社会讲学活动还包括直接针对社会大众的宣教活动。主要的参与者往往是以农工商贾为主体的社会大众,而非以生员为主的知识阶层。二是阳明后学领导或参与的地方自治和宗教伦理建设。

在明清之际,阳明心学再经刘宗周、黄宗羲的传承和发展,创立了浙东学派。以黄宗羲为代表的浙东学派再次把越文化的哲学文化思想推向一个新的高潮,成为中国启蒙运动的推动者。

刘宗周因在山阴县城北蕺山,创立蕺山之学,学者称为蕺山先生。蕺山之学"上承濂洛,下贯朱王",吸取了周敦颐的"主静"说、二程的"义理"说、朱熹的理学、王阳明的心学、罗钦顺的气学等精华,加以融会锻造,而又自立新说,卓然成一家之言。他幼为孤童,始从外祖章颖发蒙习儒,长大后受业于湛若水(甘泉)再传弟子许孚远门下。但是,刘宗周不是一个墨守师说不敢逾矩尺半步的人,博于阅览、精于思考的治学风格,使他"于新建之学,凡三变:始而疑、中而信、终而辨难,不遗余力"。刘宗周早年是怀疑心学、推崇程朱理学的,正如其子刘汋所说,其父"早年不喜象山、阳明之学"①。刘宗周认为陆王之学存在"皆直信本心以证圣,不喜言克己功夫,则更不用学问思辨之事矣","其旨痛险绝人,与龙溪〔王畿〕四无之说相似"。② 他反对王学摈弃儒家《中庸》提倡的学、问、思、辨、行,认为单纯强调发明本心的内省修养方法,就会导向禅学,所以他要着力"辟佛",主张朱

① 《刘子全书年谱》卷四。
② 《刘子全书遗编》卷四《与陆以建年友书》。

陆互补,反对"朱陆之争","说极说仁说静说敬,本是一条血脉"①,肯定格物之说是"以朱子之说为长","阳明云致良于事事物物之说,全是朱子之说"。② 倾向以程朱理学为本,并十分推崇周敦颐之说,称"濂溪为后世儒者鼻祖"③。

刘宗周继而从甘泉学说中游离出来,并且高举王学大旗,对王学末流由良知而入禅的言论痛加针砭,成为王学的忠实捍卫者和积极传播者。中年后曾经读遍阳明文集,一度尊信阳明心学,但却不拘泥其陈说,他由王门后学流弊反观其理论的缺陷,扭转阳明良知教为慎独、诚意之说,以殷切之心修整阳明学、矫治王学末流之弊,顺应了当时王学休整运动的潮流。梁启超先生认为,晚明对王学自身的反动,"最显著的是刘蕺山〔宗周〕一派"④。

刘宗周的思想,中年以慎独标宗。他通过对传统儒家的"慎独"范畴的发挥,系统地阐发了儒家的理学思想,认为孔门"相传心法"唯在慎独,由慎独方可"修齐治平",由慎独而"天地位而万物育"。依刘宗周的说法,慎独可融摄心性之学诸义。他强调性体这个道德理性,认为阳明心学疏于心性之分,存在否定性体这个道德理性的倾向,提出"独体"范畴,一方面主张独体是心性的合一,"不可以分合言"⑤,另一方面又着力阐发独体所内涵的性天义、客观义,从而使独体既具有心体之灵明觉照,又具有性体之天理至善。刘宗周把罗钦顺的理气学贯彻到心性论中,主张打通理气与心性的关系,以气释心,以气释独,倡导理气心性的合一,既要融入气学思想以修正心学,又不愿放弃心学立场。他进而强调践履笃实的"工夫论",不能脱离工夫抽象地谈论本体,本体就在日用常行的工夫中。也就是说,只可由工夫而悟本体,无工夫则无本体,"独"之本体就在"慎"之工夫中。

刘宗周的思想,晚年以诚意为本。这是他在以《大学》辩难阳明心学的基础上形成的核心思想。王阳明将意视为"心之所发",但在刘宗周那里,"意者,心之所存,非所发也"⑥,若意为心之所发,有善有恶。则《大学》之

---

① 《刘子全书》卷四《圣学宗要》。
② 《刘子全书》卷十二《学言下》。
③ 同上。
④ 梁启超:《中国近三百年学术史》,东方出版社1996年版,第9页。
⑤ 《刘子全书》卷十一。
⑥ 《刘子全书》卷十《学言上》

诚意有用功于已发阶段之嫌,失却了未发之中的一段真工夫。这样一来,为善去恶将会随着生灭不已之"念"而转移。刘宗周对"意"与"念"严加区别,认为"念"是感于外物而起,欲动情炽而生,"念"的起源只能从感性经验上来加以解释,两者的区别在于"意无起灭"而"念有起灭"。他认为王阳明的"致良知"非《大学》的原旨,对其先前以诚意为本的思想极为赞赏,以诚意来统摄诸义,已足以明确《大学》之旨,无须再从天外飞来个"致良知"。

刘宗周是明代最后一位富有独创性的思想家,既能洞察阳明末学的流弊,又能在理论上对其进行分析批判,并由此而独立构建起一种理论体系的一代大家,是明末儒学的殿军,为完善心学理论做出了重大贡献,使心学理论更加缜密、精微。此后,心学理论再难有新的发展。他认为阳明末学的弊端,总体来说有两点,即"猖狂者参之以情识,而一是皆良;超洁者荡之以玄虚,而夷良于贼",前者是指泰州学派的王艮一路,而后者是指浙中王畿一路。他们既在阳明的良知学说中掺入了佛教的玄虚之说,故言词愈繁而义理愈晦,愈行愈远,在学理上是由于王阳明当时即未严格区分"意"、"念"两个概念的内涵,而是"以想为思,因以念为意",使心失其主宰之故。因此要匡救其末流之弊,则首先就有必要在这两个概念之间作出内涵上的严格界定。

提出"意"是心的本体之说,反对王阳明"意为心之所发"的观点。强调"意"之可能为心之所存,而不可能为心之所发。在他看来,作为心之所发的只能是"念"而不是意。"念"是因感而动,随感随应,故起灭无常,意则定于中,无起灭之不定。既然将意确认为心的本体,刘宗周认为"意"的哲学性格大体有三:一是意即是"惟微"之道心,有而不滞于有,无而不沦于无,既不可以有无言,亦无分于动静,因此是妙有之体;二是意即是心的本体,亦是道心,因此亦即是天地"生物之心",是人心中本有的生生不息之仁;三是意是价值的绝对,是至善,亦即是无善无恶。王阳明强调的是以良知作为心的本体,意作为心体之所发,而刘宗周则将意作为心的本体,而以念作为心体之所发,实际上是以"意"取代了"良知"的概念,因此,"诚意"从内涵上与"致良知"已无本质上的区别。但理论上的独创性在于从意、念的内涵区分出发,以体用一原为基本理论环节,系统地阐述了心体与性体两个系列的双向开展及其相互之间的圆融关系。

他所极力倡导的慎独学说提出的"反求诸己式"的自我修养方式具有普遍意义;追求挺立个体的道德人格,强化个体的道德践履,也是具有现代意义的。刘宗周对晚明性学思潮的理论贡献,主要表现在:他通过"心"、"性"概念的辨析揭示了"心"、"性"及其从属概念间的本质关系,并以此概念分析,从理论上批判了程朱理学分"心"为人心、道心二心,从而导致外心言性,分"性"为气质、义理二性的心性学;通过辨析"心"之"意"与"念"概念的联系和差异,从理论与实践的结合上,批判了王阳明以念为意,从而尊心贱性,以所谓"致良知"取代儒学慎独、诚意的修养心性方法的"舍性言心"的心学,及其所必然导致的王门后学之末流之弊。在此理论批判的基础上,刘宗周深入揭示了程朱理学与阳明心学在思想理论上援引释老理先气后、道生气的本体论哲学,从而背离了原始儒学即气言理、言心、言性的性学本旨,在实践上导致了空谈心性、妄逐本体的伪道学之弊。刘宗周针对儒学思想发展历史过程中出现的种种弊端,积极回应释老之学的挑战,致力于建构新的儒学思想理论体系。他重申原始儒学的"性相近"、"性善"、"继善成性",以及"率性之道"、"尽性之教"、"诚意之说"等元典本旨;提出了"天下无心外之性"、"性即理也","故天下无心外之理也、无心外之学也"的性学纲领,阐明了"有心而后有性,有气而后有道,有事而后有理。故性者心之性、道者气之道、理者事之理也"的性学本体论根据和支架,确立了以"诚意"、"慎独"为宗旨,以"率性"和"尽心知性知天"合一并列为方法和途径的实践及教学方法,揭橥立足于当下、着眼于个人,通过修养心性的实际践履以达致"知止于至善"理想境界的性学治学问道、笃实践履的目的;以及他关于建构上述性学思想体系所提供的理论支持和背景知识,以及关于实际操作的原则程序。如此等等,无不表明:把刘宗周的哲学思想归结于王学自我修正派,或以程朱理学批判王学的改良派,抑或"以气为本"的自然人性论和唯物论哲学,都很难企达刘宗周哲学思想资料本文的视界融合;而把刘宗周的哲学思想概括为建立在晚明性学思潮之上,或确切地说,是作为晚明性学思潮中一个较为系统的组成部分之性学思想体系,那么,他关于儒学思想理论发展历史的批判总结和他对于释老之学挑战的积极回应,以及他建构自己哲学思想体系的内在逻辑关联,都能得到更为合理的诠释和理解。

刘宗周自杀殉国之后,他的学派内部呈现分化与冲突,故有人说"蕺山身后,弟子争其宗旨"①,黄宗羲自己也说"子刘子既没,宗旨复裂"②。刘宗周身后分为三派,一是以其儿子刘汋为代表,二是以陈确为代表,三是以黄宗羲为代表。就刘宗周本人而言,他不仅是一个自成体系的学者,而且是开创了一个学派的思想家。他创立的蕺山学派,在晚明时期的东南地区有着重要的影响。弟子中如黄宗羲、陈确、陆世仪、张履祥等,都是著名的学者。清初史学家邵廷采称,刘宗周"粹然集宋明理学诸儒之大成"③。台湾著名哲学史家劳思光,有一个较为公允的评价:

> 刘氏原属东林人士,然其立说至中年后而别有规模,乃阳明后宋明儒学中能自立系统者,亦可谓宋明儒学之殿军。④

宋明理学的发展,其发展历程可概括为下面一条线路:客观唯心主义(朱熹为代表)——主观唯心主义(王阳明为代表)——唯意志论(刘宗周为代表)。与此相应的,是"理"、"心"、"意"这三个范畴被推崇到无以复加的地步。蕺山学派在刘宗周在世时,门徒甚众,但不像程朱、陆王那样,死后均有不少弟子,以不同程度的创意在弘扬师说。蕺山学派虽说有黄宗羲与陈确一直以发扬师门宗旨为己任,但他们的哲学思想与政治观点,均与刘宗周有极大的区别。后者是以维护纲常名教为己任的,是一个封建时代的完人;前者是得时代风气之先的启蒙学者,是封建专制制度与意识形态的批判者。

海宁陈确(1604—1677),少年就小有文名,但屡试落第,遂厌薄举业,无意仕途,寄情于诗词文学、琴棋书画,"放浪山水、恣情声律,韵管谱琴",一派风流才子的潇洒和闲情逸致,但为人正直,崇尚气节,敢于伸张正义。40 岁后,始与好友祝渊等一起从学于刘宗周,成为他人生的一大转折,致力于阐发学术思想,批判程朱理学的理论建构历程,直至生命的终结。陈确虽然从学刘宗周的时间不长,但却能深入其学说之堂奥,颇多创见,被时人一致推为刘门高弟。黄宗羲在《思旧录》中说他"于先师门下,颇能有所发明"。梁启超在《中国近三百年学术史》十二中称陈确是一位"拔俗学者",其思想观点"真算是时代精神之先驱了"。钱穆则在所著《中国近三百年学

---

① 孙静庵:《明遗民录》,浙江古籍出版社 1985 年版,第 93 页。
② 《黄宗羲全集》第 1 册,浙江古籍出版社 1985 年版,第 306 页。
③ 邵廷采:《思复堂文集》卷一《刘子蕺山先生传》。
④ 劳思光:《新编中国哲学史》第 3 册,台北三民书局 1984 年增订版,第 566 页。

术史》第二章中也说陈确的学术观点"最多创见"。

陈确的主要学术观点为:第一,发挥孔孟的性善一元论,批判程朱理学的天理人欲论。认为两者的区别是"本天而责人"和"离人而尊天",前者的重点在"责人",而后者在于忽略了人的主体能动作用。① 陈确在刘宗周的"尽心以知性"的尊心论基础上,进一步将性、理、道以及气、情、才等统一于"人心",所谓"无心外之性,无心外之理,无心外之学,无心外之道"。明确对人性起决定作用的是人,而"天命"就无足轻重了。他批判宋儒所谓"无欲之教"的理欲观是"不禅而禅",是儒门之异端,"真无欲者,除是死人"。② 这些思想成为后来戴震等人提出"达情遂欲"、批判理学"以理杀人"等反理学思想的先河。

第二,否定《大学》为圣贤之书,强调"知行合一",知行无止境。他写《大学辨》,用历史考证的方法证明《大学》不是圣经。又从内容上分析其是禅学而不合于孔子的思想,认为《大学》"其旨实在窜于禅,其词游而无根,其趋罔而终困,支离虚诞……,其害有莫可终穷者"。特别是它"言知不言行,格致诚正之功先后失其伦序",又言"止于至善"等等,这些都与孔子"知行合一"、"格致"思想不一致。进而指出:道理永远不会穷尽,古知行也永远无止境,"学者用功,知行并进","知无穷,行亦无穷;行无穷,知愈无穷"。而《大学》所言"知止"、程朱所谓"一旦豁然贯通"无所不明的观点,完全是"空寂"无稽之谈。这一辩驳,"于时闻者即骇"学界哗然,斥之为"狂悖"和"逆端",连同门好友都移书商榷,"动色相戒"。对此,他提出了一个十分重要的观点,"士果志学,则必疑,疑必问!"可见其坚持学术真理之勇气和独立不惧的精神。

第三,反对鬼神迷信,主张改革社会风气。他写《葬书》以抨击迷信风水及厚葬之风。他认为,堪舆风水术、无节制厚葬、行僧道法事等,既悖于儒家传统,又败坏世道人心,妨害百姓生计。为此,他对堪舆风水的理论依据进行了批判,考证其经典《葬经》系伪托郭璞所著,认为"人之善不善,自为祸福焉,非天与地能祸福之也"③,葬地与祸福无关。在对堪舆风水观点

---

① 参见《陈确集·性解》。
② 《陈确集·与刘伯绳书》。
③ 《陈确集·葬书下》。

逐一批判的基础上，一再申述"今天下异端之为害多矣：葬师为甚，佛次之，老又次之"①。继而以先儒言行唤醒愚昧，直断葬经、葬师之言祸福为"妖"，也对社会上日盛的久停不葬，择时、择地备物厚葬，"盛集僧尼优伶以悦里"的风气进行了抨击，认为这些都是礼隆而情薄，是别有用心，自欺欺人。进而陈确提出要聚族而葬以倡五善，主张深埋实筑以合乎"葬者藏也"之古训，呼吁俭葬以正风气。

桐乡张履祥（1611—1674）是清初一位影响颇大的理学家，他早年也服膺王学，但明清之际社会大动荡的残酷现实，迫使他对王学进行了认真的反省和修正。特别是在读了朱熹所辑的《大学》、《近思录》之后，更深信"《大学》之道，格物而已"，由心学转向理学，并进而向王学反戈一击，发起猛烈的进攻，成为清儒中"尊朱黜王"的首倡者。他在《答沈德孚》中指责姚江王学"以异端害正道，正有朱紫苗莠之别，其弊至于荡灭礼教，今日之祸，盖其烈也"。他在《备忘录一》里将王学斥为与禅学无异，"姚江之教，较之释氏，又所谓弥近理而大乱真也"。晚年执教于吕留良家塾，对吕氏父子影响甚大。

桐乡吕留良（1629—1683）一生以"经世致用"为职志，怀着挽救明末清初残酷社会现实与颓废的风俗人心而反王尊朱，其志向与以黄宗羲为代表的浙东学派是相一致的，故而当顺治十七年（1660）两人在杭州孤山相会时，竟一见如故，三年后，又请黄担任吕家塾师。但也许是随着相互了解的更加深入，两人之间学术主张的分歧越来越深，最后导致两人感情上的破裂，不仅分道扬镳，而且演变成反唇相讥。吕留良以朱学为自己的学术宗旨，他在《与张考夫书》中说，当今首要任务是辨理学正统，正人心，救风俗之弊，而"救正之道，必从朱子"，故"凡朱子书，有大醇而无小疵，当笃信死守，而不可妄置疑凿于其间"。他高举"尊朱辟王"的旗帜，提出"欲正姚江之非，当真得紫阳之是"②。这个"真"与"是"，并不是后人所津津乐道的"性与天道"及"理气"，而应该是树民族气节，立足于对症下药救人心、风俗的现实课题探讨。在吕留良看来，王学的核心"致良知"说，是导致明朝灭亡、清异族入侵，"陷人于禽兽非类"的主要原因。在《与某书》中明确指出：

① 《陈确集·葬书下》。
② 《吕晚村先生文集》卷一《复高汇旃书》。

弟之痛恨阳明,正为其自以为良知已致,不复求义理之归。非其所当是,是其所当非,颠倒庆妄,悍然信心,自足陷人于禽兽非类,而不知其可悲。乃所谓不致知之害,而弟多欲痛哭流涕,为体现后世争之者也。①

浙西理学到陆陇其(1630—1692)那里则一跃成为高居庙堂的官学。平湖人陆陇其四十余岁后,受吕留良的影响,成为朱学笃信者,进而服膺理学,而对王阳明之学的抨击不遗余力,对吕氏的"尊朱辟王"极为推崇,《学术辨中》指出:"阳明之病,在认心为性",明代亡国之根源,便是其"致良知"之说。②

以刘宗周的高足黄宗羲为代表的浙东学人创立了浙东学派。浙东学派虽然从本质上来说是儒学文化,但是对传统儒学的经世之学具有反叛和革新意义的新儒学文化。在越地经济文化特殊的环境下,促使具有经世致用观念的知识分子,包括黄宗羲在内的浙东学派的学人,立足新的现实产生了全新的"经世致用"的思想观念。他们用市民社会的生活规则,而不是用宗法社会的生活规则,来批判程朱理学和君主专制思想,反映的是作为个体的百姓利益,而不是宗法集团的利益。

明末清初的浙东学派,在许多重大的问题上实现了对传统儒学的突破。其中的主要代表人物是黄宗羲。在冯友兰的眼里,黄宗羲基本上是一个哲学家,全祖望基本上是一个史学家。③ 有学者认为,黄宗羲无疑是明末清初最有影响的一位学术大师,他将许多努力都放在了纠正王学中的空疏方面,但不像顾炎武那样激烈地反对王学。④ 黄宗羲曾经这样说过:

明人讲学,袭语录之糟粕,不以六经为根柢,束书而从事于游谈。故问学者必先穷经,经术所以经世。不为迂儒必兼读史。⑤

黄宗羲字太冲,号梨洲,又号南雷。生于明万历三十八年(1610),卒于清康熙三十四年(1695),为明御使黄尊素长子。世居余姚县通德乡黄竹浦(今浙江余姚县梁弄区东乡,明末时余姚县属会稽郡)。黄宗羲师承刘宗

---

① 《吕晚村先生文集》卷二《与某书》。
② 参见陆陇其:《三鱼堂文集》卷二《学术辨中》。
③ 参见冯友兰:《中国哲学史新编》下,人民出版社 2001 年版,第 350 页。
④ 参见刘墨:《乾嘉学术十论》,三联书店 2006 年版,第 16 页。
⑤ 《清史稿·列传二百六十七》。

周,从王学出发,进而修正王学,又将王守仁反对传统束缚的思想发展成对封建君主专制制度的否定,并从注重实际出发,否定有先于物的"理"或"心"的存在,摆脱"心学"。黄宗羲学术思想的形成,与其坎坷经历相关。早年继东林余绪,从事反对权奸宦官统治的斗争,颇具胆识。中年设"世忠营"结寨抗清。嗣后总结东林、复社思想,萌发反对封建政治思想,一部《明夷待访录》石破天惊。晚年专事学术,或讲学或著述,所著《明儒学案》为中国首部学术史。故自称"初锢之为党人,继指之为游侠,终厕之于儒林,其为人也,盖三变而至今"①。在哲学上主张"盈天地皆气",认为宇宙万物皆由物质的"气"所构成,"理"只是气运动变化的条理和秩序。但又认为"气质人心是浑然流行之体,公共之物"②,具有泛神论倾向。其政治思想主要见诸《明夷待访录》,从政治、经济、法律、军事、教育、文化、人才选用等方面系统批判封建君主专制制度,首次提出"天下之大害者,君而已矣"。并阐发"天下为主,君为客"、"君与臣,共曳木之人"的君臣平等原则,用"天下之法"代替"一家之法"的法律平等原则,"人各得自私自利"、"贵不在朝廷,贱不在草莽"的人权平等原则。经济政策上,主张改革土地、赋税制度,强调工商"皆本",批判传统的农本工商末的观点。教育思想上,提出改革科举制度、改革教育制度的主张,并提出类似资产阶级民主主义的措施设想。被称为明清之际"三大家"之佼佼者。黄宗羲一贯倡导自得精神,反对程朱理学禁锢人们的思维自由,强调独立思考的主张。

　　主张自私自利的人性论,与宋明理学的禁欲主义相对立　在黄宗羲看来,利己是人的天性,人的一切行为方针与价值取向,应以利己为前提。封建专制主义所以要批判,是由于君主视天下为自己的私有财产而侵夺了民众的利益,"使天下之人不敢自私,不敢自利,以我之大私为天下之大公"③。其背景是明代中后期商品经济的发展对传统文化价值观念的冲击,及体现市民阶层的新价值观念的形成。"重利断义"已成为席卷包括士大夫在内的众多阶层的社会思潮,黄宗羲的老师刘宗周对这种思潮的描述耐人寻味:"志于货利者,唯知有货利而已,举天下之物无以易吾之货利,志于

　　① 黄炳垕:《梨洲先生年谱》卷首,见王政尧点校《黄宗羲年谱》,中华书局1993年版。
　　② 黄宗羲:《南雷文案》卷二《与陈乾初论学书》。
　　③ 黄宗羲:《明夷待访录·原君》。

声色者,惟知有声色而已,举天下之物无以易吾之声色也。"①王阳明精心构筑且风靡一时的"良知"已被"逐声色"、"逐货利"的浪潮所代替。私利的实现,就是个人欲望的满足。他认为活生的人都是有欲望的,欲望的产生,是出于对人的需要的满足,是对物质和精神的一种渴求,所以"有生之初,人各自私也,人各自利也",已经蕴涵了近代的意识。黄宗羲并在此基础上进一步提出:"然则为天下大害者,君而已矣。向使无君,人各得自私也,人各得自利也。"②

站在"公天下"观念的视野,猛烈抨击"家天下"意识 黄宗羲认为封建专制制度所以要鞭挞,是君主"视天下为莫大之产业,传之子孙,享受无穷","屠毒天下之肝脑,离散天下之子女,以博我一人之产业",从而"使天下之人不敢自私,不敢自利"。③ 由此引申出不能以"为君之一姓起见"的主仆关系去处理君臣关系,而要以"为天下万民起见"去处理君臣关系,"官者,分身之君","臣之与君,名异而实同"。

"工商皆本"论对传统价值观的颠覆 "重本抑末"是秦汉以来千古如斯地为人们所接受的观念,黄宗羲对其进行了强烈的批判。"世儒不察,以工商为末,妄议抑之。夫工固圣王之所欲来,商又使其愿出于途者,盖皆本也"④,成为第一个从理论上否定传统价值观的学者。黄宗羲在此基础上进一步鼓吹货币经济的发展,以长久满足人们的自私自利的本性。"钱币所以为利也,惟无一时之利,而后有永久之利。以三四钱之费得十钱之息,以尺寸之楮当金钱之用,此一时之利也。使封域之内,常有千万财用流转无穷,此久远之利也。"⑤

黄宗羲的宇宙观是驳杂的,但从其一贯主张的学术自由、学术民主思想看,又有其必然性。他要从"变动不居"的心体出发,去打破"守一先生之言"的独断论,提倡"道非一家之私","学也者,天下之公学"的学术民主,冀望出现一个"各持一说,以争鸣天下"的格局,让普天下的人们尽量发表自己的意见。

---

① 《刘子全书》卷八。
② 同上。
③ 黄宗羲:《明夷待访录·原君》。
④ 黄宗羲:《明夷待访录·财计三》。
⑤ 黄宗羲:《明夷待访录·财计二》。

黄宗羲致力于伸张经世致用的知行观,在他的著述中没有直接用"经世致用"的表述,在明清之际的各大思想家中也没有。但他非常强调学问与事功的统一,改虚无蹈空的学风为"学贵适用":

> 道无定体,学贵适用,奈何今之人执一以为道,使学道与事功判为两途。事功不出于道,则机智用事而流于伪;道之不能达之于事功,论其学则有,适于用则无。讲一身之行为则似,救国家之急难则非也,岂真儒也。①

学问与事功的统一是评判学问之道真与伪的标准,分离的是虚伪的学问,"救国家之急难"的学问,才算得上是真正的"学道"。

通过编撰《明儒学案》和《宋元学案》,黄宗羲不仅创立了一种新的史书体裁——学案体,而且确立了以"一本而万殊"的真理论为指导的学术史观。在哲学理论方面,他批判地总结了宋、元、明近七百年的理论思维成果,沿着他的老师刘宗周开拓的批评程朱理学、修正阳明心学的路子,在宇宙本原问题上坚持了唯物主义的"理气统一"论,认为"通天地,亘古今,无非一气而已",指出理与气是"一物而两名,非两物而一体","理为气之理,无气则无理";在主客体关系问题上则力图建立他的"理气心性统一"论,说:"在天为气者在人为心,在天为理者在人为性,理气如是则心性亦如是,决无异同。"又说:"盈天地皆心也。人与天地万物为一体,故穷天地万物之理,即在吾心之中。"②他在早些年(顺治年间)所写的《子刘子行状》和《孟子师说》等哲学著作中也反映了他的哲学思想受刘宗周的影响比较大。

黄宗羲对阳明学学术地位予以肯定。在《明儒学案》中,他写道:"高忠宪云'薛敬轩、吕泾野语录中,皆无甚透悟',亦为是也,自姚江指点出'良知人人现在,一反观而自得',则人人有作圣之路。"最后的结论是:"故无姚江,则古来之学脉绝也。"③如此一来,不仅给了王学一个正统地位,肯定王学取代朱学而成为学术主导,而且还给了王学一个拯救古来学术的美誉,这是王门亲传、再传、三传、四传弟子中,无人能说出来、无人能做到的。清人莫晋指出:"要其微意,实以大宗属姚江,而以崇仁为启明,蕺山为后劲。凡宗姚江与辟姚江者,是非互见,得失两存,所以阐良知之秘,而防其流弊,

---

① 《黄宗羲全集》第10册,浙江古籍出版社2005年版,第623—624页。

② 黄宗羲:《明儒学案序》。

③ 黄宗羲:《明儒学案》卷十《姚江学案》。

用意致深远也。"①正因为如此，黄宗羲为王门救偏治弊作出了不懈的努力。从王学的原旨入手，由对致良知的阐释而生发开来。他的一个重要的创见，就是指出：

> 致良知于事事物物，致字即是行字，以救空空穷理，在"知"上讨个分晓之非，乃后之学者，测度想像，求见本体，只在知识上立家当以为良知，则阳明何不仍穷理格物之训，而必欲自为一说耶？②

这无疑是大儒的手笔，从病根处下药。黄宗羲对王学的另一贡献，就在于他在阻止王学向禅宗、伪学深渊进一步下滑的同时，又将王学向自己诠释的而又不违反其自身逻辑的方向引伸。

章学诚是一位具有朴素唯物主义思想的思想家。他远继先秦诸子朴素自然的天道观，近承明末清初进步思想家，尤其是浙东学派前辈黄宗羲等人的唯物论思想，对哲学史上存在与意识的关系问题、认识论问题以及人生观、伦理观等，都提出了自己的看法并以这些哲学思想为指导，开展学术研究，构建起系统完整的理论体系。

首先，他坚持"道不离器"的天道观。认为世界是物质的，《匡谬》云："盈天地间惟万物。"而所谓"道"，是指事物变化发展的内在道理。"道者，万事万物之所以然，非万事万物之当然也。"③在《原道》上中下三篇文章里，反复论证了"道不离器，犹影不离形"，"道因器而显，不因人而名"，"道寓于器"等观点，并颇有新意地提出了"道起三人居室"的命题。

其次，他提出了"效法成象"的认识论。认为事物的本质（即"道"）是通过事物（即"器"）在运动过程中呈现出来的"象"（即形形色色的事物变化状态）而得以显现和被人们所认识的，所以，通过"象"就可以求得"道"了，所谓"道必求于一阴一阳之迹也"。也就是说，透过事物变化发展的现象，可以认识事物的本质及其运动规律。

第三，提出了"不负我生"的人生观。章学诚一生穷困潦倒，却不屈不挠，同命运抗争，生命不息，著述不止，这与他所持有的正确的人生观是分不开的。他在《文史通义》的《假年》、《候国子司业朱春浦先生书》等文中，

① 莫晋：《明儒学案》序。
② 黄宗羲等：《明儒学案》卷十《姚江学案》。
③ 章学诚：《文史通义》内篇二《原道上》。

认为人生短暂，必有一死，但"所以耿耿不可磨灭者，精神而已"，强调人生在世要不断自我奋斗，发展和完善"自我"，"及时勉学，无使白首无成"，做到"不负我生"，实现"真我"的人生价值。

清末民初，中国社会又经历了外忧内患的历史大震动和大转折，学术研究也开始脱离经学的束缚而走向近代社会科学，越地学者章太炎、王国维、蔡元培和鲁迅等率先打破旧的经史子集体系，以切合学科内容、性质的哲学、伦理学、名学(逻辑学)、美学、史学、教育学、法学、文字学等名目作科学的学科分类，并且在此基础上整合、创建近代社会科学体系。

第五章 越地宗教思想的理论贡献

在中国文化中,宗教所占的地位并不像西方那样崇高,宗教情绪也不如西方那样强烈。但并不等于说宗教在中国没有广泛影响。作为其中的区域文化之一的越文化,其基本走向也是如此,但又表现出自己的特殊之处。

一、于越民族的原始宗教信仰

于越民族的宗教信仰源于远古的图腾崇拜。宗教信仰的形成既是人类主体活动的智慧结晶,同时也是客观存在的产物,它的形成受到地理环境、生态条件、生产和生活方式、社会制度等的影响。由于于越民族所生活的区域各种自然和社会条件与中原大不相同,因而形成了独特的信仰结构。图腾崇拜是原始社会中先民们祖先崇拜与自然崇拜、动植物崇拜相结合而成的一种宗教形式或信仰。鸟图腾崇拜及其崇鸟习俗一直是古代越文化地区重要的文化特征之一。

古代历史文献对越地的崇鸟习俗有过大量的记载。《吴越春秋》一书称"百鸟佃于泽","天美禹德而劳其大功,使百鸟还为民田","越地山有鸟如鸠,青色,名冶鸟","越人谓此鸟为越祝之祖"。甚至连越王句践也被说成是"长颈鸟喙"的"鸟相"。

鸟图腾崇拜是越族先民的精神力量,鸟图腾是民族的保护神,是他们祖先的重要象征。在河姆渡文化的遗址里就发现了双鸟朝阳、双头连体鸟纹、鸟形象牙圆雕等图案,在遗址的陶盆上,就刻画有凤鸟纹、鱼藻纹两组纹样。我国著名考古学家石兴邦先生通过研究后认为,它们"可能是两组双鸟护禾和守祭纹:一组是两鸟相对,注视中间一丛正在生长的植物,可能是稻的幼苗,可视为鸟神守护稻禾的成长,其鸟似鸠;另一组两鸟相对,注视中间供案上所放之盘,盘中盛装东西,可视为祭祀丰收的成果",因此,他指出:"这两组图案与农业有关,也与图腾崇拜有关,可能为图腾祭祀或收获节的庆典。"①在良渚文化的遗址里,不仅出土了带有鸟纹的陶器,而且将耘田器也制作成象征鸟类的两翼形,以之表示"群鸟耘田"、"鸟田之利"的吉祥,一直到春秋战国时期,遗存着大量的鸟图腾崇拜的史迹,崇鸟爱鸟一直是该地区古代文化的重要特色。

越族先民崇拜鸟图腾是有一定的物质文化和生态基础的。首先,这个地区年降水量极为丰富,气候湿润,自然环境优越。遍布的池塘河沼、茂密的森林水草非常有利于鸟禽的生长栖居与繁衍,在远古尚不发达的物质文明条件下,鸟禽还是先民们的重要食物补充来源。河姆渡出土的一百多件骨器(吹奏乐器)都是用鸟禽类肢骨制造而成,足见河姆渡人在物质生活和艺术生活上与鸟禽间的密切关系。此外,它们还可能是当地先民进行农耕生产的助手。百越地区不少地方都流行"鸟田"的传说,根据民族学的材料,这并非没有可能。

除了对鸟的崇拜外,于越民族还存在着对太阳神的崇拜。于越民族很早就把凤鸟与太阳神视为同质同构的事物,甚至认为凤鸟是太阳的一个组成部分,所以在河姆渡文化、良渚文化时期都出现了凤、日符合的艺术形

① 石兴邦:《我国东方沿海和东南地区古代文化中鸟类图像与鸟祖崇拜的有关问题》,《中国原始文化论集》,文物出版社 1989 年版。

象。由于太阳代表了热量、光芒与温暖,因此就天气而言,表明河姆渡人希望通过太阳崇拜,乞求天气晴朗。而在与河姆渡同时期的中国北方和中原地区,作为行云布雨的主要神灵——龙的形象已经在一些文化遗址中发现。而在于越文化区内,直到良渚文化时期,才有玉雕龙纹的出现。这种情况也就清楚地表明,于越地区龙的形象的出现比北方和中原地区为晚,而太阳神崇拜最早则是在于越地区率先出现。据有关专家推测,这可能与南方多雨常涝、北方少雨易旱这一总的地理气象因素有关。不管这种猜测有无道理,但有一个结论应该是成立的,即在宗教观念和鬼神崇拜方面,于越文化区与北方和中原有着各自不同的起源。

信巫鬼、重淫祀也是史书中常见的评价。占卜是古人根据象征的原理,以期发现人类智力所不能知道的神秘事件。古越人信巫鬼、重淫祀,其占卜方法亦不同于中原,似以鸡卜为主。《史记·封禅书》言:"〔上〕乃令越巫立越祝祠,安台无坛,亦祠天神上帝百鬼,而以鸡卜。"这种鸡卜法在其他少数民族亦较常见,《云南通志》说傈僳人"取雏鸡雄者生刳两髀束之,细剖其皮,骨有细窍,刺以竹签,相多寡向背顺逆之形,以占凶吉"。信巫鬼、重淫祀,直到近代在越地越人中仍有广泛的影响。

二、越地佛教的传播及在中国宗教史上的地位

佛教的教义是哲学,对于后来的中国哲学及中国文化的发展有很大的影响,作为一种学说,可以称为佛学。佛教是以神不灭论为基础,以其因果报应、生死轮回说,把极乐世界作为摆脱现实世界痛苦的向往境地。宣称诸法因缘各合而成,无常无我,一切都梦幻空虚。人生的痛苦,皆在因果作用下,在六道(也称六趣,即天、人、畜生、地狱、饿鬼、阿修罗六种生物。这六种生物居地不同,死后可以互相转世,这就是佛教轮回报应说的根据)中轮回。因为人人都有不灭的灵魂,可以通过戒、定、慧(佛教认为宗教修养的途径共六个:持戒、禅定、智慧、精进、忍辱、布施。主要是前三个,简称戒、定、慧)的修炼,超脱生死轮回,觉悟成佛。主张出世修行,以成正果。

佛教本是印度的宗教。在两汉之际,它开始由西域传入中国。魏晋南北朝时期,佛经传译增多,因受玄学影响,往往援引老庄解释佛典,称为"格

义"。当时流行的是般若(智慧)空宗,与玄学一道谈论"有"、"无",形成"心无"、"本无"等六家七宗。东晋的僧肇著《不真空论》,以诸法因缘故不有,缘起故不无,认为世上万物非有非无,即有即无,不真即空,对佛教般若学作了总结。

隋唐时期的佛教发展进入鼎盛。因为在魏晋南北朝,地方政权的割据渐趋分化,加上寺院经济的高度发达,至隋唐时期已经形成了一批著名的寺院,并以这些著名寺院为核心,形成了佛教宗派。当时在思想领域里,虽然表现为儒、释、道三教鼎立,相互斗争,相互吸取,逐步走向融合,但以佛教最为繁荣。各宗派在统治者的支持下,通过"判教",各自建立思想体系,各自择定崇奉的经典和传教的法统。当时以三论、天台、法相、华严、禅宗等宗最为著名。这五宗对越地佛学颇有影响,有的则是在越地完成的。

佛教在中国传播后不久,也传入了越地。尽管学界对于佛教传入江南的路线和时间等问题还有不同看法,但据佛教史学者的研究,佛教的传入江南约在东汉末年并落地生根这一事实却无人否认。有论说东汉灵帝中平年间(184—189),安息国(今伊朗)高僧安世高游说会稽,宣讲教义,收会稽人陈慧为徒,是佛教传入越地之始。汉献帝兴平元年(194)于台州创建石头禅院,接着东吴赤乌年间于今嘉兴海盐建金粟寺,会稽剡县三界建广爱寺,吴宁县(今东阳)东建法兴寺,慈湖北(今宁波)建普济寺,湖州、衢州境内也相继建立寺院,佛教在越地的发展也日渐兴盛。安世高、支谦、康僧会等大量异国佛教高僧的涌入,尤其是代表佛家法宝的佛经也随着他们而来到越地。如《四十二章经》是汉地最早译成中文的佛经,此时也被异域高僧带到江南。此外,如《安般守意经》、《牟子理惑论》等也在江南发生着影响。

魏晋南北朝时期,崇尚清虚玄远的士林风气,为佛教的发展提供了良好的条件,东晋时期,般若学和涅槃学特别发达,就与此风气有着内在的联系。浙东一带山水秀丽,既宜于幽居,又足启玄思,成了当时文化界的著名人物及南下僧人游历、幽居之地。随着佛教人才的南流,学术重心转移南方,据梁慧皎《高僧传》记载,当时进入会稽剡地石城的就有支遁、竺昙猷、支昙兰、普跃、智达等二十余位高僧。般若即色宗创始人支遁,避世江东,云游会稽,四处讲学。智顗于天台山创立我国最早的佛教宗派天台宗,吉藏在绍兴嘉祥寺创立三论宗,各学派自由辩论,相互争鸣,高僧名道在越中山水之间的活动和建树使越地在中国宗教史上也占有重要一席。可以这样认为,中国佛教走上独立发展道路,是以两晋之际掀起的般若学思潮为标志的。而对般若学的解释,当时有七家六宗之说,其中六宗的代表人物,均在今新昌东峁山、沃州山、石城山一带修行。在白居易《沃州禅院记》中有"凡十八僧居焉"的记载,说明当时剡中确曾是佛学思想的一个研究中心,在佛教中国化过程中起到了重要作用。《浙江通志稿·浙江佛教肇始考》载:"浙省佛教究应以何人为始祖乎?历观书传所载,此则先应推竺道潜、支道林、于法兰、于法开、帛僧光、竺县猷等六人,膺斯玄匠之选矣!而以道潜、道林、法兰、法开四师为解义〔即大乘般若学〕之祖,以僧光、县猷二人为习禅〔小乘〕之祖。可见浙江佛学自始即定慧双宏、禅智并运,故后来名德犹罕有单双轮双翼之失。"

六朝是佛教在越地广为传播的历史时期。从《高僧传》、《弘明记》以及历代志书中有关名士舍宅为寺的记载,可以看出佛教对上层社会人士的影响,但从整体看,精于佛学的毕竟是少数,只是代表着上层社会的佛教信仰。如流放在东阳郡信安县的殷浩、出生于会稽的谢灵运、会稽人谢敷、武康人沈约等都是精于佛学的士人。今越地的寺院不少是始建于六朝,就其大多数来说,它的弘传,不是取决于历代主持僧人的佛性,而是取决于当地普通人群的信仰有多深。普通民众不需要讨论高深的佛学,而需要精神的慰藉。这就是当时现实对佛教的需要,佛教传播的思想基础。

佛教能够得到汉末以来人们的信仰,尤其在两晋广为盛行,主要有两个原因:一是北朝之人尚祷祈。北朝之人热衷于祈祷求福,本对佛学没有什么兴趣,由于佛教也有祈祷之礼,所以北朝之人因尚祈祷而崇信佛教;二是南朝之人尚玄理。"魏晋崇尚玄言,故清谈之流咸由老、庄参佛学",有诗曰:"南朝四百八十寺,多少楼台烟雨中",可见当时佛教发展之盛况了。

佛教弘传历经三个时期:一是从东汉末年到西晋阶段,特点是以来自西域、天竺的僧人为主传播;二是晋室南渡后,名士高僧接踵南下,相互广为交流,阐释佛理,佛教开始深入社会上层人心;三是南朝以后,以宋文帝的虔诚信佛和梁武帝的大兴佛教为契机,佛教真正开始融入普通民众的生活和思想。

此时,对佛教的理解,出现了所谓的"格义"和合本子注。"格义"是援引中国传统的语词来翻译和解释外来的佛教义理,使之通俗易懂,让人们易于接受。由于般若学与玄学理论上有着许多相同之处，因此当时的"格义"主要是围绕有无、本末、色空等问题寻找和沟通佛玄之间的对应关系。随着佛经的翻译的增多，出现一经多译，一个梵语词汇存在好几个汉语词汇对应的现象。而译者对梵语的理解不同，译出的意思也有所不同。为追求佛教经典的原义，深入研讨佛理者开始对不同译本进行比较研究，于是出现了合本子注。格义和合本子注的出现，象征着"中国人开始真正理解佛教"①。会稽人谢敷是东晋对佛理研究最精深的名士之一。佛理讨论是他与侨姓名士交往中的话题之一，如郗超作有《与谢庆绪书论三幡义》，针对当时《首楞严经》有多个不同的译本，他将支越、支法护、竺叔兰的译本合注为一本，"以越所定者为母，胡所出者为子，兰所译者系之"②。他还广搜博采，合注《安般守意经》，还对禅学提出"开士行禅，非为守寂，在游心于玄冥"③的见解。这说明谢敷对佛教已有相当的理解。寓居会稽的孙绰、郗超、许询和流放东阳郡信安县的殷浩等都是当时对佛理有精深见解的名士。

由于对般若"空"的理解不同，出现了所谓"六家七宗"，即本无宗、本无异宗（以上二宗为一家）、即色宗、识含宗、幻化宗、心无宗、缘会宗。其中即色宗、识含宗、缘会宗分别为在剡东的高僧支遁、于法开、于道邃所创立，此外竺道潜倡本无异宗，竺法蕴倡心无宗。

东晋高僧向会稽云集的过程，正是佛教向上层社会弘传的过程，其突出表现是高僧与名士的交往，其中最著名的是竺道潜和支遁。竺道潜，俗姓王，出身琅琊世族，对《法华》、《大品》诸经均有深入了解，是般若学流派中本无宗的代表，永嘉年间，避乱江东，"隐迹剡山，以避当世，追踪问道者，已复结旅山门。潜优游讲席三十余载，或畅方等，或释《老》《庄》。投身北面者，莫不内外兼洽。至哀帝好重佛法，频遣两使殷勤征请，潜以诏旨之重，暂游宫阙，即于御筵开讲《大品》，上及朝士并称善焉。于时简文作相，朝野以为至德，以潜是道俗标领，又先朝友敬，尊重悒服，顶带兼常，迄乎龙飞，虔礼弥笃"④。

---

① 葛兆光：《七世纪前中国的知识、思想与信仰世界》，《中国思想史》第1卷，复旦大学出版社2007年版，第528页。

② 《出三藏记集》卷七《大正藏》卷五十五，第49页。

③ 同上书，第43页。

④ 慧皎：《高僧传》卷四。

支遁,关姓陈留人,家世事佛,南渡后隐居余杭山,25 岁出家为僧。后到剡县,先在沃洲小岭立寺行道,晚年到新昌石城山立栖光寺。注《安般》、《四禅》诸经,并撰有《即色游玄论》、《圣不辩知论》、《道行旨归》、《学道戒》等。

《晋书》、《世说新语》、《高僧传》等都记载了这一时期高僧名士交游的事迹。在交游中对佛理进行探讨,他们的一个共同特点是用老庄思想理解佛教,在中国语境中理解佛教。当时佛教教义最重大乘般若,《般若经》是大乘佛教的基础理论。它的基本思想是"空",认为现实世界的一切均系虚幻及不真实,万事万物皆系"因缘和合",故其"自身本空";而能证实性空者,即为获得智慧,通过智慧达到彼岸,即到达一种自由无碍的境界,不受我执或我欲的困扰,亦即性空。般若学这一思想与玄学的无为相合拍,接近玄学思想,颇符合侨姓名士的口味。当时,支遁能以论《庄子逍遥》著称,"群儒旧学,莫不叹服"①,而热衷于玄学的清谈名士则在与高僧的交游中接受了佛教般若学思想,从而形成玄佛合流的般若思潮,并直接影响到东晋上层社会人士的思想境界。这是晋室东渡以后思想的一大变化。

当时越地许多佛教高僧与儒学名家唱和谈佛。东晋般若学中即色宗的代表支遁与名士殷浩、郗超等为佛外交,常与王羲之、谢安交游,参加兰亭修禊。此外还有南梁高僧慧皎、陈隋间高僧智永和洪堰等。

谢灵运的《辩宗论》是著名的佛学著作,谢是当时的佛学家,又是一个大诗人,《辩宗论》中的"宗"字,就是慧远所说的"得性以体极为宗"的那个宗字。其中说道:"新论道士以为寂鉴微妙,不容阶级。积学无限,何为自绝?"这里所说的新论道士就是道生,"以为"以下的 16 个字就是新论的要点。②

上虞人慧皎的《高僧传》集三国两晋南北朝僧人传记之大成,其中籍贯属于越地的高僧有 17 人,占总数的 6.62%。

隋唐两宋时期,佛教从各宗纷立到禅宗特盛,再到禅净合一(净为净土宗,在北宋时两宗相汇合),在民间得到了广泛流传。此时,天台宗的建立,成为佛教中国化的一个坐标,且远播域外,对日本、朝鲜等国的佛教有重大

---

① 慧皎:《高僧传》卷四。
② 参见冯友兰:《中国哲学史新编》中册,人民出版社 1998 年版,第 629 页。

影响。经过四五百年的传播,佛教由学派进而演变为若干个具有各自独特教义、教规,以及与寺产继承权相关,而且更加强调传世法系的佛教宗派。在这些宗派中,天台宗是我国佛教宗派创立史上第一个中国化的宗派。

越地的佛教自南朝兴起之后,多属天台宗。我国魏晋南北朝乃至隋唐时代,是佛教发展和鼎盛时期。佛门出现了众多流派,如天台宗、三论宗、唯识宗、华严宗、律宗、密宗、净土宗和禅宗等等。它们都在中国的佛教史上占有重要的地位。然而,时过境迁,有不少宗派淹没于历史的尘埃中。值得注意的是,滋生于越地的天台宗,似乎特别有生命力。它的信众广泛,社会影响力持久,特别是它的教理哲理性强,富有思辨色彩和理论特色,成为今日佛教理论的代表,也在海外的佛教徒和学者中间享有美誉。

天台宗的实际开创者是智𫖮,经中间四代的传承,至湛然大师成为天台宗的中兴者。天台宗的佛学思想主要有"一念三千"、"一心三观"、"三谛圆融"、"止观并重"和"性具实相"等。

"一念三千"是天台宗的本体论,是天台宗对世界本原或本性的认识。"三千"所指是存在世界的全域,是佛教教义对存在世界的分类。按照《华严经》的说法,森罗万象、千差万别的世界可以概括为地狱、饿鬼、畜牲、阿修罗(古印度神话中的鬼神)、人、天和声闻、缘觉、菩萨、佛,即"六凡"、"四圣",合称"十界",又称"十法界"。十法界各因各果,不相混滥,又相互转化、相互包含,所谓"十界互具"而成"百界"。"百法界"又各具"十如是",即"如是相"(相即相貌)、"如是性"(性质)、"如是体"(体质)、"如是力"(气力)、"如是作"(造作)、"如是因"(习因)、"如是缘"(业缘)、"如是果"(因果)、"如是报"(应报)和"如是本末究竟"(以相问本,以报为末,以相至报,平等一如,谓之究竟)。百界乘以十如是,故称"百法千如"。而"百法千如"又各存在于《大智度论》所谓的"众生世界"、"国土世界"和"五阴世界"这"三世界"之中("众生世界"即除"佛界"以外的其他"九界"之总称,"国土世界"即"众生"所依之境界,"五阴世界"也作"五隐世界")。佛教认为人身并无一个自我实体,只是色、受、想、行、识等五种东西的集合聚积,亦即组成身体的物质、随感官而生的感受及意象作用、意志活动、意识等五种东西的集合聚积),故称存在世界为"三千"。"一念三千"的"念"并非普通人的一念,而是短暂的神秘的非理性意识,是主体把握无限客体的能力,所以即便是极微之心("心"指精神领域),其一念动处,就是宇宙整体,一刹那间,心中就有三千世界。这是天台宗所说的"一念三千"。

智𫖮"一念三千"的本意是消除心(精神领域)法(一切事物)距离及对立,使这一关系摆脱可言语的、可思议的理性途径,而成为圆融(圆满通融)状态。智𫖮在《摩诃止观》中曾说:

> 此三千在一念心。若无心而已。介尔有心,即具三千。亦不言一心在前,一心在后,……若从一心生一切法者,此则是纵;若心一时念一切法者,此即是横。纵亦不可,横亦不可。只心是一切法,一切法是心故。

意思是说,既不可把一切法归结为心,亦不可把心归结为一切法,无论采取前(纵)后(横)哪一种说法,都有失偏颇。"介尔有心,即具三千"的"具"字,其意义并非以"心"统摄"一切法",亦非让"心"如造物主那样创造"一切法"。而是将心化为一切法,或者说一切法就是心。唯有这样,才能达到心即是法,法即是心,使心法的距离及对立消失,而处于圆融状态的同一之中,这才是智𫖮"一念三千"所要达到的境界。

"一心三观"是天台宗佛学思想的认识论命题。发"一心三观"之先声者为天台宗的东土始祖慧文,经过慧思的发展而至智𫖮形成。"一心三观"不仅总揽《摩诃止观》一书,而且统贯整个天台宗佛学体系。

"三观"出自《菩萨璎珞本业经》中"圣贤学观品"所说的"从假入空名二谛观,从空入假名平等观,二观为方便得入第一义观。此之三观即是《大品》所明三智"①。实际上也就是佛教中的空、假、中。假即借的意思。按照佛教教义,认识总是由主体和客体两方构成。作为主体的人对作为客体的对象世界进行观察时,往往用近似的、相对的、不完全的语言或概念去判断和描述"如如存在"的统一世界,而实际上这些语言或概念并非对象世界本身,所以这些语言或概念其实只是暂借(假)而已。"空"指不可描述的实在。佛教认为,一切事物的生起和变化都有其各自的因和缘,即主要条件和辅助条件,事物本身并不具有任何常住不变的个体,也不是独立存在的实体,故称为空。"方便"犹方法、办法。"第一义观"亦称"中观",为观道中之最上至极,故称"第一义"。"三智"即"一切智"(知一切法之总相者,总相即空相)、"道种智"(即菩萨之智。知一切种种差别之道法)、"一切种

---

① 《大正藏》卷三十四,第884页。

智"（即佛智,通达总相、别相,化道,断惑一切种种之法者）。慧文联系《中论》的"三谛偈"（因缘所生法。我说即是空,亦为假名,亦名中道义）,认为"我说即是空"的空是真谛,真谛讲一切现象的通相;"亦为是假名"的假是俗谛,是讲各别行法;"亦为中道义"的中是中道谛,是讲一切现象各别的全部别相。这三谛依此相当于三种智慧的境界,并由此提出"一心三观"的命题。智顗又根据认识对象的层次性,提出"空观"（又称二谛观）、"假观"（又称平等观）、"中观"（又称中道第一义观）层层依此递进的"次第三观"。智顗认为,"空观"是从事物的别相出发,看到了事物的存在及其种种差别,但这种存在和差别只不过是一种不真实的假相。"假观"从一切事物的总相出发,抽掉其具体的差异性,于是一切事物成了空相。"空观"否认了对经验的执著,是谓"假空";"假观"否定了对空的执著,是谓"空空"。二者在认识上各有所偏,如能否定前二观的片面性,并综合前二观而达到全面性,这便是"双照二谛"的"中观"。所以"空观"只成"一切智",只笼统地知道一切法的空如性,于是造就的只是声闻、缘觉这一层次上的主体。"假观"能成"道种智",因其在空观基础上进一步认识到诸法的特殊性,由此造就了"菩萨"这一层次上的主体。"中观"能成"一切种智",因其"双照二谛",综合了空、假二观,由此造就了"佛"这一最高主体。

但智顗又认为,"次第三观"只是方便权说的可思议境界,认识事物应着落在不可思议的"不次第观",使主体认识活动达到不分前后次第而同时进行,即《摩诃止观》卷六所说的"三谛具足,只在一心","即空即假即中","一心三观即如是"。这种认识浑沦圆具,含摄周遍,不必借助语言、概念,就能立即、全部、绝对地把握宇宙万事万物。因为宇宙间万事万物本来就是圆融一体的,所以只有"一心三观"才能使主体的意识活动与客体的对象世界融合无间,才能完整无误地把握实相,即宇宙万物之真相（或本然状态）。

天台宗的"一心三观"是以心观心的意识活动,所以又被称为是"心观"。

"止观"并重为天台宗修行的主要入门方法。"止"是扫除妄念,专心一境;"观"是在止的基础上发生智慧,辨清事理。佛教教义认为,"止观"即可悟到性空而成佛。印度佛教各流派都强调"止观"并重,定慧双修。在中国的传播过程中,由于受中国固有文化的制约,"止观"在理论和实践上都发生了一些变化。以东汉末年的佛教翻译家安世高为代表的小乘教系统发展了属于"止"这部分的禅学体系,并将其与道教的养生成道加以结合。以另一位东汉末年的佛教翻译家支谶为代表的系统则发展了属于"观"这部分大乘佛教般若(佛教用以指如实了解一切事物的智慧)理论,并将其与魏晋玄学同流。天台宗东土始祖慧文在盛行小乘禅法的北方,"专业大乘,独步河淮",运用龙树的般若实相(佛教以"实相"指宇宙万物之真相或本然状态)学说,"法门改转",创立了与大乘般若理论相适应的大乘实相禅法。继而慧思继承发展了慧文的思想,著书立说,将般若实相禅法远播江南,开"昼谈义理,夜便思择"之学风。不过,他们的思想基本上仍然侧重于禅学,走"由定发慧"的"证悟"之路。而天台宗的实际创始人智𫗱不但进一步将他们所开创、发展的"止观"学说系统化,变"行止观"为"说止观";并将原先"由定发慧"的"证悟"之路转为"解悟"之路,以思而入,由浅定而发深解,多在思辨上下工夫。智𫗱晚年在荆州玉泉寺讲《摩诃止观》时解释"止观"曰:

> 止有三义:息义,停义,对不止止义。息义者,诸恶觉观妄念思想寂然休息。……停义者,缘心谛理,系念观前停住不动。……对不止以明止者,语虽道上,意则永殊……观亦三义:贯穿义,观达义,对不观观义。贯穿义者,智慧利用穿灭烦恼。……观达义者,观智通达契会真如。……对不观观者,语虽通上,意则永殊。

反映了智𫗱"止观"学说的成熟。

智𫗱还结合"中道"以及"三谛"、"法性"等思想对"止观"进行了发挥。天台止观的意图是通过直觉思维达到不可思议的圆顿止观,进入实相境界。"所止之法虽三而一,能止之心虽三而一。以观观于境,则一境而三境;以境发于观,则一观而三观。"智𫗱将此学说概括为"五大"——发大心、修大行、感大果、裂大网、归大处:

> 囊括始终,冠戴初后,意缓难见,今摄为五:谓发大心、修大行、感大果、裂大网、归大处。云何发大心?众生昏倒,不自觉知,劝令醒悟,上求下化。云何修大行?……牢强精进,行四种三昧。云何感大果?虽不求梵天,梵天自应,称物妙极,慰悦其心。云何裂大网?……融通经论,解结出笼。云何归大处?法无始终,法无通塞,……豁然大朗,无碍自得。

他在《摩诃止观》最后还指出,凡能把握天台止观学说者,最终"心必寂灭,流入萨婆若海,乘一大车,游于四方,直至道场,成等正觉",达到对于一切义理悉皆通达成就(萨婆若海)的境界,修成为佛(正觉)。

天台宗以"三谛圆融"论沟通入世与出世、儒教与佛教。作为"出世宗教"的印度佛教认为:现实世界是虚妄不实的,故为"假"(又作"俗");唯有超越现实世界,才是"真";故追求"真"而否定"假"。导致"真实"与"假象"、"此岸"与"彼岸"、"入世"与"出世"的二元对立。智𫖮根据佛教中观学说,结合中国国情,采取"随义立名"、"六经注我"之方式,"说己心中所行法门"①,在"真实"与"假象"、"此岸"与"彼岸"、"入世"与"出世"之间,创造性地构建了一条"即此即彼"的"中道",这就是"三谛圆融"论。

三谛,即真谛("谛"指真理)、俗谛、中谛。真谛指超越现实世界的"空",俗谛指现实世界的"假",中谛既看到超越现实世界的"真空",又肯定现实世界虽"假"而存在的"妙有"。既不偏"空",又不偏"有","一色一香,无非中道"②,这就是"三谛圆融"。其"入世"意义在于肯定现实世界存在的"合法性",并与超越现实世界的"出世"思想并行不悖。此即"人间佛教"思想的渊薮。

在"圆融"佛教"入世"与"出世"二元分立之后,智𫖮又开始"圆融"儒教与道教。他认为:"若周孔经籍,治法礼法,兵法医法,天文地理,八卦五行,世间坟典,孝以治家,忠以治国,各亲其亲,各子其子,敬上爱下,仁义揖让,安于百姓,霸立社稷。若失此法,强者陵弱,天下焦遑,民无聊生,鸟不暇栖,兽不暇伏。若依此法,天下太平,牛马内向。当知此法,乃是爱民治国。"③智𫖮所说的"当知此法,乃是爱民治国",是世间法,世间法即是佛法,其切入点即是以佛教伦理的"五戒"与世俗社会的"五常"、"五行"伦理一体化:"若深识世〔间〕法,即是佛法。何以故,整于十善,即是五戒;深知五常、五常义亦似五戒:仁慈矜养,不害于他,即不杀戒;义让推廉,抽己惠彼,是不盗戒;礼制规矩,结发成亲,即不邪淫戒;智鉴明利,所为秉直,中当道理,即不饮酒戒;信契实录,诚节不欺,是不妄语戒,周孔立此五常,为世间法药,救治人病。又五行似五戒,不杀防木,不盗防金,不淫防水,不妄语

① 智𫖮:《摩诃止观》卷一上。
② 同上。
③ 智𫖮:《法华玄义》卷八上。

防土,不饮酒防火。又五经似五戒,《礼》明撙节,此防饮酒;《乐》和心,防淫;《诗》风刺,防杀;《尚书》明义让,防盗;《易》测阴阳,防妄语,如是等世智之法,精通其极,无能逾无能胜。"①

智𫖮肯定"即世成道",形成"治生即道"的佛教伦理思想。他认为人人本具佛性,并非都要"出世"修行,"入世"亦可成道:"如佛〔指释迦牟尼〕世时,在家之人,带妻挟子,官方俗务,皆能得道。"②他以"三谛圆融"的"入世"精神,化"真"为"俗",化"佛"为"儒",化"释"为"道",使佛法回到"一色一香,无非中道"的人间,因此"世法即是佛法"。智𫖮在天台山"种苣拾橡"③,农禅并举,凭借陈隋王朝的支持、发展佛教经济,为创立第一个中国化的佛教宗派天台宗,奠定了坚实的思想与经济基础。他还将"公平买卖,诚信交易"的经济伦理,运用到佛法的济世度人之中,"今以众生譬买,如来譬卖","若一欲卖,一不欲买,则不相主对;若买卖两和,则贸易交决,贵贱无悔"。④ 其法理依据就是"一切治生产业,皆与实相〔佛法〕不相违背"的"治生即道"思想。这一思想智者在《法华玄义》、《摩诃止观》中反复强调,《法华玄义》中出现的频率竟多达七次,其用意亦在佛法"理虽即是",但恐信众"日用〔而〕不知"。⑤

智𫖮的"治生即道"思想,对后世产生了深远的影响。一是开建设"人间佛教"之先河。从禅宗六祖慧能的"佛法在世间,不离世间觉"的"日用禅",到20世纪初太虚"人间佛教"思想的提出,都是"治生即道"思想的演进与发展。1987年,赵朴初会长在中国佛协第五届代表会议上所作的《团结起来,发扬佛教优良常规,为庄严国土利乐有情作贡献》报告中指出:"一切治生产业〔即工农商业〕,悉是佛道"的教义,中国佛教"农禅并重"、"一日而作,一日不食"的优良传统,将为建设"人间佛教"和社会主义社会两个文明建设做出有益的贡献。二是促进了明代泰州学派"日用即道"启蒙思潮的产生。泰州学派是明代王阳明心学的分支。代表人物为王艮(1483—1541)、李贽(1527—1602)等。他们鉴于王氏后学流于虚空之弊,提出了著

---

① 智𫖮:《摩诃止观》卷六上。
② 智𫖮:《摩诃止观》卷二下。
③ 灌顶:《隋天台智者大师别传》。
④ 智𫖮:《法华玄义》卷六上。
⑤ 智𫖮:《法华玄义》卷一下。

名的"日用即道"思想。以"真情"来批判"伪理"。李贽更是明确指出："凡世间一切治生产业等事,皆其所共好而共习,共知而共言者,是真迩言也"①,他反对封建理学对人性的压抑,并以民众日用作为道德的价值取向,无疑有着时代的进步意义。从中亦可看出："日用即道"系由智者"治生即道"思想发展而来的深深轨迹。作为佛教天台宗根本道场的天台县令郑至道,在"三教合一"思潮广为盛行的宋代,其思想亦出入释老之间,为天台仙源桃源正名,撰写《刘阮洞记》。其"四民皆本"论受"治生即道"思想影响,亦在情理之中,这是郑至道"四民皆本"论产生的思想基础。

尽管天台宗的"一念三千"是宗教唯心主义的命题,"一心三观"是以心观心的意识活动,"止观并重"也只是追求从客观世界中得到解脱而成佛的方法,但却同时包含着不少合理的因素,诸如其"十界互具"之说承认事物在一定条件下可以相互转化,即包含着辩证的因素;其"十如是"说用十个范畴来说明每一事物都有一定的相状、属性、体制、功用等等,以及事物运动变化中所具有的因果关系等等,也都有认识论的重要意义。其"一心三观"中所表现的相当缜密的辩证思维及对于世界统一性和普遍联系性的认识,在认识论上都有积极合理的因素。同时,"止观并重"也反映了天台佛学自身在世界观和方法论上的一致性。天台宗在中国佛教乃至世界佛教中之所以具有独特的地位,之所以能够长存不衰,或者说衰而复兴,所有这些无疑是重要原因。

智顗之后能弘宣其教义者为灌顶和湛然。灌顶从事师智顗起,一直相随左右,不但记录整理了大量智顗的著作,而且在内统理弟子,在外与朝廷折冲。自己也著有《观心论疏》5 卷,《涅槃文句》23 卷,《天台八教大意》1卷,《涅槃玄义》2 卷,《智者别传》1 卷,《国清百录》4 卷,《南岳记》1 卷,《真观法师传》1 卷,以及《法华》、《净名》、《金光明》、《请观音》等经疏。湛然二十余岁开始由左溪玄朗授"止观"学说,游化东南后,以中兴天台为己任。晚年归于天台国清寺,最后入寂于天台山佛陇寺。其著作有发挥、注释智顗真意的《法华玄义释签》20 卷、《法华文句记》30 卷和《摩诃止观辅行》40卷等。湛然思想最有特色的是"无情有性"说,认为一切事物都是"佛性"的具体表现,"佛性"应包括存在的一切,甚至包括瓦石之类不能闻法、发心、

---

① 李贽:《焚书》卷一《答邓明府》。

修行的无情之物也有"佛性"。虚空也是一种存在,所以虚空也不例外。湛然在《摩诃止观辅行》中说:"佛性应具三身,不可独云有应身性。若具三身,法身许遍,何隔无情?"又说:"三身相即,无暂离时。既许法身遍一切处,报应未尝离于法身,况法身二处常在,故知三身遍于诸法。"并以此与法相、华严、禅宗等佛教诸宗相抗衡,终于重振了天台宗。此后,在理论上没有多大发展,但在传播方面发挥了很大作用。

经安史之乱、会昌法难的摧残后,天台宗在宋代得到了中兴。羲寂是开拓者,动员吴越王遣使日本、朝鲜等国,寻回大批佛教文献,此事在佛教史上被称为"去珠复还"。在理论上颇有建树的是知礼,他在对天台宗传统思想加以阐述的基础上,进而提出"无明与法性"亦相即不二、圆融无碍的观点。他认为"清静本然"的法性由于受到无明的熏染,顺随了无明之缘,从而生出宇宙万物,这便是人类重重苦难之因,而觉悟者断尽无明就是洞视法性。知礼特别强调无明与法性不可分。"单真不生,独妄难成,真妄和合,方有所为。"由此他提出了"性具善恶"的"性恶论",在以后的佛界引起了很大的争论。知礼的主要著作有《光明玄续〔拾〕遗记》3卷,《光明文句》6卷,《观音别行玄记》4卷,《十不二门指要钞》2卷。

同时,其他佛教宗派也在越地得到了相应的传播。首先是三论宗在越地的传播,三论宗渊源于古印度大乘佛教的中观宗,属于般若学,经典《中论》、《百论》、《十二门论》由印度龙树所著,罗什来华翻译。在中国的实际创宗者为吉藏,吉藏为安息人,7岁出家,隋朝平定江南后,他东游会稽,在越州秦望嘉祥寺宣讲三论达15年,著有《中论疏》、《十二门论疏》、《百论疏》等38部百余卷,当时四方学者慕名就教者云集寺中,嘉祥寺因而名声大振,世人均尊称吉藏为嘉祥大师。三论宗思想驳杂多端,与法相宗的细密烦琐并称为中国佛教教义上的难治之学。但究其主要,则在申述二谛中道,而以中道为佛性,阐明一个"空"字。一般学者认为,《中论》和《百论》在于"破邪",即破除小乘教义和婆罗门教等外道,宣扬三论宗所宗的大乘教义,《十二门论》主要宣扬大乘教义,兼破小乘教义和外道,叫做"显正"。其中以《中论》最为重要,因为反映三论教旨的"八不中道"源于此书。

所谓"八不"是指不生不灭,不断不常,不一不异,不去不来。这个"八不"又以"五句三中"来加以解释。以生与灭为例,第一句,叫做实生实灭,即把生与灭作为实,称做单俗;第二句,不生不灭,即把不生不灭也作为实,称做单真,认为这单俗、单真都系偏见,未契合中道。第三句,假生假灭,认为这是不生不灭之生灭,称做世谛(或称俗谛)中道;第四句,假不生假不灭,这样生灭都是假的,则不生不灭也是假的,称做真谛中道;第五句,非生非灭不生灭,认为这是融合真谛、俗谛而说的中道。这"八不"、"三中"归根到底是认为世界万物皆空,八世界的全部丰富性都包括在假象里面,进而否认现象的客观性,这就是吉藏的"二谛论"。吉藏在《大乘玄义》中说:"以有无教,表非有无理。"又说:"能表是有无,所表非有非无。"意思是说,在言语思维与客观实在之间,有一条不可逾越的鸿沟,前者以分别有无是非等差别性为特征,绝对不可能对无任何差别性的后者作出正确反映,故曰"文言终不得理"。这是三论宗"不可知论"的哲学基础。

在此之前,关于般若的"空"存在这三种不同的义解:本无义、心无义、即色义。持论的佛学大师都是在越地完成并宣扬自己的佛学思想。持本无义说者为竺法深,他晚年隐居浙江剡山(今新昌县东峁山),建东峁寺,演讲大乘经典,兼及老庄。其基本思想是"本无者,未有色法,先有于无,故从无出有。即无在有先,有在无后,故称本无"①。实际上是用《老子》"天下之物生于有,有生于无"来解释般若的所谓之"空"的。持心无义者为竺法深的弟子竺法蕴,隋吉藏《中论疏》卷二说:"第三温〔蕴〕法师用心无义,心无者无心于万物,万物未尝无。此释意云:经中说诸法空者,欲令心体虚妄不执,故言无耳。不空外物,即万物之境不空。肇法师详云:此得在于神静,而失在于物虚。破意云:乃知心空而犹存物有,此计有得有失也……"②显然,心无义虽然否认主观意识的虚妄性,但它却又肯定宇宙万物的实有性,这自然易于导致主观与客观之间的冲突与分裂。

华严宗以阐扬《华严经》而得名。越州山阴人澄观为第四祖,他撰著约四百余卷,被称为"华严疏主"。

禅宗以专修禅定(即安静而止息杂虑)为主,由菩提达摩来华传授而创立,至五世弘忍门下,分成北方神秀的渐悟说和南方慧能的顿悟说两宗,史称"南能北秀"。禅宗主张不立文字,教外别传,直指人心,见性成佛。以通俗简易的修持方法,取代佛教其他各宗的烦琐义学,所以流行日广,越地也

① 吉藏:《中论疏》。
② 《大正藏》第42册,第29页。

不例外。吴越国时期的延寿所著的《宗镜录》、《万善同归集》影响很大。《宗镜录》100 卷,广泛搜集佛教经籍、语录,不分宗派,凡有助于引证佛心、佛性者,皆采辑汇编而成,是影响宋代佛教"禅、教合一"潮流的代表作。禅宗原本的主旨是强调精神的领悟直指人心,见性成佛。虽然有着鲜明的神秘直觉体验的性质,但是剔除了繁杂的宗教修行和深奥艰涩的经典,明快简易,因而适应了社会的需要,成为唐代后期佛教的主流。

隋唐至五代吴越国和两宋时期,越地佛教进入极盛时期。在吴越国时期,吴越王以"信佛顺天"为宗旨,以杭州为中心,大力提倡佛教,仅在杭州就兴建佛寺 260 多座,礼遇各宗各派高僧,四方高僧纷纷云集杭州,使吴越国成为中国佛教的一大中心,被誉为"东南佛国"。当时在吴越国境内寺院林立,佛塔遍布,梵音不绝。据《咸淳临安志》记载:"九厢四壁,诸县境内,一王所建,已盈八十八所,合一十四州悉数数之,不能举目矣。"这些寺院、佛塔都建在山清水秀、清峻幽静之处,与周围的湖光山色构成了优美的画境。特别值得一提的是,由于吴越王钱弘俶尽力倡导雕版印经,使吴越国的雕版印刷业有了长足的发展,所印的佛教经像、咒语,有数字可考者,共有 68.2 万卷(本),其数量之巨,在我国印刷史上是空前的。同时,佛教石窟造像在吴越国也盛极一时。这些石窟佛像造型丰满,谦和慈蔼,衣纹流畅,雕工精细,具有典型的南方艺术风格。

一般而言,到宋代中国佛教转入衰退时期,但就越地而言,由于其特殊的文化背景,在宋代佛教依然得到持续发展,南宋建都临安后,佛教的繁荣一直延续到宋末。元代统治者奉行喇嘛教,汉地佛教总体上趋于衰落。禅宗成为汉地佛教的主流,主要有曹洞宗和临济宗。南方主要是临济宗,最有影响的高僧如高峰原妙、中峰明本、云峰妙高、元叟行端、晦机云熙与笑隐大诉等皆活动于越地,同时天台宗和华严宗仍继续传播,所以越地实际上成为元代汉地佛教的中心。

明代的佛教依然以禅宗为其主流。越地在明初就出现了一些堪称大师的禅宗学者,其中最著名的当数楚石梵琦,时人尊称为"国初第一禅师",是当时全国第一流的佛教思想家。楚石梵琦的佛学思想以真心一元论和真如缘起论为主体。他认为,理事、心物互为缘起,密不可分,但从根本上说,"须知尽十方乾坤大地,人畜草芥,高低阔狭,无空缺处,总是自家屋里的";归本求源,山河大地还是一心的产物。基于这种认识,梵琦的宗教修养理论洋溢着禅宗式的挑战精神,主张"直得文殊普贤扫床折被,等妙二觉随驴把马",要人们冲破一切对外在的偶像的盲目崇拜,在自返本心中获得精神解脱。与此同时,他又倡导归心净土,宣称:

一寸光阴一寸金,劝君念佛早回心。

直饶凤阁龙楼贵,难免鸡皮鹤发侵。

鼎内香烟初未散,空中法驾已遥临。

尘尘刹刹虽清静,独有弥陀愿力深。

在明初天台宗最有名的禅师有蘧菴大佑,撰有《阿弥陀经略解》,依五重玄义,准孤山判摄,其书"解略不令其智退,理深不令其义阙。以略探广,从容中道",得到天台宗后人的赞许。明末又有号称"中兴天台"的无尽传灯大师成为一代宗师。他的著述《观无量寿经图颂》阐释修习该经所示的16种观法;《阿弥陀经略解圆中钞》发挥圆满中道的圆教净土;《净土生无生论》则以性具圆理,阐扬净土法门。

明末的佛教,诸宗竞盛,净土宗人才之多,仅次于禅宗,但比禅宗更为普及,更有影响。同时出现了合流倾向。在晚明越地出现了两位具有全国性影响的大师级人物,一是云栖袾宏,他结庵于杭州五云山,题名"云栖",以云栖大师扬名于世,他依照《文殊般若经》,用华严五教判,弘扬禅净一致的体究念佛说,并以其接引方便,而吸引了士大夫阶层中的佛教徒,这一点不仅对净土宗的流播,而且对晚明的社会风气的改变,都起了决定性的影响。云栖大师出家初学禅宗,深感禅林那套完全排斥拜佛的参悟方法之浮华浅陋,试图以禅、教结合挽回佛门颓风。他指出:"离教而参,是邪因也;离教悟,是邪解也。饶汝参而得悟,必须以教印证,不与教合悉邪也。是故,学者以三藏十二部为楷模。"他以禅的观念和方法,弘扬净土宗,既使一批批禅者归向净土,也使修行净土宗的弟子得到禅修的实益。他的许多弟子,多是在接触到或读到了他的有关净土法门的著述之后,转而归向净土宗的。

与云栖大师并列为晚明佛教四大家的佛学大师藕益智旭,少年深受理学影响,曾撰写《辟佛论》数十篇,主张"辟异端,誓灭释老"。17岁读到云栖大师的《自知录》、《竹窗随笔》,乃翻然醒悟,改信佛法,几年后削发为僧,在云栖寺受具戒。他22岁专志念佛。28岁掩关期间,生了一场大病,验知平日以为得力处,分毫都用不着,故以参禅功夫,求生净土;此后又弃禅修净,遍览律藏,发誓要通过弘传律藏以纠正禅林积弊,先后游历江苏、浙江、福建等地,讲习著书,阐扬佛法,晚年定居浙江灵峰寺。

智旭一生著述颇丰,经其弟子整理,编为宗论、释论两大类,前者为《灵峰宗论》10 卷,其中最著名的是《阿弥陀惊要解》;后者是注释佛经之作,总共 60 余种,164 卷。他的思想以融会诸宗、归极净土为特色,力图通过禅教圆融重振宗风。他反对参究念佛,并根据《念佛三昧宝王论》,以天台四教判,弘扬现前一念相应说的称名念佛三昧;他也非常重视戒律,主张禅、教、律合一,参禅、看教、行律最终又归于净土,后人尊之为云栖祩宏之后净土宗最重要的代表人物,确实当之无愧。

越地佛教之对外文化交流盖以天台宗之流入朝鲜为最早。朝鲜僧人玄光尝来华师事慧思,后归国演教,后波若及圆光均师事智顗,圆光归国后则盛弘台教。最早将"天台三大部"带到日本的是著名高僧鉴真大师,唐天宝七年(748),鉴真和尚第五次赴日,就是从绍兴出发的,然鉴真所传主要为南山律学。日本僧人最澄(765—822)曾从鉴真学习天台教义,唐德宗贞元二十年(804),最澄率弟子入唐,上天台山,投入天台十祖道邃门下,受天台教观之旨;又至绍兴龙兴寺从顺晓学密教,于次年归国,于日本开创天台宗,而最澄亦被尊为"传教大师"。天台国清寺遂为日本天台宗之祖庭。

三、越地的道教思想及对道教发展的影响

道教是中国本民族的宗教,创始于汉代,形成于南北朝。任继愈在《中国道教史》中论及中国道教的起源时认为,整体而言,道教源于古代宗教和民间巫术;战国至秦汉的神仙传说与方士方术;先秦老庄哲学和秦汉道家学说;儒学与阴阳五行思想和古代医学知识。

道教的起源和思想渊源可上溯古代原始宗教信仰、巫术和秦汉时期的神仙方术。中国的原始宗教,信仰对象繁多,在鬼神和人之间互相沟通的是"巫",代表鬼神发言。巫主要用以驱鬼、祈禳、禁咒,用桃枝或画虎形驱鬼。春秋以后,儒学被视为显学,重视礼乐的实践而不重宗教,唯儒家入世的精神,并不能解决心灵上的空虚感觉,这有利于神仙方术的兴起和各地巫术的盛行。

神仙的信仰起源于古代人们对自然界中种种神秘现象的幻想。这些思想到战国时发展及丰富起来,神仙学说大抵始于庄子的寓言而为燕齐的方士引伸扩充,成为神仙信仰的根据。方士在战国时出现,宣扬神仙的存在,并谓人服仙药可以成仙。战国末年,神仙信仰大盛,齐威王、燕昭王和秦始皇都先后派人到渤海中寻找传说中的三神山和与地同寿的仙人。

从寻求神仙到自炼丹药服食成仙,是神仙信仰的进一步发展。在《战国策》及《韩非子》中都有献不死药的记载。至汉代更发展成服不死药之风。两汉时,巫祀的风气仍不断发展,这些巫祀后来成为道教崇拜的对象。

道教的理论基础是汉代的黄老之学和魏晋时期的老庄之学。黄老学者与神仙家的结合,成功地创立了道教的信仰。自汉武帝表彰六经,儒学渐兴,黄老失势。此后黄老学者与神仙家密切结合,朝向宗教发展。《后汉书·楚王英传》言:"英少时好游侠,交通宾客,学为浮戒祭祀。"大抵而言,宗教上的黄老信仰大概是道教前身,具备了一定的宗教规模。

所谓道教,信奉的核心是"道",将"道"神格化,宣扬得道成仙、长生不老的思想。"道教"一词始见于《老子想尔注》,此书系《道德经》的注释,相传为东汉张鲁所撰。关于道教的形成,一般认为以张陵(张道陵)创立的五斗米道为标志。东汉末年,天下大乱,分裂割据,政变战争,连年不息。上自帝王,下至百姓,地位和生命都缺乏保障,整个社会比以往更加渴望安慰及精神寄托。社会对宗教的强烈需求,加上佛教传入后的示范和刺激作用,促使中国传统文化中的宗教因素重新活跃和发展起来。东汉以后,便从方士、道术及神仙信仰中产生了具有组织系统的道教来,其中最称著者为张陵之五斗米道及张角之太平道。

据《三国志·张鲁传》记载,东汉顺帝(125—144)时,张陵在西蜀鹤鸣山修道,"造作道书",创立五斗米道,又名天师道,在各名山设立二十四治,广收徒众,凡入道者须纳米五斗,以鬼神符箓蛊惑人心,以巫术符水为人治病,借此布道,又令门徒诵念老子《道德经》,以剑、印和都功禄为传教法宝。道教供奉的对象是庞大的神仙体系,可分为尊神、俗神两大类。道教的尊神包括"三清",即居玉清境的元始天尊,居上清境的灵宝天尊,居太清境的道德天尊;"四御"即玉皇大帝、中央紫微北极大帝、勾陈上宫天皇大帝和后土皇地祇,"四御"的另一种解释为"四极大帝",北方曰北极紫微大帝总御万星,南方曰南极长生大帝总御万灵,西方曰太极天皇大帝总御万神,东方曰东极青华大帝总御万类;还有传说中的道家八仙。俗神有如雷公、门神、灶神、财神、土地神、城隍、药王、瘟神、文昌帝君、关帝、妈祖等。道教经典有《老子》、《庄子》和葛洪的《抱朴子》及《道藏》等。

至于太平道源于《太平清领书》,道士于吉自称得神书百余卷于曲阳泉水上,号《太平清领书》,其徒宫崇上其书于朝廷。后张角得其书,于灵帝年间创立太平道,信众达36万。中平元年,张角以太平道起事,裹黄巾为标帜,称为“黄巾军”,各地纷纷响应,声势浩大,东汉王朝大为震动,镇压颇力。不到一年张角死,起事部众渐趋瓦解,太平道的活动也随之终止。

而五斗米道有颇大的发展,张陵传子张衡,张衡传子张鲁,盘踞汉中,自号师君。建安二十年,张鲁以其地投降曹操,五子俱为列侯,而三子张盛则继承父业。西晋永嘉中,张氏迁居至江西龙虎山,自是世世相传,历代称为天师,成为道教的正统。

迨晋武统一天下,其对道教仍一踵曹魏以来之羁縻限制政策。然武帝以后,道教势力复盛。降及东晋,道教弘扬益见蓬勃。无论于道教修炼,以至整顿教务方面,迭有发展。就炼丹药方面,东晋葛洪继承曹魏以来左慈、葛玄一系之丹鼎派统绪,撰有《抱朴子》,申言内丹、外丹之吸纳修炼,求取延年养生。至于重整道教组织,确立完备宗教体系之道法,东晋则有杜子恭,刘宋有陆修静,梁有陶弘景,而北魏则有寇谦之。

杜子恭所办道团为东晋最有影响力之五斗米道组织。他对整顿道教功德莫大,一为剔除传统道教中巫觋之术,初步洗脱道教迷信色彩。次为修正汉末三张所建立之道教组织,并使之脱离曩昔对佛教之依附,成就一独立之宗教团体。

洎刘宋,陆修静继起治理道教。其《道门科略》中,强调重整道教之必要;并提出建立道教自上而下之固定教会组织,置二十四治,三十六靖卢,内外道士二千四百人。奉道者皆编户著籍,各有所属。此外更明确申明神职人员之升降制度,令道教体系更完整。

逮乎梁朝,陶弘景对道教的弘播贡献甚大。其对道教的主要建树,一是著《真诰》,对早期道教学说作总结改造;二是确立整套神仙世界谱系,勾画了道教承传的历史,并创茅山宗,兼容儒、佛思想,至使道教规模更完备。

北魏寇谦之对改革北方道教也做出了很大贡献。其以“清整道教,除去三张伪法,粗米钱税,及男女合气之术”,“专以礼度为首,而加之以服食闭练"作口号,务求净化道教内容。北方道教经寇氏努力弘扬,成为北魏国教,寇谦之深得北魏太武帝信任,尊其为国师。其后北周建国,北周武帝、宣帝皆有斋醮奉道之举,可见北朝道教之盛。

综言之,南北朝道徒积极改革天师道,推动了道教之发展。大抵南朝道教较重经法义理,北朝道教讲究礼拜功德,故南方制作之经典远较北方为多,在宗教事业发展方面而言,由于寇谦之仅凭政治力量推动道教发展,其影响远不及南朝道教改革之深远。

道教作为一种宗教,它在形成的过程中以佛教为借鉴和比对的对象,模仿佛教把中国儒家以外的许多著作都作为它的经典,抬出了在中国社会中与孔丘齐名的老子作为教主,幻想出长生不老的神仙世界作为彼岸世界。作为我国土生土长的传统宗教,在生死问题上主张"无死",追求养生延年,肉体成仙。在形神问题上认为人的生命由元气构成,人的肉体是精神的住宅,因此要长生不死,必须形神并养,即所谓的"内修"和"外养"。[①]因此,炼丹是道家的必修功夫。

道教"与佛教兼重来生幸福与现世宁静不同,道教注重的是此生此世的满足,与佛教偏重心理平衡与精神超越不同,道教向信仰者承诺的是实际的结果和具体的收获,因而所谓'贵生'、所谓'生命',对于道教来说,首先就是现世的生存和永恒的生存,因此它拥有一套非常复杂的生理与心理训练技术,也拥有一套非常神秘的思神通神仪式和药物辅助方法"[②]。

根据南朝刘勰的意见,道家可分三派,或宗三种学说,一是老子之学,崇奉老庄哲学包括先秦的道家及魏晋的老庄学问家。二是神仙之说,战国齐鲁方士与邹衍阴阳五行说互相结合形成的神仙家理论。三是张陵之教,即张陵、张衡和张鲁所创立的"五斗米道"。[③] 逐渐形成了两种修炼方法,一种主张炼丹成仙、长生的丹鼎派,其代表人物是会稽的魏伯阳和丹阳的葛洪及南京的陶弘景;另一派主张祈祷、符咒成飞仙、不死的符箓派。

魏伯阳,自号云牙子,后人称云中牙子,出生于会稽上虞,性好道术,是东汉的炼丹理论家。存世著作有《周易参同契》,又称《参同契》,共三卷,是现有最早的专论炼丹的道教经典,对道教的发展有非常深远的影响,其地

---

① 参见葛洪:《抱朴子内篇·至理卷第五》。
② 葛兆光:《道教与中国文化》,上海人民出版社 1987 年版,第 499 页。
③ 参见梁僧祐:《弘明集》卷八,刘勰《灭惑论》。

位亦极尊崇,有"万古丹经王"之称。全书以为炼丹之道与《易》理相通,故借爻象为符号,以《易》的阴阳二元素配合变化为理论出发点,将天道、地道、人道统一起来,阐明炼丹之术。书中文体古奥简约,各家的解释分歧甚大,版本多达十余种,其中以彭晓的《周易参同契通真义》和朱熹的《周易参同契考异》最著名。此书的主要观点,一是"炼丹"。认为宇宙是一个大天地,万物的生长变化"悉源于一气",全凭阴(坤)阳(乾)之消长、盈缩引起的。万物能生生不息于时,那么人呢? 如果能抓住阳长阴消之时,"窃天地之机",从事修炼,炼成"金丹"服之,也能得到长生。但这是身外之仙药,称做"外丹"。二是"练功"。认为我们的人是一个小天地,内中也有阴阳八卦,如果我们能依据天地间阴阳消长的原理来修身养性,也可以得到长生,这称做内丹。把锻炼身中的"精"、"气"、"神"的过程,叫做"练功"。

《周易参同契》书中有许多荒诞附会之语,但就道教的发展而言,影响确是极大,是道教教理的最早著述之一,后世经典《古文龙虎经》、《黄庭经》等都是由此脱胎而成。也由于化学起源于炼丹术,《周易参同契》是世界上最古老的一部炼丹术著作,把中国传统科学的思想基础——阴阳的概念引入炼丹术,认为炼丹之道与易理相通而契合,在书中借《周易》爻象论述炼丹修仙之术,把"大易"、"黄老"、"炉火"三家理论参照会同而契合为一,故在科学技术史上也占有重要地位。英国李约瑟编写的《中国科学技术史》中称其为"全球第一本这方面的书籍",美、英、前苏联等国的教科书、百科全书中都有提及,并已译成英文出版。

《周易参同契》不仅指外丹术,亦指内丹术。其《立命章》所说"类如鸡子,白黑相符……骨若可卷,肉滑如饴",即为内丹。以《周易参同契》为主要经典的金丹道,东汉后成为道教中著名的丹鼎派。

葛洪创立神仙道教理论体系。他把道当做本原,把儒学仁义当做道的产物或体现,把修儒学当做成仙道的先决条件,提倡儒道兼修。其所著《抱朴子》,"其内篇言神仙方药、鬼怪变化、养生延年,禳邪却祸之事,属道家;其外篇言人间得失、世间臧否,属儒家"①。他把成仙之术与做官之道结合起来,解决成仙与做官之间的矛盾。认为神仙实有,神仙可学,金丹可成,神仙可致,将关心世俗世界的生命和幸福放在优先的位置,确认道教在世

① 葛洪:《抱朴子外篇》卷四,自叙卷五十二。

俗生活中的价值。

　　陆静修是早期《道藏》的编辑者,也是南朝道教斋戒仪范的制定者。陆静修,三国湖州人,少修儒学,成名后好清静养生之道术,于是离家到云梦山隐居修道,后遍游天下名山,广搜道书。其间他将《上清经》、《灵宝经》、《三皇经》等道经加以校刊整理,辨别真伪,集成经戒、方药、符图等书,共1128卷,分为"三洞"——《洞真经》、《洞玄经》、《洞神经》三大类。泰始七年(471)编定《三洞经书目录》,成为道教史上最早的道经总目,使道教典籍有了一个可与佛教相比拟的大致轮廓。① 陆静修针对当时一些不利于道教发展的流弊,提出一些整顿措施。如禁止道官自行署职,实行以功德按级晋升制度。他十分重视道教斋仪的作用,认为"斋直是求道之本",主张修道应当用礼拜、诵经、思神三种方法,以洗心洁行,达于至道,因此编撰了斋仪范类道经百余卷,使道教仪礼初步统一和完备。

　　魏晋南北朝时期的道教哲学玄学,其宇宙论涵盖了宗承"道本体"的"贵无论"和宗承"气本体"的"崇有论"。"有"与"无"这一对哲学范畴成为当时哲学中的焦点。其时佛教以其博大精深的理论,使道教理论相形见绌。为抗衡佛教,南朝著名道教理论家、天台山道士海宁人顾欢撰写了著名的《夷夏论》,首次引发了作为本土文化的道教和外来文化的佛教一场规模宏大的"文化撞击"。顾欢试图以道教之"道"涵盖佛教:"佛即道也,道即佛也。"② 还认为佛教因不适合中国国情不宜传播。此论一出,在佛教界引起强烈反响。佛教界除反驳佛教不适合中国传播的观点外,还攻斥道教教义简陋,"妙门难识"③,属"全无为之道"。为加强道教理论建设,顾欢吸收佛教般若学的"非有非无"观点,来阐发道教哲学的世界观,他在《道德真经注疏》中指出:"然则神之利身,无中之有,有亦不可见,故归乎无物。神为存生之利,虚为致神之用。明道非有非无,无能致用,有能利物。利物在有,致用在无。无谓清虚,有谓神明。而俗学未达,皆师老君,全无为之道。道若全无,于物何益? 今明道之为利,利在用形;无之为用,以虚容物故也。"④

　　① 参见葛兆光:《道教与中国文化》,上海人民出版社 1987 年版,第 495 页。
　　② 《南史·顾欢传》。
　　③ 谢镇之:《与顾道士析夷夏论》,《弘明集》。
　　④ 顾欢:《道德真经注疏》卷一,《道藏》第 13 册。

他以为"道"的宗旨是,以"非有非无"破俗学"全无"之偏见,阐明道体乃"有无"或"体用"的相统一。认为:"欲言〔道〕定有,而无色无声;言其定无,而有信有精。"①正因为道体既不可言有,又不可言无,所以是"非有非无"。

他对"有名""无名"的解释是:"有名谓阴阳,无名谓常道。常道无体,故曰无名;阴阳有分,故曰有名。始者取其无先,母者取其有功。无先则本不可寻,有功则其理可说。谓阴阳含气,禀生万物,长大成熟,如母之养子,故谓之母。"②认为"有名"之"阴阳",与"无名"之"常道"相对应,故"无"不离于"有","道"不离于"物"。"阴阳"是实体,"常道"是理体,两者是有机的统一体。这既从"自然本体论"上解决了当时道教哲学中存在的或偏"贵无"、或偏"崇有"、"有"与"无"对立的理论矛盾,又为隋唐重玄哲学的兴起和"生命本体论"的建构理清了基本思路。曾长期在天台山等地修道的南朝陶弘景、唐代司马承祯、吴筠、杜光庭等,与顾欢同属道教上清派道系,他们的"自然本体论"与顾欢的"道本体论"、"气本体论"存在着传承的关系。

南朝陶弘景在论及"道"与"气"孰先孰后时亦采用了"模糊哲学"的表述方式,其《真诰·甄命授》指出:"道者混然,是生元气,元气成,然后有太极;太极则天地之父母,道之奥也。"陶弘景虽不说"混然"是物是气,但说"混然"能生"元气",因而"混然"还是有其实在性的内涵。唐代司马承祯与陶弘景一样,也采用了相同的表述方式:"夫气者,道之几微也。几而动之,微而用之,乃生一焉,故混元全乎太易。夫一者,道之冲凝也。冲而化之,凝而造之,乃生二焉,故天地分乎太极。"③"道的几微"状态就是气,由气之动用才"生一"。实质上在承认"道本体"的同时,也承认了"气本体"。至中唐吴筠才列元气为先,道为后生:"元气先清升上为天,元气后浊降下为地,太无虚空之道生焉。"④吴筠认为:元气之先不存在一个道体,元气是天地万有的根本和起始。"清升上为天,浊降下为地",然后"太无虚空之道生焉"。吴筠把气引入本体论,是要确证生命的现实存在。这标志着道教哲学的宇宙论,由"天"的"自然本体论"向"人"的"生命本体论"过渡,而完

---

① 李霖:《道德真经取善集》卷四引录,《道藏》第13册。
② 《道德真经注疏》卷一,《道藏》第13册。
③ 司马承祯:《服气精义论》。
④ 吴筠:《元气论》。

成过渡的则是晚唐的杜光庭。

隋唐时期的道教理论,以司马承祯的著作《坐忘论》和《天隐子》最为重要,由此创立道性论。司马承祯居天台桐柏山约40年,传"主静去欲说",弘扬正一道,声显海内。他首次将"修身"的养生学,与"修性"的重玄学两者和合为一体,形成了"形神合一,性命双修"的道(心)性论,由"形神合于有"的生命元气本体论和"坐忘主静,性命双修"的道(心)性论组成。

坚持"形神合于有"的生命元气本体论。司马承祯认为"夫气者,胎之元也,形之本也":

> 夫道者,神异之物;灵而有性,虚而无象;随迎不测,影响莫求;不知所以然而然,通生无匮谓之道。①

"道"并非"全无之物","气"是"道的几微"状态,因而"道气"化生万物,"通生无匮",故谓之"胎之元,形之本"。"人生时禀得灵气,精明通悟,学无滞塞,则谓之神;宅神于内,遗照于外,自然异于俗人,则谓之神仙;故神仙亦人也,在于修我虚气,勿为世俗所沦折;遂我自然,勿为邪见所凝滞,则成功矣。"②司马承祯"神仙亦人"(即"形神合一"之人)的思想,如拨云见日,撩开了汉晋以来具有浓厚宿命论色彩的"神仙"面纱,使之还原到实实在在的人间;解决了道教理论建设中长期困惑的一个根本性问题,因而具有鲜明的时代特征和深刻的社会意义。他指出,只有形神合一,才能超越生死境界:"道有深力,染易形神;形随道通,与神合一,谓之神人;神性虚融,体无变灭,形与道同,故无生死;隐则形同于神,显则神同于气。"③这种聚气成形,形神合一、超越生死境界的生命元气本体论,正是司马承祯建构"性命双修"心性论的哲学理论基础。

在此哲学理论基础上,形成了独特的"坐忘主静,性命双修"的道(心)性论。"道气"属自然本体的论证,"神气"属生命本体的体验。前者属"天道",后者为"人性";"心性"正是"天人合一"的"特殊载体"。"形神合一"是从"命功"视角切入,"坐忘主静"是从"性功"视角切入,此为"天人合一"的两方面,两者合一,即为"性命双修"。只有性命双修,才能达到"天人合一"。受佛教"一切众生悉有佛性"的佛性论影响,道教亦援佛入道,提出了

---

① 司马承祯:《服气精义论序》。

② 司马承祯:《天隐子·神仙章》。

③ 司马承祯:《坐忘论·得道》。

"一切众生悉有道性"的道性论。陶弘景佛道双修,其《登真隐诀》指出:

> 所论一理者,即是一切众生中清净道性。道性者,不有不无,真性常在,所以通之为道。道者有而无形,无而有情,变化不测,通于群生。在人之身为神明,所以为心也。所以教人修道也,教人修道即修心也。①

作为陶弘景三传弟子的司马承祯,继承了陶弘景和臧玄静等关于道体与心体、道性与心性,修道与修心等如一不二,亦一亦二的道教哲学理论,以及佛教天台宗"止观双运,定慧双修"的佛教哲学思想,在"形神合于有"的生命元气本体论的基础上,一是突出了"心为生本"的主体性。"心者,生之本也,神之处也";"心者,君主之官,神明出焉"②;"夫心者,一身之主,百神之帅"③。心既是精神的主体,又是万法之根源:"心源是元始,更无无上道。"④二是强调了"道为心本"的相涵性。"源其心体,以道为本"⑤;道是心之灵魂,心是道之载体。只有心与道通,才能心与道一:"要认真空色,回心向己观";"一心观一切,一切法皆同;若能如斯解,方明智慧通"。⑥ 三是明确了"坐忘得道"的双修性。得道不能"重道德之名,轻道德之行",而是"贵在能行,不在能言";因而司马承祯提出了"三戒"(简缘、无欲、静心)、"五渐"(斋戒、安处、存想、坐忘、神解)、"七阶"(信敬、断缘、收心、简事、真观、泰定、得道)的修持理论体系,通过"炼形化气、炼气成神、炼神合道",以达到"内不觉其一身,外不知乎宇宙,与道冥一"的"坐忘"境界。即通过修性养命,性命双修,以臻于"散一身为万法,混万法于一身,智照无边,形超靡极"最高境界的精神自我超越,从而发展了陶弘景"修道即修心"的道性论,形成了更高层次的"坐忘主静,性命双修"的心性论。道教南宗创始人台州张伯端禅道相融,从"心为君、神为主、意为媒、气为用、精从气"五方面,进一步深化和完善了"性命双修"的心性论。

唐代道教被视为李唐王朝家教,李渊在夺取政权后的武德八年(625)

---

① 任继愈:《中国道教史》(增订本),中国社会科学出版社2001年版,第八章引。
② 司马承祯:《服气精义论·五脏论》。
③ 司马承祯:《坐忘论·收心》。
④ 司马承祯:《太上升玄消灾护命妙经颂》。
⑤ 司马承祯:《坐忘论·收心》。
⑥ 司马承祯:《太上升玄消灾护命妙经颂》。

正式下诏宣布道教为先,儒次之,释最后,为此,道教得到空前发展。在越地,道教的庙观林立,香火日盛,天台、会稽、杭州、青田、天目、金华等著名山区都是道教修炼的重要地区,道教神仙所居之洞天福地,其中天台在道教十大洞天中居其三,黄岩委羽山洞为第二洞天,天台县赤城山玉京洞为第六洞天,仙居括苍山洞为第三洞天,其余大多列为三十六小洞天。绍兴有多处"洞天福地",会稽山为第十洞天,沃州山、天姥山、若耶溪、司马悔山分别为第十五、十六、十七和六十福地,嵊州的金庭也有毛竹洞天之称。

处州缙云的杜光庭是唐末著名的道教学者,学识渊博,精通儒道经典,注重《道德经》研究,一生著述颇丰,收入《道藏》的就有二十多种。他主张"道寓与气",在《太上老君说常清静经》中指出:"本者元也,元者道也。道包于元气〔即一〕,元气分为二仪〔即阴阳〕,二仪分为三才〔即天、地、人〕,三才分为五行〔即木、金、水、火、土〕,五行化为万物,万物者末也。人能抱元守一,归于至道,复归于根元,非返于末。"①他认为:元气如统摄于"道本体"之下,不可称为"元";只有"道寓气中",才可称为"元";气是道的内质,是其基本内容;因而"道气"既是宇宙的本体,也是生命的本体。他又指出:"道,通也;通以一气化生万物,以生物故,故谓万物之母。"②道的特性在于"通",气的特性在于"生";道是抽象的规定,气是实体的存在。因而"道气"在生命中的表现形式即是精、气、神。从顾欢的"有无相生",陶弘景、司马承祯的"道气合体",吴筠的"气先道后",到杜光庭的"道寓气中",实现了中国道教哲学的宇宙论从"外化"的"自然本体论"到"内证"的"生命本体论"的理论转变。③

杜光庭对道教的教理教义、神话传说、斋醮科仪等,进行了系统的整理和阐发,对道教的建设有过多方面的贡献。第一,将以往各种神化老子的传说系统化。在《道德真经广圣义》中,专门列释老子事迹、氏族、降生年代等内容。全面叙述了道教关于老子神奇的来历、神力、尊神的位统、世代国师的各种神话,使老子作为神道人三位一体的概念更加系统、充实和明晰,竭力树立起了老君至尊的神圣形象。

第二,对《道德经》的研究进行了总结。采撷众书之长,发扬唐玄宗御

---

① 杜光庭:《太上老君说常清静经》。
② 杜光庭:《道德真经广圣义·释御疏序下》。
③ 参见李大华:《生命存在与境界超越》,上海文化出版社2001年版,第17页。

注主旨，纂成《道德真经广圣义》50卷，论述了《道德经》产生的时代及历史背景；对以往诸家《道德经》注释进行了总结和条分缕析；对以往诸家《道德经》诠疏笺注进行了比较考察，在概括了各家意向和宗旨后，提出了自己的看法。将孔孟之道与老君之道统一起来，提出"修道即修心，修心即修道"的主张，并形成了儒释道三教合一的思想，强调以无欲、无为、无事、谦下、守柔、积德、崇善去恶、曲己求全等为理国治身的基本思想。

第三，从神仙实有、仙道多途和历代崇道等方面展开了对道教信仰的宣传。值得注意的是，杜光庭在论证仙道多途时，将那些尘世积功累德、行善施乐、忠臣孝子、贞夫烈女和心不忘道、勤苦独修等人，均说成其行为可以感动太上，其死后可以进入神仙之列，表现出强烈的融儒入道色彩。这不仅是对传统道教神仙思想的发展，而且更利于道教世俗化，从而更利于道教的广泛传播和发展。

第四，对斋醮科仪进行了修订。把修订后的道门科教，署名收入《正统道藏》的就有十余种200卷，其中主要为关于金箓斋、神咒斋、阅箓仪、释表仪等仪礼规制，并将传统的斋戒思想与道门戒律相结合，设立了道场戒约，以约束参与道场的道士，保证道场斋仪的神圣性。

随着越地经济的发展并日益成为全国最富庶的地区，宋代以后越地的道教庙观香火繁盛，传播十分广泛，越地的道教学者和道士都占有十分重要的地位。其中天台的紫阳山人张伯端自幼善道，累试功名不成，访求大道，熙宁八年(1075)作《悟真篇》，以诗词形式论述内丹，主张"先命后性，性命双修"，以人体为鼎炉，以人体内精、气为药物，运用神去烧炼，达到精气神的合一。此书为古代气功学与道教南宗的主要经典，《四库全书总目》卷一四六说："是书专明金丹之要，与魏伯阳的《周易参同契》并推为道教正宗。"平阳人林灵真，专力研究经纬史传及方外之书，舍宅，对灵宝斋醮科仪书进行整理增补，编纂成道书《大成天经》36卷，在灵宝派基础上，发展成为东华道派。

四、越地文人在儒释道合流中的地位和作用

中国自东汉佛教传入后，儒释道三教在中国思想史上，一方面相互吸

收、相互融合;一方面又互相批评、互相驳难,这种局面持续了八九百年之久。而斗争孕育了平和,排斥趋向于融合,从中国历史发展的实际情况来看,儒、释、道三教相互吸收,相互靠拢,多于相互排斥,相互斗争。如"儒释一家"、"三教同源"的思想,从魏晋之后,一直占有令人瞩目的重要地位,宋明时期的"理学"(又称"道学")就是儒、释、道三教合流的结果。

儒释道的合流始于魏晋南北朝。西汉初年推崇的是黄老,但很少将老庄并称,老庄并称流行于魏晋时期,其原因是当士人远离政治中心,情愿或不情愿地被政治边缘化时,庄子的那种宁肯"曳尾于涂中"而不愿"留骨而贵"的姿态,很容易引起他们精神上的共鸣。庄子的齐物观念、超然物外的思想,逍遥濠水之上的生活态度等,为士人的边缘状态提供了肯定性解释的基础:远离世事、淡泊宁静的生活值得肯定,这是一种有意义的生活。他们终于在《庄子》中找到了思想上的依据,找到了精神上的支柱。魏晋时期,传统的经学仍是土著士人热衷的对象,而道教、佛教的传播发展,在意识形态上出现了以儒学为主体的传统文化与外来文化佛教间既斗争又融合的局面。传统的儒家思想、老庄思想对传入的佛教产生影响,使之成为中国式的佛教。佛教"六家七宗"中,就具有儒学、玄学的思想和语言。同时围绕沙门要不要跪拜王者、神灭与神不灭、夷夏优劣等命题,开展激烈的辩论。一时思辨之风盛行,越地士人是辩论的重要参与者。如徐伯珍,"征士沈俨造膝谈论,申以素交。吴郡顾欢摘出《尚书》滞义,伯珍训答其有条理,儒者宗之"。这样一位受当时儒者所宗的名士,亦佛亦道,"好释氏、老庄,兼明道术"①。

由南朝宋、齐时道教思想家顾欢的《夷夏论》而掀起的夷夏之辨,是儒释道合流中的一大事件。顾欢前半生治儒学,晚年崇奉道教,是上清派的信奉者和重要传人。夷夏问题春秋时期已经提出,孔子在《春秋》中主张尊王攘夷,在《论语》中主张用夏变夷,到汉武帝罢黜百家、独尊儒术之后,严夷夏之分的看法,已为一般社会所接受。东晋、南朝之际,夷夏问题因佛教的传播引起纷争,当时不少出家为僧者改为竺、支等原为天竺、大月氏人的胡姓。少时受过道教熏陶,长大又信佛教的谢灵运认为夷夏之分系渐、顿之分,所著《辨宗论》主旨是:渐与顿之辨为夷夏之辨。认为:

---

① 《南齐书》卷五十四《列传》第35,《南史》卷七十六《列传》第66《隐逸下》。

华民易于见理，难于受教，故闭其累而开其一极。夷人易于受教，难于见理，故闭其顿了，而开其渐悟。渐悟虽可至，昧顿了之实，一极虽知寄，绝累学之翼。良由华人悟理无渐，而诬道无学；夷人悟理有学，而诬道有渐。①

当时僧俗之间的斗争，主要围绕拜不拜王者展开，诚如陈寅恪所揭示的："现象上是僧俗的区别，实质上是夷夏的区别。"②随着本土道教的发展和势力的增强，严夷夏之分的儒家学说又变成了儒、道两家共同反对外来佛教的武器，特别是道教反对佛教尤为激烈。"佛、道二家，立教既异，学者互相非毁"③，顾欢是在这样的背景下掀起一场夷夏之辨。顾欢见佛、道二家互相非毁，欲辩其是与非，于是作《夷夏论》，以论二家的是非、优劣。表面上虽然主张孔、老、佛同为圣人，而实际上却坚执夷夏界限来排斥佛教。他说道教是产生于华夏的圣教，佛教则是出于西戎的戎法。虽然二教皆可化俗，但只能各自适应于自己的国家。他指出，产生于西戎的佛法，有些思想是与中国的礼教不相容的。他认为佛教"下弃妻孥，上废宗祀。嗜欲之物，皆以礼伸；孝敬之典，独以法屈。悖礼犯顺，曾莫之觉。弱丧忘归，执识其旧？"意即对一切鸟兽虫蚁，皆以慈悲为怀，不得伤害，而唯独对父母不存孝敬之心，这怎能让它在华夏传播呢？因此，他问："舍华效夷，义将安取？若夷道邪？道固符合矣。若夷俗邪？俗则将大乖矣。"④此论立即遭到佛教徒及其信仰者的强烈反对，纷纷著文反驳，形成一场规模颇大的佛道之争。首先是化名"通公"的南朝宋司徒袁粲著文，曰佛祖诞降在老子之先，且道教与佛教一为入世，一为出世，无所谓"同源一致"。而且在人生最后的结局方面，佛优于道。虽中西风俗殊异，也并不妨碍佛教的传播，亦不会导致混乱。继袁粲之后，其他佛教徒也纷纷发表议论，反驳顾欢，有些言辞尤为激烈，除宣称孔、老皆为佛的弟子外，还极力贬斥道教的服饰、方术和斋醮仪式的鄙陋。接着又有道士发表《三破论》指斥佛家，语言刻毒，于是佛教徒又作《析三破论》、《辩惑论》等群起反击，二教的相互谩骂，一时达到白热化的程度。这些争论虽然各执一词，但客观上起到了从互相了解到融合的

---

① 谢灵运：《辨宗论答法勖问》，《全宋书》卷三十二。
② 万绳楠整理：《陈寅恪魏晋南北朝史演讲录》，黄山书社 1987 年版，第 344 页。
③ 《南齐书》卷五十四。
④ 同上。

作用。

　　禅宗是完全中国化了的佛教宗派,以其不立文字、直指心源的简易直捷之性格契合于中国文化之心灵,故自其成立之初即形成风吹草偃之势。值得重视的是,东晋之般若学实际上是以与玄学的义理融会为基本特色的,而会稽一带则正为其时的玄学中心,支道林、竺道潜、竺道壹等高僧,既为当时般若学大家,亦为玄学名家,而般若与玄学之义理的交相融摄,在本质上正代表了佛教之中国化的努力。到南北朝晚期,智顗大师创立天台宗,再次代表了对于南北不同学风的兼摄涵融,并且亦代表了佛教之中国化过程的基本完成,中国佛教自此进入宗派时期。当佛教基本完成其本身的中国化,实现了其自身形态的历史性转换以后,教内人士亦多倡导儒佛道之统一,且往往吸取儒道二家之义理以弘扬佛理。

　　宋明理学的形成是佛道向儒学渗透的结果。理学是哲学化的儒学,其中渗透了佛教和道教的思辨方法和认识方法。北宋时期,学术思想领域出现了新的情况,其首要表现为经学笺注的没落。与此同时,经过唐朝佛教诸大宗派的创立与发展,佛学思想开始向学术思想领域渗透。其中,华严宗和禅宗的影响最为显著。周敦颐的《爱莲说》显然与佛教莲花自性清净说有关。朱熹的理学思想,反映了华严宗的印迹,其《中庸章句》的《序说》脱胎于华严宗的理事说,而又自云出于程颐。陆九渊的心学思想,明显地接受了禅宗的影响。同时,出现了佛学与儒经的比附。如释契嵩的《镡津文集》,竟以佛子而作《中庸解》、《皇极论》,又作《原教》、《孝论》,以明儒释之道一贯。道教思想的渗透虽然不如佛学深刻,但影响也是十分明显。《先天图》、《河图》、《洛书》、《太极图》的传授,均出自道教。周敦颐的《太极图·易说》和邵雍的天根、月窟说,都受到了道教的影响。朱熹著《参同契考异》,是明显地关心研究道教的经典。在儒释道的合流中,理学不仅在本体方面走上了三种思想体系互相融合的道路,而且在认识论、人性论、性理修养和范畴使用等方面,也都汲取了佛学和道家不少的东西。正是由于汲取了佛学、道教和其他哲学思想的一些思想资料、思维结构形式,理学才成为一个继先秦诸子、两汉经学、魏晋玄学、隋唐佛学之后的思辨性较强而又集古代唯心主义之大成的思想体系,并被确立为封建王朝的统治思想长达七百年之久,对中国的历史产生了极其重要的影响。

　　在越地学者中,明初的宋濂对佛、道的研究造诣颇深,在当时的佛教界、道教界有很高的声誉。宋濂不但在儒言儒,在佛言佛,在道言道,而且援儒道入佛,援儒佛入道,显示出三教合一的思想特点。

宋濂撰写过众多佛学文章,据统计《四部丛刊》本《宋学士文集》75卷910篇文章中,佛塔铭、佛偈赞、僧人语录序跋、寺庙碑记等达133篇,如将其涉及禅宗思想的文章计入,则有关佛教的文章比重将更大。有人认为宋濂迷恋佛教不是一个纯儒,其实他迷恋佛教但不沉溺其中,是从佛教回到理学,其立足点与归宿点仍然是六经。这在宋代以来的理学家中已成为一个传统,如朱熹对禅宗就很有兴趣,曾说:

> 今之不为禅者,只是未曾到那深处,才到深处,定走入禅去也。①

宋濂研究佛教的目的不是为了做一个虔诚的佛教徒或佛学家,而是为了找到佛、儒的共同点,也即为了在佛典中找到能为其"内圣外王"理想服务的内容。

他对佛、儒宗旨的把握也是十分准确的:"西方圣人以一大事因缘出现于世,无非觉悟群迷,出离苦轮。中国圣人受天眷命,为亿兆生民主,无非化民成俗,而跻于仁寿之城。"②儒家讲"存心养性",佛家讲"明心见性",东鲁、西竺二圣人,"其心同其理"③。宋濂用理学家心学派的眼光看佛典,认为佛家"明心见性"之说与心学相契合。明太祖受宋濂讲解佛典的影响,认为诸侯、卿大夫学习佛典,可以"禁邪思、绝贪欲",成为贤人君子。④ 他在修养功夫上找到了理学与禅宗的共同点,认为禅宗的主要哲学基础是《楞伽经》,其追求的终极真理、精神境界是"如来藏",也即寂静。禅宗中"心学"一支,具有"不假修证,现前成佛"的特点,主张"主静"说的宋濂在此处找到了契合点。

宋濂在幼年就受到道教的影响,开始用道教吐纳法养生健体,对道教产生了兴趣。他曾一度入山为道,这固然与他不乐为元朝所用的遁世思想有关,但与他从小受到道教熏陶有着很大关系。入明后,宋濂广交明廷扶持和利用的正一教及其他教派道士,精研各派教义、教旨,其道教思想具有和合道教各派的显著特征。如他在"性"和"命"的问题上,就主张和合道教

---

① 《朱子语类》卷六《性理三·仁义礼智等名义》。
② 《宋学士文集》卷四十七《金刚般若经新解序》。
③ 《宋学士文集》卷二十九《夹注辅教编序》。
④ 参见《宋学士文集》卷四十五《新刻楞伽经序》。

南北二宗的思想。"性"和"命"是道教的内丹名词,修性即修心,修命即修术。当时全真教创始人王喆主张先修性后修命,金丹派南宗张伯端则主张先修命后修性。宋濂不同意将修性和修命"岐而二之",而主张"双体双用双修双证"。其方法就是"守一处和"①。他认为,能做到"守一",就不会纷纷不定(即"杂");能做到"处和",就不会参差不齐(即"戾")。这个说法是融合了道教各派的特点,是一种新的见解。这种兼容还表现在采纳"名氏不落于声利之场,心迹不属乎荣辱之境"②、淡泊荣利的态度;采用"致虚极、守静笃"的修炼方法③,吸取以道"治世""度世"的"入世"精神④等等。

宋濂的道教思想还融通了儒、佛精神,表现在,第一,认为道教与儒、佛一样能为明王朝服务,可以用他们"颂国祚于无穷"⑤。第二,认为三教教义有相合之处,道教教义与儒家经典相符。第三,提倡援儒入道,主张儒家易学与道教思想相互为用,以魏伯阳的《周易参同契》为例,说明"易老相为用"由来已久。第四,主张三教归一,要以儒家为本。他以儒家思想否认道教的长生不死说,认为人的思想、精神不死是可以做到的,圣贤豪杰之士的思想、事业可以名垂青史,与天地同在,这胜于道教的长生不死。而对于道教中那种"左道"惑众等消极因素严加区别,特别对以"左道"迷惑帝王,使其沉湎方术、希求长生、贻误朝政的方士十分痛恨。

阳明心学与佛道的相契被古今的学者广泛认同。对阳明心学与佛道关系的深入探究,有学者认为,讨论禅学与阳明心学之思想和方法上的可通约性,似不必拘束于王氏经历与文字。实际上,就人生哲学意境、心性学说内核、修道体段功夫、冥悟契合与简易直捷之方式而言,二者之同大于二者之异。要之,禅学本即儒释道合一的心性论。王阳明及后学借助禅理、禅机,实为思想史发展之固然。禅宗无修无证、无念无著之禅机,彰显了人的主体性和个体性,其高峰体悟的创意、截断众流的爆发力,其自身即佛、随时体道、当下解脱的禅观禅法,启导了王阳明。在外王学上,即社会政事、社会文化建构方面,阳明心学与禅学有着较大差别。但要注意的是,禅

---

① 《宋学士文集》卷二十八《述玄——为张道士作》。
② 《宋学士文集》卷十八《卢龙清隐记》。
③ 参见《宋学士文集》卷三十九《送许从善学道还闽南序》。
④ 参见《宋学士文集》卷十八《卢龙清隐记》。
⑤ 《宋学士文集》卷二十六《赠浩然子叙引》。

学并非不讲社会参与。

也有学者认为,阳明心学受道教内丹影响较深,其思想的实质是道体儒用。在他的影响下,心学的一大批弟子和传人,如王畿、罗洪先、朱得之、胡直、蒋信、王宗沐、方与时、罗汝芳、陆澄、王嘉秀、萧惠等均修炼内丹并以内丹学思想来证心学。"良知"虽源于孟子,但后来并不只是儒家独有,道教中也有。良知本体是天理之全,心体自足,天理俱在,不假外求。这个思想,金代全真教北宗创始人王重阳类似地说过。阳明用太虚对良知本体的描述,与王重阳对道本体的描述很接近。道教修道的三要素是精、气、神,王阳明也把这搬进儒家来,用以解释良知本体的"妙用"、"流行"和"凝聚"。道家所主张的智慧洞悉而不为外物所累的本体境界,与王阳明的良知本体没有本质差别。但道家、道教只管自己的养生,佛教遗弃社会人伦,这是儒与佛道的区别。王阳明认为,养生以清心寡欲为根本,寡欲则心自清,但清心不是独居求静,不管人事,而是以不变应万变的养心功夫,这是王阳明站在儒家立场上对道教修心之术的改造。

也有学者从晚明佛教与阳明心学关联的角度分析了明末儒佛交融、沟通、互变的历史进程。认为两者大致上表现为对话的而非对抗的、存同求异的而非全然拒斥的学术交往。正是这一相对平等的对话性的学术环境为晚明佛教复兴造就了可遇不可求的良机。同时阳明心学经由再传弟子的吸纳发挥,也使当时佛教有可能较为充分地理解认识阳明心学的思想演进,从而能够在辨析其思想衍变、义理歧异的基础上,提出一些具有针对性的辨论,并进一步调整深化儒佛之间的义理沟通,从而展现出晚明佛教复兴思潮中亦儒亦佛、儒佛俱显的思想特质。正是晚明佛教真知说与阳明良知说的相似结构,使晚明佛教对阳明学说充满好感,从而促进了阳明心学的分化与流变,并对明末儒佛合流思潮产生了深刻影响。如果说宋儒德性修养工夫导致了中国佛教智慧解脱落归现实人间的转向,那么阳明心学的致良知教则更使晚明佛教的修正解脱转向现实人间的道德关怀,从而进一步表现出晚明佛教现实经世的思想取向。有的学者还指出,王阳明并未撰写关于《周易》的专著,但是《周易》一书对于他无论是在生活上或学问上,都曾提供过重要的资源,发生过重要的影响。根据王阳明自述,他读《易》的心路历程,有所谓"未得"、"得之"及"玩之"三个阶段。他带着疑虑的眼光走入易学领域,继而对于易理有所解悟,进而爱乐习玩、揣摩参详之余,终于触类旁通,彻悟易道。于是"精义入神以致用","利用安身以崇德",《周易》义理进入了阳明生命中,成为他为学成德的重要资源。王阳明在《周易》中所把握到的要旨:"体立而用行",与其学说中的核心思想——体用一源、致良知等,都有密切关系。王阳明的读易方法,也运用在他对其他书籍的研读上。这就使他能在广泛的知识领域中,取精用宏,以成就其盛德大业,为儒家由内圣而外王、合外内之道立一典范。

明以后,阳明心学的反对者视王学为禅学,如陈建便认为:"阳明于禅学,卷舒适用熟矣。朱子尝谓陆子静却成一部禅,愚谓阳明亦成一部禅矣。"①一些阳明心学的拥护者如刘宗周也认为:"古之为儒者孔孟而已矣,一传而为程朱,再传而阳明子,人或以为近于禅。即古之为佛者释迦而已矣,一变而为五宗禅,再变而为阳明禅。"②今人葛兆光也认为:"在王阳明那里,'性善'论与禅宗的'本心清净'论是合二为一了,……禅宗的'直指本心'的简便方式披上了儒家的冠冕衮衣,还取了名叫'致良知',就像南宗禅的简易工夫击败了北宗的繁琐方式一样,直接明了的王氏心学逐渐取代了步步推进、格物致知的程朱理学。"③

从于越民族的原始宗教信仰到越地先人对佛、道宗教思想发展的推动,再到推进儒释道的合流,越人为中华民族的宗教思想留下了极为丰富的思想资料,发挥了极其重要的作用。

① 陈建:《学蔀通辩》卷九《续编下》。
② 《刘子全书》卷十九。
③ 葛兆光:《禅宗与中国文化》,上海人民出版社 1986 年版,第 70 页。

第五章 越地宗教思想的理论贡献

第六章　越地伦理思想的流变

　　在中国传统的人文社会科学中,伦理道德思想占据着极其重要的位置,是学术思想的重要组成部分,在越文化的发展史上也是如此。从纵向看,越地的伦理思想在两千多年的流变中始终保持着积极探索、理性思考的一贯性,对传统社会的重大伦理关系提出有价值的主张。从横向看,越地的伦理思想既有与中华文化整体一致性的一面,又集中地反映出独特性的一面,构成了伦理思想史上个性鲜明的思想成就。

一、在道德核心价值观上与中华文化的一致性

　　中国传统社会是一个泛道德主义的社会,在这个社会中,任何个人的言论或行为都严格地受道德价值的制约与牵制。因此无论是探讨整体的中华文化还是区域文化,都不能忽视伦理道德的价值和作用。

　　中国的伦理思想在先秦商周已经开始了其发展的历程,春秋战国时

期,伦理思想的探讨也进入了百家争鸣的局面,围绕着道德作用、道德本原、人性与人的本质、义利之辨、道德准则、道德评价、道德修养等各种理论问题的探讨,出现了儒、墨、道、法等诸子伦理思想。秦亡汉兴,推行"罢黜百家,独尊儒术"的政策,儒家伦理思想作为封建"名教"的意识形态成为封建统治思想的正统,董仲舒的伦理思想是儒家伦理思想之成为封建正统思想的第一形态。① 随着东汉末年的社会动荡和王充等的批判,名教独尊的地位出现危机,魏晋玄学开展了名教与自然关系的讨论,受到了嵇康"越名教而任自然"等思想的冲击,继而儒释道三家的争斗和合流,伦理思想出现了新的发展趋势,为宋明理学及其伦理思想的产生开辟了道路。宋明理学对以往儒家的人性论、义利观、修养论等思想作了总结和发展,进一步把道德观与本体论、认识论融为一体,使儒家伦理思想具备了完整的思辨形态并基本定型。此时,理学内部存在着以张载、王廷相为代表的"气本派"、以程朱为代表的"理本派"和以陆九渊、王阳明为代表的"心本派"的分歧,在外部存在着理学与反理学之争,围绕着"义利—利欲"之辨而展开,南宋浙东学派的"功利之学"在伦理学上独树一帜。明末清初的"天崩地解",促使进步思想家面对严酷现实,批判理学的伦理思想,形成了中国的启蒙思潮。

近代以前的"文化中国"或"文化中华",是以孔孟程朱陆王的儒家道德为普遍价值的。在这两千多年中,无论天下的分合、王朝的兴替、政局的改变、外族的进退乃至佛道的消长,儒家的伦理道德思想作为社会的主流价值地位没有受到过根本性的冲击,一直牢牢处在核心地位而主宰着中国传统社会的道德风气与人心所向。由于越地学人所从事的学术研究都是以儒家经典为基本依据,并始终以儒林一分子的身份立足于传播自己的思想,因此,在其道德核心价值观上与中华文化保持着一致性。

1. 他们都是以推行德政,实现德治,维护封建王权统治为根本目的

德治是传统社会知识分子的政治期待,他们强调统治者的内在修养和道德人格在政治实践中的重要作用,注重对人们进行伦理道德的教化,主张对人民施德政、仁政,反对严刑峻法、虐政和暴政。"德政"是指顺民意、得民心的政令和政绩。如三国时魏臣高堂隆上疏:"夫'皇天无亲,惟德是

---

① 参见朱贻庭主编:《中国传统伦理思想史》,华东师范大学出版社1994年版,第19—20页。

辅'。民诵德政,则延期过历,下有怨叹,掇录授能。"《佩文韵府》引《诗·周颂谱》言:"太平之时,人民和乐,呕歌吟咏,而作颂者,皆人君德政之所致也。"由此可见德政主要指统治者的道德节操。

关于殷周时期的德治德政,王国维有过一段精彩的论述:

> 周之制度典礼,乃道德之器械。而尊尊、亲亲、贤贤、男女有别四者之结体也,此之谓"民彝"。《康诰》曰:"勿用非谋非彝"。《召诰》曰:"其惟王勿以小民淫用非彝"。非彝者,礼之所去,刑之所加也。《康诰》曰:"凡民自得罪,寇攘奸宄,杀越人于货,愍不畏死,罔不憝"。又曰:"元恶大憝,矧惟不孝不友,子弗祗服其父事,大伤其考心,于父不能字其子,乃疾厥子;于弟弗念天显,乃弗克恭厥兄;兄亦不念鞠子哀,大不友于弟。惟吊兹,不于我政人得罪。天惟与我民彝大泯乱,曰:乃其由速,文王作罚,刑兹无赦"。此周公诰康叔治殷民之道,殷人之刑,惟寇攘奸宄。而周人之刑则并及不孝不友。故曰"惟吊兹,不与我政人得罪"。又曰:"乃其速由,文王作罚"。其重民彝也如此。是周制刑之意,亦本于德治礼治之大经,其所以致太平与刑措者,盖可观也。①

以德治达到社会的小康和大同,《礼记》是这样论述的:"大道之行也,天下为公,选贤与能,讲信修睦。故人不独亲其亲,不独子其子。使老有所终,壮有所用,幼有所长。矜寡孤独废疾者,皆有所养。男有分,女有归。货恶其弃于地也,不必藏于己;力恶其不出于身也,不必为己。是故谋闭而不兴,盗窃乱贼而不作。故外户而不闭。是谓大同。今大道既隐,天下为家。各亲其亲,各子其子,货力为己。大人世及以为礼,城郭沟池以为固,礼义以为纪,以正君臣,以笃父子,以睦兄弟,以和夫妇,以设制度,以立田里,以贤勇知,以功为己。是故谋用是作而兵由此起,禹、汤、文、武、成王、周公由此其选也。此六君子者,未有不谨于礼者也。以著其义,以考其信,著有过,刑仁讲让,示民有常。如有不由此者,在势者去,众以为殃。是谓小康。"②

越地学者在他们的从政实践和理论思考中都把德治和德政作为自己

---

① 《观堂集林·殷周制度论》,中华书局 1999 年版,第 475 页。
② 《礼记·礼运篇》。

的政治理想。王充认为统治者关心人民、爱护人民,使人民安居乐业,就是道德高尚的表现。吕祖谦认为统治者只有乐民之所乐,忧民之所忧,民才会乐君之所乐,忧君之所忧。平时受君之恩惠,届时就会"赴死地以答其赐"①。四明学派重视心的作用,也就是重视人的道德观念和道德行为。他们不空谈学问,着重于德性的实践,连朱熹都认为"游陆氏之门者多践履之士"。叶适的理想境界是"民与君为一","君既养民,又教民,然后治民"。②

明初,刘基在其著作《郁离子》中阐述了自己的"德治"思想。施德政、得民心是刘基治国思想的核心,也是他建功立业的思想理论依据。他的政治伦理观较多地体现了民本思想。首先,用国、民关系替代君、民关系,强调"国不自富,民足则富"。虽然封建社会国与君是等同的,但在论述中强调的侧重点不同,也反映出一定的思想倾向性。在元明鼎革的动荡时期,刘基常"以天下苍生忧戚为忧喜","慨怀黎民忧,妄意古人企"。③ 其次,提出"以德养民"的德治社会理想,"以德养民,则四方之贤望风而慕"④。其三,对待农民起义的矛盾态度。一方面从封建正统思想出发,主张"法当究其源,翦锄去根荄"。另一方面对农民起义的原因能进行客观的推究,认为"人情各畏死,谁能坐捐身",起义是被逼至生活的绝境而以生命为代价的冒险。逼良为娼的祸首是贪婪不法的官吏,因此起义"其咎在官府"⑤,是官逼民反。

王阳明继承和发挥了孔子为政以德的德治思想,在他那里,德与政是内外一体的关系,有其德才有其善政。故要行善政,首先执政者必须修德,另一方面修德又必须通过善政来进行。他认为:"从古有治人无治法。"⑥ "君子之政,不必专于法,要在宜于人;君子之教,不必泥于古,要在入于善。"⑦也就是说,立政治民,重要的是要有道德高尚的人当政,而不在于制定严密的法网。在他看来,德治之所以重要,原因在于"法立弊生",而"人存政举"。并以兴教化、美风俗作为实现为政以德的主要举措。

① 《东莱博议》卷二《齐鲁战长勺》。
② 《水心别集》卷二。
③ 《诚意伯文集》卷十三《北上感怀》。
④ 《诚意伯文集》卷八《拟连珠》。
⑤ 《诚意伯文集》卷十三《感时述事》。
⑥ 《王阳明全集》卷三十二《武经七书评》。
⑦ 《王阳明全集》卷二十三《重修月潭寺建公馆记》。

越文化通论

第六章 越地伦理思想的流变

传统社会是将德治和仁政具体化为以忠孝治理国家,忠孝是中国人几千年来的社会伦理道德。恩格斯说:"亲属关系在一切蒙昧民族和野蛮民族的社会制度中起着决定作用。"①人类进入文明社会,血缘关系的作用仍然维持着,中国从氏族社会进入文明社会后较多地保留了原来的意识形态,宗法观念的强大成为中国伦理传统的一大特色。孝是中国传统道德的灵魂,但随着春秋战国的争霸混战,仅仅依靠血缘关系和宗法制度已经难以继续维护原来的统治了,所谓忠的道德(主要是忠君的道德要求)越来越成为维护统治秩序的重要手段。由忠孝为主干构成的道德规范成为中国社会的君臣、个人与国家、家庭之中的社会关系模式。忠孝伦理几千年来在确定中国人的道德规范、调整人们之间的相互关系、维护社会秩序和政治与社会稳定等方面起了积极的作用。它的消极作用是以权力和血缘关系代替法制,使中国长期不能形成依法治国的制度。盲目的忠孝也限制了人们思想的发展与创新,阻碍了生产力的发展。

按照西方伦理思想的界定,忠是公德,孝是私德。梁启超指出中西方伦理学之差别的一个重要方面,即中国伦理是重私德而轻公德,亦即重家庭伦理而轻社会伦理和国家伦理;而西方伦理则比较完整,相比之下,更看重社会伦理和国家伦理,亦即公德重于私德。他这样定义这两个概念:人人独善其身者谓之私德,人人相善其群者谓之公德。②

以孝事父母,既是私德,也是公德之始、之本。先王有至德要道,以顺天下,民用和睦,上下无怨。"夫孝,德之本也,教之所由生也。""夫孝,始于事亲,中于事君,终于立身。"③孝从其起源来看,有三层含义:一是慎终追远,表示对祖先神的敬仰和祈求,义近祭祀,以求通过对共同祖先的祈求,调整家族成员之间的关系。二是对父母的赡养义务,儒《尚书》说:"用孝养厥父母",孟子说:"不顾父母之养,一不孝也。"三是对父母或长辈的顺从与尊敬,如"子夏问孝,子曰:色难",指的就是对父母要和颜悦色。吕祖谦是将孝视为"仁之本",子女要无条件地孝敬父母,谓:"孝敬之心无间断,随遇

---

① 恩格斯:《家庭、私有制和国家的起源》,《马克思恩格斯选集》第 4 卷,人民出版社 1995 年第 2 版,第 25 页。

② 参见梁启超:《论公德》,《饮冰室合集·专集》第 3 册第 4 卷。

③ 《孝经·开宗明义章第一》。

随起。"①王阳明对孝道有着极高的评价："孝,人之性也。置之而塞乎天地,溥之而横乎四海,施之后世而无朝夕。"②认为孝不仅仅使父母无忧,更在于养志,"孝莫大乎养志"③,贤子女应首先以承父母之志为孝,成贤成圣是最大的孝。在论述忠孝关系时,提出忠只是孝的扩大,"欺君者不忠,忘父者不孝。世固未有不孝于父而能忠于其君者也"④,但在事实上,中国两千多年的封建社会里,面临忠与孝的两难选择时,更倾向于以忠为大孝,尽忠报国是最高的价值选择。

忠是吕祖谦伦理道德观的核心,提倡臣必须绝对地忠于君主。即使遇到残暴不仁之君,他的观点是:"君臣本非论施报之地,君虽不仁,臣不可以不忠,父虽不慈,子不可以不孝。此天下之常理。"⑤在此基础上,进而提出了"君臣之际本非较曲直之地",人臣之职分就是忠君事君;人臣之忠诚不仅表现在太平时节对君主的恭敬顺从,尤其是在天下大乱,君主处于生死存亡的危急关头,也要恪守臣道,不能对君主有失礼之举;尽忠王事不唯是人臣的职分所在,更是君子为人的基本信条;为臣当恪守正道,即去讽谏君主,感化君主,"然下之感上,须守其正,臣之感君,须戒于顺"⑥等命题。而刘基在论述君臣关系上,逾越"君为臣纲"的定论,直接继承先秦儒家"事道不事君"的思想,认为应该"以道事君"才是大忠⑦,对后世傅山、黄宗羲等人思想的形成具有重大影响。

崇尚气节是中华民族优良的道德传统,也是越文化的重要组成部分。气节在古籍中称名节、节操、德操、志节等。它是指个人在做人处事上的原则性和道德上、政治上的坚定性。它要求人们不论是处于顺境或逆境,都始终保持自己的操守,特别是在危难之际、生死存亡关头,重大考验面前,更应保持自己的操守。古代的文人虽然有这样那样的缺点乃至缺陷,但他们是社会的良心,是民族的脊梁。每当社会黑暗的时候,往往是他们率先奋起抗争,每当民族危亡的关头,也往往是他们率先奋起拯救。甚至可以

---

① 《吕东莱文集》卷十六《礼记说》。
② 《王阳明全集》卷二十八《书宋孝子朱寿昌孙教读源卷》。
③ 《王阳明全集》卷二十二《恩寿双庆诗后序》。
④ 《王阳明全集》卷十三《乞便道归省疏》。
⑤ 《吕东莱文集》卷十八《孟子说》。
⑥ 《吕东莱文集》卷十二《易说·临》。
⑦ 参见《诚意伯文集》卷十九《春秋明经·齐仲孙来齐高子来盟》。

说,没有中国古代文人,就没有中国传统文化,甚至没有中华民族。正直强硬和敢为天下先,恐怕是中国古代文人的两大传统特点。鲁迅说:"我们从古以来,就有埋头苦干的人,有拼命硬干的人,有为民请命的人,有舍身求法的人,……虽是等于为帝王将相作家谱的所谓'正史',也往往掩不住他们的光耀,这就是中国的脊梁。"①一大批越地先贤著名学者在民族危亡的紧要关头往往选择大义凛然,尽忠守节。当一个民族或国家遭遇外敌入侵或生死存亡的重大关头,对这个民族或国家的每一个成员来说都是一个严峻的考验,是奋起反抗,维护民族的独立和国家的尊严,还是苟且偷生,屈服淫威,就会表现出两种截然不同的生死观。穷不失义,达不失道,是他们对待荣辱功名富贵贫穷问题上的基本态度。

2. 他们都以养成儒家所推崇的理想人格为道德修养的根本目标

先秦以来儒家的理想人格是圣人,在孔子看来,圣人必须是在道德修养上尽善尽美,又具有人间的最高统治权力,造福社会,恩泽于民,具有盖世之伟绩,即所谓内圣外王。而在孟子那里,"圣人,人伦之至也"②,仅仅是人类伦理道德的完美实践者和表率,与孔子所赞誉的"君子"相对应。由此产生了"道统"和"王统"相分离的问题,也造成了程朱理学和事功学派之间的对立。越地学者十分重视提高自身的道德修养,提倡培养"以圣人为准"的理想人格,虽然由于知识背景和学术素养的不同,在理想人格的具体内涵上各有侧重,但都体现着志存高远的向往。

吕祖谦在论述理想人格时强调的只是主观道德的完整,而对"外王"则很少论及,甚至故意回避,其理由是"已博施于民而能济众"已经超出了理想人格追求的内容,已经成为圣人者之功用。进而认为以什么样的人为人生之楷模,是每个追求理想人格者首先要妥善解决的问题,绝不能等闲视之,这就要求毫无条件地"以圣人为准的,步步踏实"③,理由是人的本性虽然相同,但由于各人平时所追随仿效的对象不同,造成实际生活中有善人与恶人的区别,"人之性本同,一有所随,便分善恶,如尧之朝舜、禹为善人之家,共、鲧为恶人之主"④。他再从"人之性本同"的逻辑引申开去,得出

---

① 《鲁迅全集》第6卷,人民文学出版社2005年版,第122页。
② 《孟子·离娄上》。
③ 《吕东莱文集》卷二十《杂说》。
④ 《吕东莱文集》卷十二《易说随》。

的结论是：圣人能够做到的事情，常人也一定能够做到，圣人可以达到的道德境界，自己也一定会达到。

在人格理想的追求上，陈亮与程朱理学是针锋相对的。这种对立集中在关于成人之辨上，朱熹以为成人之道，必以圣人为标准，以"醇儒之道自律"，即人格的理想是在自我德性之充分体认的前提下实现对人性固有之善的终极还原，只有这种道德的完善，才是本质意义上的"成人"。而在陈亮看来，理想的人格乃是智仁勇之达德兼具于一身的超世迈往之才，是具有"推倒一世之智勇，开拓万古之心胸"的英雄豪杰之士。他认为醇儒无法真正贯通内圣外王之道，实现道德与事功的统一，在他看来，个体的道德修养若不能转化为治国平天下的事功，显然是无的放矢。故"成人之道"即在造就有真才实干的人物，要"当得世界轻重有无"，而不仅在于一己之道德的醇谨而已。

由此可见，两人争论的焦点在于是做一个"正心诚意"、"存理灭欲"的"醇儒"，还是做一个"才德双全，智勇仁义交出而并见者"的成人，"有救时之志，除乱之功"的英雄。朱熹劝陈亮"绌去义利双行，王霸并用之说，而从事于惩忿窒欲、迁善改过之事，粹然以醇儒之道自律"①。对此，陈亮的回答是："……亮以为学者，学为成人，而儒者亦一门户中之大者耳。秘书〔朱熹〕不教以成人之道，而教以醇儒自律，岂揣其分量则止于此乎？不然，亮犹有遗恨也。"②朱熹据此攻击陈亮是"粗豪"，明代的李贽为陈亮抱不平说："堂堂朱夫子，反以章句绳亮，粗豪目亮，悲夫！士惟患不粗豪耳，有粗有豪，耳然后真精细出矣；不然，皆假也。"③

谦谦君子，狂者胸次，圣人气象，是王阳明对理想人格内涵的形象表达。追求道德上的自觉与自愿相统一，成为谦谦君子，"君子之当行则行，当止则止，致其良知，以求自慊"。狂狷在部分儒家那里是行不掩言的个性张扬和远大志向。王阳明以狂者自喻，信手行去，不着些覆藏，行不掩言，凸显出特立独行的独立品格和自主性。他是以乡愿为对照物来区别狂者的，乡愿能以忠信廉洁见取于君子，也能以同流合污无忤于小人，而狂者志存古人，一切纷嚣俗染，举不足以累其心。他以为唯先做狂者，才有可能入

---

① 《朱文公文集》卷三十六《与陈同甫书四》。
② 《陈亮集·又甲辰秋书》。
③ 李贽：《藏书·名臣传·陈亮传》。

于圣域,如果连狂者都达不到,又谈何成圣? 狂是一种洒落,从心所欲而不逾,敬畏不妨碍狂,敬畏是独处时不放纵自己。他所追求的圣人气象,是一体之仁的境界,"夫圣人之心,以天地万物为一体,其视天下之人,无外内远近。凡有血气,皆其昆弟赤子之亲,莫不欲安全而教养之,以遂其万物一体之念"①。

黄宗羲心目中的理想人格是能"经纬天地,建功立业"的豪杰,是充满反抗精神的战士。他所向往的豪杰人格,首先是有能爱民仁民的高尚道德,他认为一个豪杰应以为民办事、解民之困为最高理想,"志仁者从民生起见"②,为万民而忧乐。二是能匡时而救世,"古今无无事功之仁义,亦无不根于仁义之事功"③。三是应富有强烈的创造精神,学莫先于立志,立志则为豪杰,不立志则为凡民。

近代的龚自珍也是以陈亮"推倒一世之智勇"的豪杰为其追求的目标,否定圣人的理想人格。在他心目中的豪杰具有丰富的内涵,首先是来源社会阶层广泛的平民化的豪杰,包括"古先册书,圣智心肝,人功精英,百工魁杰";其次是善创造的能独自探求古代语言文章之法的士是豪杰,那些最先开创各自手工行业的工匠也是豪杰;其三是具有独立不羁品格的是豪杰,包括那些以"心之力""报大仇,医大病,解大难,谋大事,学大道"的都是;其四是在时势最需要他们的时候能有所作为的,即所谓"君子所大者生也,所大乎其生者时也"④。

3. 他们都强调道德修养的方法和路径

重视修身,是中国传统伦理的一大特色。虽然不同的历史阶段、不同的学派和学者强调修身的侧重点不同,如阳明心学与程朱理学在道德修养的方法和路径上存在着巨大的落差,但重视修身这一点是共同的。

嵇康以"无措"来应对名教的虚伪化。东汉以来存在着一种尚名之风,即通过道德修养而获得美名的风尚,追求道德上的完美逐渐成为普遍的风气。这虽然有利于激励士人砥砺名节,与人为善,但也造成刻意矫情,过分做作的弊端。对此,嵇康提出以"无措"应对:"夫君称子者:心无措乎是非,

① 《王阳明全集》卷二《传习录中·答顾东桥书》。
② 《孟子·师说》。
③ 《黄宗羲全集》第10册,《国勋倪君墓铭志》。
④ 《龚自珍全集》上册,上海人民出版社1975年版,第172、15—16页。

而行不违乎道者也。"只有"矜尚不存乎心,故能越名教而任自然;情不系于所欲,故能审贵贱而通物情。物情顺通,故大道无违;越名任心,故是非无措也。是故言君子,则以无措为主,以物通为美。言小人,则以匿情为非,以违道为阙"①。他认为,仅仅以名教的是非标准来衡量人们的行为,往往给虚伪的贪名者可乘之机,因此,社会还必须确立公私标准,以防止名教的虚伪化。因为矜尚的原因在于他担心别人认为他有私心偏爱,对通常的是非标准有所考虑,有所计算,即是有措"是非",但又能公开自己的真实想法,并非想利用自己的善行而获得名声,其行为又属于"无措"。所以嵇康的结论是:"第五伦有非而能显,不可谓不公也。所显是非,不可谓有措也。"值得注意的是,嵇康将是非公私结合起来考察人的行为,充分考虑到了道德行为的复杂性。

对人格的提升,嵇康也十分重视人生的立志,"人无志,非人也"②,把"志"作为做人的核心标准。志的特征在于"守",即始终守望着意愿的目标,倾听着来自远方的召唤,时时激发朝着目标方向前进的热情和动力:"若志之所之,则口与心誓,死守无贰。耻躬不逮,期于必济。"守信的原因不在惧怕没有实现承诺而受到惩罚,而是守信者的本性就是如此;他按照自己的天性去做,不愿放弃最初的意愿。这个执著的意愿是朝着善的方向,"君子用心,所欲准行,自当量其善者,必须议而后动"。这样就能够做到"越名教而任自然"、"审贵贱而通物情",即达到"行不违乎道"的境界。

探究"致圣之方"是追求成人成圣者共同关注的话题,吕祖谦曾有过系统的阐述。他认为能够致圣,一要"立志弘毅",弘即心胸宽广,有此,就有容人之雅量,不会强悍粗暴地处理人际关系。毅即刚正不阿,坚忍不拔,有此,就不会因为客观环境之险恶而降低对自己道德完备的要求,也不会对以圣人自期的理想人格的追求而半途而废。"若欲成天下之大事,立天下之大节,非有决断之志者必至于疾惫危厉而后已。"③要实现自身的最大价值,就必须保持自己的远大志向,"以立志为先",只要像孟子那样,始终以圣人的标准激励自己,天下就没有自己"不可为之事",也就没有自己达不到的境界,否则就是自暴自弃,自甘下流。二要历经忧患,不耻恶衣恶食。

---

① 《嵇康集》卷六《释私论》。
② 《嵇康集》卷十《家戒》。
③ 《吕东莱文集》卷十三《易说通》。

受孟子"天之将降大任于是人也,必先苦其心志,劳其筋骨,饿其体肤空乏其身,行拂乱其所为所以动心忍性,曾益其所不能"思想的启迪,提出"小大成绩皆是患难中得"的命题,认为"忧患艰难方是天大成就处"①,草木必须经受得起雪与霜的摧残,才能显示出其旺盛的生命力,金子只有经受了千锤百炼之后,方能更加精纯。同样道理,人也只有饱尝忧患,历经艰难,才能掌握驾驭人生的本领,培养起崇高的人格。这里他特别强调:"能恶衣恶食在众人中不愧,方可。"②生活中有这样一些人,面对斧钺加身能临危不惧,面对"流矢在前,白刃在后"的环境能安之若泰,却不能忍受长期艰苦生活的折磨,吃不得粗茶淡饭,住不得简室陋居,因羡慕物质享受而"变其所守",甚至背叛自己原先的信念。三要乐天知命。认为真正的仁人君子不是在改变自身命运的基础上成就自己的理想人格,而是在服从命运的前提下,增进自己的道德修养。凡是有志于成为圣人者,都应该像成汤、文王、孔孟一样,在受到不公正对待时"乐天安命,安常处顺"。认为以改变自己的命运为手段来"遂其志"者,其志决不是什么恢宏远大之志,也决不是正人君子之所当为。四要守正。认为凡是符合封建道理的就是"正",反之则是"邪",与其背离封建主义道理"有所得",则不如坚守封建主义立场"终无所得"。五要思齐内省,改过为善。

程朱理学强调道德原则对于个人和社会的意义,注重内心生活和精神修养。在他们那里,将"天理"作为社会道德规范的源头,伦理规范从而具有了本体论意义,因而在现实生活中,遵守"三纲五常",按照儒家的伦理规范生活,是理所当然的事情了。在他们那里,格物穷理以成德是基本路径,即所谓的"道问学"。而阳明心学则紧扣道德意识的自觉性和实践性,将儒家道德建立在简易的理论基础之上,认为人心之灵就是良知,良知即是天理,故不可在良知之外求天理,天地万物也是从良知中产生并在良知中发育流行,即所谓的"尊德性"。在王阳明看来,"理"是道德之源,是社会秩序之根底,这无疑是正当的,社会堕落的原因不是"理"的不正当,而是由于"人心"的不正当。"天下不治"主要是因为人的行为与天理脱节,天理作为规范成了虚设,游离于人的日常生活,而"此皆由学术误人之故"③。他在

---

① 《吕东莱文集》卷十八《孟子说》。
② 《吕东莱文集》卷二十《杂说》。
③ 《王阳明全集》卷三十五《年谱三》。

多处强调由于"理学不明"、"学术不明"导致"风教不振"、"人心陷溺"。

王阳明与陆九渊在重视"尊德性"上是一致的,共同反对程朱学派的"道问学",但在知行关系的认知上,却要分别言之。陆九渊在知行次序问题上和程朱持相同的观点,同样认为知先行后,虽然在"知行"孰轻孰重的问题上是针锋相对的,甚至说即使不识字,也仍然可做一个堂堂正正的人,一个有道德的人。王阳明曾婉转地批评前辈陆九渊在知行学说上见识平庸,"未精一处,不可掩也"①。认为"知先行后"说有分"知行"为两截的倾向,明确主张知行合一。认为朱熹的问题在于将人心与天理分而论之,认为理在心外,故而主张向外求知,然后付诸行动。而在他看来,心就是理,心外无理,所以根本无须向外求理,"知是心之本体,心自然会知,见父自然行孝,见兄自然知弟,见孺子入井自然知恻隐,此便是良知,不假外求"②。既然心与理合而为一,那么本心之知就意味着行动,而行动就是真知,"知之真切笃实处即是行,行之明觉精察处即是知"③,从道德修养论的角度说,与即工夫即本体、即知即行的"知行合一"说相应,阳明学说可以用"致良知"三字概括。他认为,作为本体的良知有被私欲蒙蔽的可能,因此需要在日常生活中做"致良知"工夫。致良知,一方面指人应扩充自己的良知,扩充到极限;另一方面是指把良知所知之是非善恶,用以指导实际生活,用心于为善去恶的道德实践。针对王阳明知行合一说中存在的知行混淆不清的问题,王夫之提出"知行相资以为用"的知行观。

从刘宗周的"证人"之说到陈确的"完人"之说,重视道德修养工夫达到了一个新的高度。《人谱》是刘宗周诚意慎独之学的进一步落实,可以说是儒家修养方法最为详备和慎密的理论体系。刘宗周作《人谱》,是希望通过心性的实证实修,使先验道德理性在经验意识和日常言行中呈现。刘宗周从三个层次来完成"证人",一是"人极图说"从人学本体论的高度论证人之所以为人的至善本质;二是"证人要旨"从正面论述人的至善本质在后天经验意识和人生实践中呈现和展开的工夫次第;三是"纪过格"、"讼过法"、"改过说"等从反面陈述道德修养之必要性和迁善改过,惩忿窒欲之工夫要领。既希冀以道德自律的自觉,来挽救放纵的心灵,也重视用外在的记录

---

① 《王阳明全集》卷六《答友人问》。
② 《王阳明全集》卷一《传习录上》。
③ 《王阳明全集》卷二《传习录中》。

来监督自己的行为,在自觉之上加以外在的约束,由此产生了证人会、省过会等组织。

明代著名学者、宁海方孝孺则是极力拓展理学的心性修养方法。理学十分强调心性修养的方法,其中周敦颐是"主静派"的代表人物,而二程则是主敬说的开拓者,朱熹对"敬"又作了全面的发展。方孝孺认为近世先儒立言,或著述,或讲学,以朱熹最有影响,所以他极为推崇朱熹的学说。他说:

> 宋乾道、淳熙后,大贤君子之风而悦之,重道德,尚名节,褒衣危巾,讲论性命,言行必本乎礼义,闾巷之间,弦诵之声相接。……人不知学已,为学以宋之君子为师,而欲达诸古,犹面善而趋,而欲适乎海也。乾淳之学,莫盛于朱子,博文以致其知,主敬以笃其行,而审于义理之辨。①

在朱熹"立志"、"居敬"、"存养"、"省察"等方法中,以"居敬"为关键。其弟子曾概括他的"居敬说"为:"其为学也,穷理以致其知,反躬以践其实,无以察义理之归;躬行不从敬,则怠惰放肆,无以致义理之实,持敬之方,莫弦主一。"②方孝孺推崇"居敬说",进而确立自己的"主敬立诚"说,以此来排除心中的一切物欲。通过修养自心,达到道德上的自我完善,才能安人安百姓。即使是圣人,也是用"诚"心,尽力去做,治理天下,以仁义之德来尽物之性,使之尽其用;以智慧去力行实践,使它体现出来。以"敬"和"诚",达到天下为公、大公无私的治道。至于一般人,就是以"善"存养其心,努力去学习圣人的言行。在方孝孺的修养论中,为达到"天人合一"的境界,"主敬"最终必须落到"立诚",唯有"立诚"才能"卓为天民"。即以"主敬立诚"为始,以"卓为天民"为终,这是方孝孺修养方法的要旨所在。

同时方孝孺还吸收了周敦颐的"主静说",并有独到的见解。他引用周敦颐的"动而无静,静而无动,物也。动而无动,静而无静,神也"的思想,说明运动和静止既是互相排斥的,运动时没有静止,静止时没有运动,也是相互包含,相互渗透的,并把这一思想应用于处理本体论和修养论的动静问题上。在方孝孺的观念中,人是宇宙间最具灵秀的"气"构成的,这种由灵

---

① 方孝孺:《逊志斋集》卷十《赠卢信道序》。
② 王懋竑:《朱子年谱》卷四,商务印书馆丛书集成初编本,第231页。

秀之气构成的形体具有知觉能力和思维能力,由此也就自然有了善与恶。人心有动静之别,当人心"静"时,仁义礼智信存乎人心,这就是"人之心,五性具焉"。"五性具"是善。但当人与外界接触,与外部事物相遇时,本性决定思维活动作出反应,人心动矣。这动静之间,"及乎既发,则七情动矣",可能就有了恶。就周敦颐的认识来说,性本来没有恶,但到了"几动于彼,诚动于此"的"几"的状态时就有善恶①,此处的"几"指的是从"五性感动"到"神发知矣"的中间环节,即未发与已发之际。方孝孺认为人的"性"在"及乎既发"之际往往会受到"情"的牵动,而"不能无欲也",恶也就自然有了。② 解决这种动静之间的人欲之恶,主要靠"主静"的修养方法,通过"主静"的修养方法即可达到"仁义中正"的圣人道德标准。这样就能洞察天人之间深奥的微妙关系,在任何情势下,皆能做到"虽动犹不动耳"。

二、义利并重是越文化道德追求的重要特色

在道德价值观上与中华文化的一致性,只是越地伦理思想的一个侧面,由于越地文化的特殊性,必然在道德追求上表现出自己的个性特征。在普遍反对利欲追求的大环境中,始终高举义利并重的旗帜,彰显了越地思想界在伦理思想上的浓厚特色。

越国句践开创霸业的策略,王充疾虚妄的哲学思想和嵇康"越名教而任自然"的伦理思想对越地后人的影响是深远的,为后来义利并重思想的形成开辟了道路。嵇康的伦理思想集中地反映在《释私论》、《与山巨源绝交书》、《难自然好学论》、《养生论》、《答难养生论》等著述中,公开提出要摆脱名教的束缚(越名教),与当时的著名玄学学者王弼主张的"名教本于自然"相对应。嵇康从人性的自然清欲论出发,开展对名教的批判,认为"人之真性,无为正当",犹如"鸟不聚以求驯,兽不群而求畜"一样,人性也不要求任何外力的束缚,而统治者造立名教恰恰违反了人的真性。"造立仁义,以婴其心;制为名分,以检其外;劝学讲文,以神其教,故六经纷错,百

---

① 参见《周敦颐集》卷二《通书思第九》。
② 参见方孝孺:《逊志斋集》卷四《周礼辨疑三》。

家繁炽,开荣利之塗,故奔骛而不觉。"①所谓"越名教而任自然",就是要摆脱六经、仁义、礼律的束缚,使人回到本性自然的状态。接着他把矛头指向名教所推崇的"圣人",公开声称自己是:"轻贱唐虞,而笑大禹"②,"非汤武而薄周孔"③。虽然鲁迅强调这是正话反说,因为魏晋统治者"所谓崇奉礼教,是用以自利",他们提倡"以孝治天下",目的在于剪除异己,实现篡代。"于是老实人以为如此利用,亵渎了礼教,不平之极,无计可施,激而变成不谈礼教,不信礼教,甚至于反对礼教——但其实不过是态度,至于他们的本心,恐怕倒是相信礼教,当作宝贝,比曹操、司马懿要迂执得多。"④但对思考义利关系开启了新的通道,尽管嵇康自己没有意识到,并走入了追求"意足"的精神满足的路子。

宋明时期的理学伦理思想,实现了儒释道的合流,出现了与已往儒家伦理思想不同的特点。如周敦颐的《太极图》就渊源于道教,张载、程朱都"出入于老释"甚久,然后才"返而求之六经",无论在宇宙观、道德本源论,还是人性论、"理欲"观、修养论方面,都直接或间接地打上了佛道的烙印。

义利理欲之辨是当时理学和功利之学在伦理思想上交锋的焦点。随着儒释道的合流,义利之辨成为中国伦理思想史上的一个基本问题。理学家在"正义不谋利"的基础上,进一步把义与利对立起来,并发展成为"义利理欲"之辨,"存天理,灭人欲"是理学中"理本派"和"心本派"的共同纲领,朱熹说:"圣贤千言万语,只是教人明天理,灭人欲。"⑤王阳明也说:"圣人述六经,只是要正人心,只是要存天理,去人欲。"⑥重义轻利的道德价值观使人们不能正确对待合理的物质要求和对生活福利的追求,在这种道德观的束缚下,人们的需要被漠视,社会的本能被扭曲,国家的贫困被保护,造成一种越远离物质利益,品格和道德越高尚的虚假道德形象。

在越地学者中坚守理学义利观的典型人物是方孝孺。方孝孺的义利观远承孔、孟、荀,近接周、程、朱,并进一步把它推向了极端。他更强调敦

---

① 《嵇康集》卷七《难自然好学论》。
② 《嵇康集》卷三《卜疑集》。
③ 《嵇康集》卷二《与山巨源绝交书》。
④ 鲁迅:《魏晋风度及文章与药及酒之关系》,《鲁迅全集》第3卷,人民文学出版社2005年版,第535页。
⑤ 《朱子语类》卷十二《学六》。
⑥ 《王阳明全集》卷一《传习录上》。

尚品节,所以是"择义在我,圣亦可企,勿谓古之人吾不敢至"①。因此,他在义利观上一是强调去利取义。方孝孺一生清贫,但他对高官厚禄,从不羡慕。他说道:"汉儒为公卿者多矣,公孙弘之宠禄终身,韦贤之父子相继,孔光、胡广之寿考,皆当时所指说称颂,以为善保富贵者,千载之后,虽庸人孺子皆知轻贱之。"②认为"禄位高乎人者,可以耀一时,而不足以传百世",只有"道德备乎身者,可以传千古"。原因在于道德学问之士,往往为浊世所不容,或不为当权者所赏识,因此,常常"不足为贵"甚至遭遇窘迫。他以董仲舒为例,只有坚守"明义轻利"的精神境界,才能成为"圣贤之徒"。二是主张"申君臣之义"。君臣之义的要旨就是忠,认为建文即位,朱棣起兵,犯上作乱,即是不明君臣之义,违背了君臣之义,是为利蒙住了义所致,不齿于世。应该"扶天理而诛人伪"③,"人伪"是他对人欲的一种说法。强调一个人要做到无非分之想,甚至为义赴难,皆不难;难的是要能利国家而安社稷,这才是臣子之义的真谛。"大臣之义,守死非难也。死而利国家安社稷为难。"④

实际上,任何道德都不能脱离功利,它必是以一定的物质利益为基础,实行道德、道义与功利的统一。李觏始倡有宋一代功利主义思潮,主张义利统一,肯定利欲"可言"。南宋陈亮、叶适是事功学派的典型代表。

重义轻利,道德之鹄在义不在利,善恶之别在心不在迹,此乃中国传统道德价值系统中非常重要的内容。重义轻利,就是重视仁义或道义,重视一个人的行为要与道义、道德相符合,而不计较功利或物质利益,认为这是划分君子与小人的重要道德标准。在孔子看来有道德修养的人不能像小人那样汲汲追求物质利益,而要用毕生精力去"谋道"。汉代董仲舒提出"正谊不谋利,明道不计功",叶适认为这样的说法"初看极好,细看全疏阔。古人以利与人,而不自居其功,故道义光明。既无功利,则道义乃无用之虚语耳"。所以叶适讲究"功利之学",反对传统的"重本抑末",主张"通商惠工,以国家之力扶持商贾,流通货币"⑤。

---

① 方孝孺:《逊志斋集》卷一《明义》。
② 方孝孺:《逊志斋集》卷十五《希董堂记》。
③ 方孝孺:《逊志斋集》卷二《释统上》。
④ 方孝孺:《逊志斋集》卷二《萧懿》。
⑤ 叶适:《习学记言》。

陈亮的伦理思想,首先强调人道存于人事的道德观。坚决反对把仁义道德和实事功利对立起来,反对重义轻利或舍利求义,认为道德和功利是统一的,提出以功利为衡量道德价值标准。"禹无功,何以成六府?乾无利,何以具四德?"①他在《上孝宗皇帝第一书》中说:"人才以用而见其能否,安坐而能者,不足恃也;兵食以用而见其盈虚,安坐而盈者,不足恃也。"也就是说仁义道德离不开搞好国计民生,关心民间疾苦,道德修养不能徒事空谈,而要通过实事实功来体现,仁义道德不在事功之外,而是在事功之中,即"道在事中"。道在事中,也就是义在利中;道离不开事,也就是义利不分,利既是义之和,也是义之本,义利在本质上是统一的。如陈傅良所言:"功到成处便是有德,事到济处便是有理,此同甫之说也。"②朱熹把陈亮的这些思想概括为"义利双行,王霸并用",但在骨子里把陈亮列为只讲功利的异端另类。这样的道德标准与朱熹的"性命之学"所追求的"不谋其利,不计其功","只向义边做"的"皆谈性命而辟功利"学说是针锋相对的。③陈亮对此深恶痛绝,他说:"自道德性命之说一兴",一些只会死啃书本而不解其义的无能之辈,就专搞所谓"端悫静深",修身养性。"为士者耻言文章行义,而曰尽心知性,居官者耻言政事书判,以尽废天下之实,则亦终于百事不理而已。"④从陈亮的众多论述中可见,他所说的功利,主要是指当时抗金、复土、"救时"、"除乱"的社会功利,既不是指人与人关系上的他利,也不是指个人的私利,而是与利己、利他的功利主义有别的"社会功利主义"。

陈亮提出的动机与效果相统一的思想,在道德评价中强调效果而不否定动机,也与程朱理学相对立。朱熹以其动机论崇扬三代而贬薄汉唐,三代之所以"得天理之正",就在于当时圣人的动机是"天理"、"道心"没有人欲私意。而汉唐之君虽能建立国家,传世久远,得以成其功,但"察其心","其所以为之田地根本者,则固未免乎利欲之私也",即"无一念之不出于人欲也",由此反对以成败论是非。而陈亮以为把动机与效果对立起来是一偏之见,两者是感应一理的,汉唐既获小康之功,说明刘邦、李世民之心并

---

① 黄宗羲等:《宋元学案》卷五十六。
② 同上。
③ 同上。
④ 《陈亮集·送吴允成运干序》。

越地学术思想论

通论 越文化

非一无是处。至于利欲之心，"亮以为才有人心便有许多不净洁，《革》道止于革面，亦有不尽概圣人之心者"①。并以先儒的思想来批驳朱熹的动机论，认为孔子是以"一匡天下，民到于今受其赐"的功用许管仲以"仁"的，程颐的解释符合孔子原意，说明"心"与"迹"——动机与效果是统一的（不曾判），而朱熹的思想"仁人明其道不计其功"背离了孔子的思想。

事实上儒家历来讲的是"内圣外王之道"，但随着理学家们的演绎，在道德追求上变成了只讲内圣不讲外王的偏颇。《宋元学案》的记载是："当乾道、淳熙间，朱〔熹〕张〔栻〕吕〔祖谦〕陆〔九渊〕皆谈性命而辟功利，学者各守其师说，截然不可侵犯。陈同甫崛起其旁，独以为不然。"在《送吴元成序》中对这种现象开展了批判："为上者耻言文章行义，而曰尽心知性；居官者耻言政事书判，而曰学道爱人。相蒙相欺，以尽废天下之实，则亦终于百事不理而已。"韦政通曾对此有过深刻的评说：

> 不论是南宋或清初，重视事功的思想家，在一定程度上都与理学家对立，水心甚至与整个的孔子传统为敌。……这种现象实反映着儒学传统中的一个大问题，这个问题的核心，是要求如何解决外王的问题。理学家们，不管对心对行的了解有何不同，他们对外王问题比较忽视，是一无可争辩的实事。……所谓外王，就是圣德的功化，这是道德的理想主义的看法，不但在现实政治中无法落实，孔、孟、荀在这方面的努力也是失败的。②

在理欲义利关系上，吕祖谦没有像其他理学家那样将"天理"与"人欲"绝对对立起来，而是认为在一定条件下，"天理"和"人欲"是统一的，是同一事物的两个侧面，各有各的功用，所谓"同体异用"。主张"天理在人欲中未尝须臾离开"，因此要取正确认识两者之间所应该掌握的分寸。但在进一步的引申中走向了谬误，认为社会上的物质利益无论在什么时候都不可能满足所有人的物质欲望，如果大家都要满足自己的物欲，势必引起争夺，由此得出"天下最损无如忿与欲"的结论，认为人之物欲是天下最可怕的"仇寇"，它对人类的危害实在酷烈无比。在分析义利关系上，吕祖谦一方面推崇"正其义不谋其利，明其道不计其功"为"吾儒之本指"，另一方面又强调

---

① 《陈亮集·又乙巳春书》。
② 韦政通：《中国思想史》下册，上海书店出版社 2003 年版，第 840 页。

"不合分利义为两涂"①,受到当世事功学派的影响。

在理与欲的关系上,事功主义形成了基本一致的与程朱理学相反的观点。首先,论证了人的物欲的合理性,提出了自己的自然人性论。叶适认为物欲是人的自然本性,并无善恶之分,也是不能禁绝的,但他以封建伦理纲常为标准,以受封建道德制约的不同程度,将物欲分为三个等次,即能将私欲自然地"止之于心"而不见诸行动是上等,私欲虽见诸行动,但能以"仁义礼乐"来克服它为其次,在舆论压力下能改过自新的又其次。此外,是完全置道德于不顾而自暴自弃的人,对他们只能以刑罚来治之。② 提出"六欲皆得其宜"是全生,"六欲分得其宜"是亏生,"六欲莫得其宜"是迫生的观点,把欲和道统一了起来。③ 陈亮说:"人为何为,为其有欲。欲也必争,惟曰不足。"④并进而分析人人生而有各种欲求,声色臭味是人之所欲,富贵尊荣是人之所愿,这是人们的天性,具有不可违抗性,因之也可以说是"天命"。满足了人们的天性,也就顺遂了人们的天命,从而实现了最大的天理。这样从逻辑上否定了把追求物质利益看成是违背人性的罪恶的观点,肯定了满足人的基本欲求的合理性。指出,"灭人欲"之类的主张不符合人的天性,会造成"人道有缺",认为:"万物皆备于我,而一人之身,百工之所为具。天下岂有身外之事,而性外之物哉! 百骸九窍具而为人,然而不可以赤立也。必有衣焉以衣之,则衣非外物也;必有食焉以食之,而食非外物也。……有一不具,则人道为有缺,是具吾身而弃之也。"⑤由此证明人是不能自外于物的,人是无法离开基本的物质生活条件的,如果人们的心里没有那些欲望,再好的道德家也无法顺着它去诱导人们遵循道德规范。在陈亮看来,物质利益的追求作为人的自然禀赋表现为人的自然性存在的自然需要,道德准则的奉行作为人的自然禀赋表现为人的社会性存在的当然天职。陈亮的这种思想被明代的李贽所继承和发展,即所谓"穿衣吃饭便是人伦物理"。这种自然主义伦理观,对于肯定人欲的合理性,破除对人的欲望的否定性理解,进而在理学盛行的宋明时代确立自己独树一帜的新伦理

---

① 《吕东莱文集》卷十二《易说乾》。
② 参见《水心别集》卷五。
③ 参见叶适:《习学记言序言》卷十六。
④ 《陈亮集·刘和卿墓志铭》。
⑤ 《陈亮集·问答下》。

观,具有十分重要的意义和价值。

其次,肯定了人欲的普遍性。朱熹基于天理人欲两相对立的基本立场,主张"至若论其本然之妙,则惟有天理而无人欲,是以圣人之教,必欲其尽去人欲,而复全天理也"①。并把人类划分为圣凡两品,把历史分割三代以上与三代以下两截,认为尧舜禹是无私无欲的圣人,他们所在三代也是唯一实现了天理克服人欲的理想世界,而社会历史中的一般人只是充满私欲的凡人,三代以下只是私欲横行的"黑漆漆世界"。对此,陈亮反驳说:

> 秘书以为三代以前,都无利欲,都无要富贵底人。……亮以为才有人心便有许多不净洁。革道止于革面,亦有不尽概圣人之心者。……秘书亦何忍见二千年间世界涂涴,而光明宝藏独数儒者自得之,更待其"有时"而若符合节乎?②

提出了"心无常泯,法无常废"的命题,肯定了社会历史是一个具有连续性的发展过程,其中人也具有一些普遍一致的人心、人性,不可能截然断裂为"心不泯、法不废"的时代和"心常泯、法常废"的时代。

再次,主张"适欲",对人欲也要适当限制。陈亮认识到,人毕竟不是动物式的个体存在,并不能仅仅满足于物欲的需求,更不应该一味地追求更多的物欲满足。如果"不度其力,无财而欲以为悦,不得而欲以悦,使天下冒冒焉惟美好之是趋,惟争夺之是务,以至于丧身而不悔"③。因此,人的物质欲望及其道德情感,都应有道德的准则予以限制。

在明末清初,随着工商业的发展和市民阶层的形成,传统的道德价值观在东南沿海地区最先受到冲击。嘉靖万历年间,在长江三角洲和沿海商品经济发达地区的丝纺织业中,出现了"机户出资,机工出力"的资本主义雇佣关系,出现了由商业资本转化为产业资本的包买大商。弃农业而经工商者日增,"昔日逐末之人尚少,今去农而改业工商者,三倍于前矣"④,甚至出现了士大夫商人化的倾向,"由今日观之,吴松士大夫工商,不可不谓

---

① 《朱子全书》第 21 册,上海古籍出版社 2003 年版。
② 《陈亮集·又乙巳秋书》。
③ 《陈亮集·问答下》。
④ 何良俊:《四友斋丛说》。

众矣"①。"吴人以织作为业,即士大夫家多以纺织求利,其俗勤啬好殖以故富庶。"②这表明市民阶层已经作为一支新兴的力量登上了历史舞台。一批进步的思想家最先感受到这种时代的变迁和进步,同时他们从明王朝的危机和最终衰亡的历史教训中,从清统治者利用程朱理学实行思想文化专制的严酷现实中,认识到了宋明理学对社会和民族造成的祸害,从而对宋明理学进行了批判总结,形成了伦理道德观上的启蒙思潮。

在价值观上,进一步发展了宋代的功利主义学说,出现了"经商亦是善业"的呼声,产生了"商贾亦何鄙之有",并以得利多少为"重轻"的社会心理。"志于货利者,惟知有货利而已,奉天下之物无以易吾之货利。"③特别是在义利理欲之辨上强调"人欲"的自然合理性。在人性论上肯定"人各自私","人各自利",把满足天下人的利益称之为"公利",并由此提出了君必须为天下人之"公利"服务的"天下为主,君为客"的崭新命题。最后对所谓君为臣纲的君臣之义进行了实质性的批判。

黄宗羲从"工商皆本"入手,从理论上实现了对追求利益的正名。黄宗羲的"工商皆本"论是对传统价值观的颠覆。"重本抑末"是秦汉以来千古如斯地为人们所接受的观念,黄宗羲对其进行了强烈的批判。"世儒不察,以工商为末,妄议抑之。夫工固圣王之所欲来,商又使其愿出于途者,盖皆本也"④,成为第一个从理论上否定传统价值观的学者。他认为活生的人都是有欲望的,欲望的产生,是出于对人的需要的满足,是对物质和精神的一种渴求,所以"有生之初,人各自私也,人各自利也",已经蕴涵了近代的意识。黄宗羲并在此基础上进一步提出:"然则为天下之大害者,君而已矣。向使无君,人各得自私也,人各得自利也。"

明清之际绍兴师爷现象的出现,也改变了学而优则仕、读书只为做官的价值追求,师爷的行业明确表示出逐利的倾向性,为了生存,为了养家糊口去读书,然后去应聘官府的幕僚。

越地存在着队伍庞大的商人阶层和手工业者,他们的职业是以求利为目的,但是他们为了求得生存和发展,又必须恪守职业道德,主要有:一是

---

① 何良俊:《四友斋丛说》。
② 于慎行:《谷山笔麈》卷四。
③ 《刘子全书》卷八。
④ 黄宗羲:《明夷待访录·财计三》。

勤劳节俭。工匠属于下层劳动人民,都具有吃苦耐劳,勤俭节约的美德。二是技术求精。不耻求师问学,刻苦钻研技艺,这既是一切工匠赖以谋生的基本条件,也是工匠道德的基本要求。三是以技致富,家业世传与技术精益求精的道德要求的贯彻,使工匠们父子相传的技艺越益精致,物勒工名的伦理责任制,有利于转化为技能道德荣誉和商业道德荣誉,名匠就有可能利用这种荣誉发家致富。四是技术保密,以技致富的伦理机制是技术保密,即关键性的制作技能决不向外人泄露。

三、在伦理思想上更加关注道德实践

不尚空谈、注重实践、讲求实效、追求经世致用是越文化的一个基本特点,表现在伦理道德思想中就是关注道德实践。重视道德教化的作用和注重自身道德理想的践行,是关注道德实践的两大方面。

重视道德教化既体现在从政活动中,也体现在讲学过程中。

越地学者在从政活动中一方面反复规劝朝廷必须实施德政,以各种不同的方式批评统治者的失德行为。吕祖谦、王阳明等把"养君之德"、正君之心视为治国的根本,吕祖谦强调为了使君主能接纳进谏者的善言,必须做到诚至、理明、辞达、气平,且要行取重于君,言取信于君,同时还要有恕君之心,即要有容忍君主一时不明事理而不能纳谏的度量。王阳明以自劾方式谏君以正君,他面对明代最荒唐的君主武宗,多次以自劾不职而谏的迂回方式规劝武宗,如在《自劾不职以明圣治事疏》自劾有三大罪状,正德十五年又上疏自劾四大罪状,进行讽谏;刘宗周为扶忠节道德于不坠,指陈时弊,弹劾阉党,直言忤旨,以致三次被革职罢官。

另一方面在自己的履行职守时身体力行,勤勉王事,表现出高尚的道德操守。吕祖谦把"清"、"慎"、"勤"作为"所以持身"的为官之道,认为"出仕者"廉洁而不嗜利、贪财,这是持身于充满倾轧旋涡的封建官场的要求,而且还要谨慎处世,小心从事,"当官既自廉洁,又须关防小人。……以防中伤。不可不至谨,不可不详知也"①。勤是尽可能将职分之内的事做好,

---

① 《吕东莱文集》卷十《舍人官箴》。

否则即为"旷职"。王阳明努力实践民为邦本的理论,在从政中要求部属"视下民如已子,处民事如家事,使德泽垂于一方"①,自己也为急救民困以弭灾变而为民请命获罪于朝廷。刘宗周被认为是当时极少数正直无私的人,拒贿赂,纠邪官,且无情自劾,洁身自好,努力振扬风纪。

越地学者在讲学过程中,始终把道德教化作为根本目的和最终目标。王阳明提出:"古之教者,教以人伦"②,他完全把立教兴学的目的归于明人伦,认为这还是儒学与禅学的主要区别,为了实现这个目的,还强调身教重于言教,以明人伦为宗旨的教育,主要不是理论教育,而是实践教育,他对教师的身体力行有严格的要求:庄敬自持,外内若一,施教之道,在胜己私,黩义黩利,辨析毫厘,毋忽其细,慎独谨微,毋事于言,以身先之,教不由诚,日唯自欺等等。

王充以练丝为例说明道德教化的重要性,"染之蓝则青,染之丹则赤",人之性也由于教育的不同可变善变恶。对一个人来说,只要"教导以学,渐渍以德,亦将日有仁义之操"③,强调治国者应该重视教育,发挥教育在"治国化民"中的作用。

吕祖谦坚持"德教为本",认为对于有志于学的人,首先应该具备"忠信"之心。同样也认为道德教育仅在书本上探索是不够的,重要的是在日常生活中认真践履,只有"日夕检点",才能有所长进。他在制定学规中十分强调封建道德情操修养,主张摈弃"不修士检,乡论不齿者";开除"亲在别居","侵扰公私"、"游荡不检"者,并通报在籍之学生等。针对当时世事艰难、风俗浇薄的局面,认为只有重视教化,才能达到整饬风化、严肃纲纪的目的。

明初,以宋濂、刘基为代表的儒士文人,富有匡时济世的责任感,他们直面元朝以来汉族文化深受冲击、礼乐崩溃和元末大动乱后世道沦丧的沉重社会现实,以建设新社会、新秩序、新伦理为己任。在他们的文学思想和作品中十分注重道德教化。宋濂素以"道德之儒"、"君子之儒"自居,慨然以教化天下为己任。为诗文,主张"明道"、"立教"、"辅俗化民"。刘基的

---

① 《王阳明全集》卷三十《行浔州府抚恤新民牌》。
② 《王阳明全集》卷二《训蒙大意示教读刘伯颂等》。
③ 王充:《论衡·率性》。

思想也大致相近,主张为文"明道","文以理为主","理不明,为虚文"。①
宋濂强调以儒家的思想规范行为,分清善恶是非的界限。德育的内容突出
"忠义"思想,强调"尽瘁报国"、"以忠贞佐国家"②,忠于国家,为国效力。

注重自身道德理想的践行,是关注道德实践的又一个重要方面。

要培养高尚的道德情操,不在于读多少圣贤书,而是要注重生活实践。
注重道德践行,从对自身的道德要求、道德实践目标和道德行为上得到了
体现。

一是表现在对自己有明确的道德要求并努力遵循。

吕祖谦在如何处理人际关系上强调一要责己不责人,关键在于加强自
身的道德修养。做一个堂堂正正的人,自然能得到社会的接纳,如果认为
别人"容他不得",究其原因在于他本人"资质薄、志趣狭",因此,一个人在
社会生活中碰到了麻烦,就应该主动检点自己主观道德上的缺憾,在任何
时候都应"反求诸己",而不是"求诸外"。二要在交友中坚持"直"、"谅"、
"多闻"三原则。"凡人之取友必须端正,然后渐染气质,做得好人。直乃刚
直之人。我才有过,便得其规正,然所贵乎友直者,不独有过赖其规正,与
此等刚直人处,则我非心邪虑自然不敢前。谅是忠信之人。我有事得其至
诚相与,与此等忠信人相处,则朝夕渐染,涵养吾之气质亦将为忠信之人。
友多闻,非特取其闻见博洽,盖此等人历事久阅义理多,见事通透,与此等
人友,不独赖其相与,谋事亦觉自己疏漏,自然激发进步。为学友此三等
人,安得无益?"③反之,便辟、便佞之辈和善柔之人不可交。便辟是专为一
己私利考虑的邪恶之徒,便佞则是为了一己私利而溜须拍马之小人,"善柔
之人"虽然没有直接危害自己,但由于他们"循循无能",不用说从他们身上
得不到任何益处,更值得担心的是同他们相处日久,会使自己的上进之心
消磨殆尽。

王阳明提出著名的"知行合一",强调道德认识和道德实践活动的不可
分割性。致知之必在于行,而不行之不可以为致知。他说:

> 世间有一种人,懵懵懂懂的任意去做,全不解思维省察,也只是个
> 冥行妄作,茫茫荡荡悬空去思索,全不肯着实躬行,也只是个惝摩影

---

① 《刘基集》,浙江古籍出版社 1999 年版,第 88 页。
② 《宋学士全集》卷五《会试记录序》、《庚戌京畿乡闱记录序》。
③ 《吕东莱文集》卷十七《论语说》。

响,所以必说一个行方才始得真。①

王阳明认为知而不行,"徒事口耳谈说",必将导致终身不行,而终身不行的结果即是终身不能明觉自身的良知。王阳明的知主要指道德意识,行则指道德实践。这样,由行而致知的过程同时也就是表现为主体通过道德实践而培养德性的过程。就个体致知的过程而言,是主体通过"真实切己"的工夫在不同层次上达到、把握良知的过程,大体可以分为"尽心知天"、"存心事天"、"修身以俟"三个阶段,这三个阶段不仅循序渐进,而且相互包含,随着阶段的递进,"日长进一日,愈久愈觉精明"。修身是王阳明一生最重视的问题,他把自己的生平活动概括为破山中贼和破心中贼,这破心中贼,就是破除一切不符合封建道德的意念,从而确立符合封建道德的修身观。为了达到存天理,去人欲,他认为不但要求仁、无我、修孝、立诚,还要去傲、改过,以达到内圣外王的境界。

刘宗周是明末儒学的殿军,也是封建社会晚期身体力行儒家道德的典范。他极力倡导的慎独学说提出的"反求诸己式"的自我修养方式具有普遍意义;追求独立个体的道德人格,强化个体的道德践履,也是具有现代意义的。刘宗周在朝为官,三落三起,虽出仕几十载,真正在职只有四年多,但在他的一生中做到了官在顺途,不攀附权贵,革职在野,不奉谀失节,进则建言,退则讲学,敝帷穿褐,瓦灶破缶,不改儒生之风。《四库全书总目提要》在介绍《刘蕺山集》时评价他说:

> 立朝之日虽少,所陈奏如除诏狱、汰薪饷,招无罪之流亡,恩义拊循以收天下泮涣之人心,还内廷扫除之职,正儒帅失津之诔诸疏,皆切中当时利弊,一厄于魏忠贤,再厄于温体仁,终厄于马士英,而姜桂之心介然不改,卒以首阳一饿,日月争光。在有明末叶,可称皎皎完人。

全祖望的评价是:"一饭不忘君父,晚年名德岿然,蒲车所不能致,遂为前代之完人。"②刘宗周在40岁时作座右铭:"毋作疑心事,毋矢谎口言。毋遂非文过,毋侮人自贤。毋徇人而枉,毋有我而坚。毋恋爱中镜,毋长习中年。毋误病中药,毋死书中诠。"③纵观刘宗周的为人、为官基本上是按照他的自我警励原则立行于世的。可以这样认为,刘宗周不是一个成熟的政治

---

① 《王阳明全集》卷一《传习录上》。
② 全祖望:《鲒埼亭集外编》十六《甬上证人书院记》。
③ 《刘子全书》卷二十三《座右铭四则》。

家,更像一个品德正直、道德高尚、狂狷清介的正人君子,正因为如此,能对社会的弊端和痼疾进行客观的分析,并不计后果地直面指陈。

黄宗羲创作《明儒学案》的宗旨在于修德,其精神是"修德而后可讲学"。围绕着修德,他从三个方面来评论明代学术:一是修德重在自得,学术要在自家身心上生根。二是修德深浅关乎学术深浅。判断学术深浅要考察其圆融性和深刻性。圆融性要求说话前后一贯,理论没有矛盾。深刻性可以从如何解决本体与工夫,从如何回答理—心凑泊、儒—释分别这两个问题,从如何进行学术辩论,从如何讨论同一话题这四个方面看出。三是修德具有效果,可以使人坦然面对贫穷、危险、死亡,可以"所过者化"①。

全祖望的一生未能在政治上施展自己的抱负——"倜傥指挥天下事",但是作为一个思想家,在确立立身处世的准则的基础上,提出了自己的从政道德要求。他在《论门生》一文中强调:"要之,君子立身行己,各有所本。不妄求人之俯我以自尊,亦不肯附人以自贬。不求人之尊,而非失之逊;不附人,而非失之亢。"②遵循这样的准则的人,必然"直道抗言当世弊,孤根耻旁要人津"③,他以南宋丞相吴潜为典范,对官吏提出了三点要求,即"立身有学术","立朝有节概",做地方官"有惠政"。真循吏的德政,首先是,"其为政也,以学道爱人为先务";其次是,能制服奸吏,不让他们为非作歹,残害百姓;其三是,能廉洁奉公,生活清贫;其四是,能以平常待人,胸有雅量。

二是直接把实事实功、利国利民作为道德实践的目标。

陈亮提倡"实事实功",有益于国计民生,公开以功利作为他的理论依据:"禹无功,何以成六府? 乾无利,何以具四德?"④在他看来,义就在于最大限度地满足利,王就在于最高程度地实现霸。他以"心主于仁"为前提来谈论功利目的,并认为个体所实现的道德价值的大小高低,取决于个体本身的实践才能,要以行为在经验上的实际效果来证明。"本领宏阔,工夫至到,便做得三代;有本领无工夫,只做得汉唐。"⑤强调道德必须借功利来实

① 张实龙:《〈明儒学案〉的精神》,《浙江学刊》2007 年第 1 期。
② 全祖望:《鲒埼亭集外编》卷三十八。
③ 全祖望:《鲒埼亭诗集》卷四《百五春光集·追哭林晴江太常》。
④ 黄宗羲等:《宋元学案》卷五十六《龙川学案》。
⑤ 《陈亮集》卷二十八《又乙巳秋书(与朱元晦)》。

现其价值,其表现的最高境界是"不使当道有弃物而道旁有不厌于心者"①。在道德实践上要有"不必于得禽又不恶于得禽"的态度,"计较利害非本心之所宜有",但本于天下之公而谋天下之利在道德上是正当的,因此,犹"以正御逢正射",得禽就多多而宜善。至于道德的纯粹性,是要在经验中通过不断实践、不断磨砺才有可能臻于纯粹。叶适的道义论不仅容纳了功利,而且以功利为其判定基础,在他那里,道义、正义不能离开功利而存在,正好相反,它无非是解决功利问题的道德原则,这原则即存在于功利之中,包括利益分配等等。离开功利,所谓道义、正义就成为无实之"虚语",失去了任何意义。主张把义理与功利结合起来,"仁义"以功利为基础,利义统一。他强调致富,但认为:"'崇高莫大乎富贵',是以富贵为主,至权与道德并称,《书》、《诗》何尝有此义,学者不可从也;从之则富贵不足以成道德,而终至于灭道德矣。"②

三是在关键时刻表现出来的民族气节和洁身自好的道德行为。

追求强烈的民族气节。于谦平生最重气节,自小敬仰文天祥;凛然的民族气节,始终是他崇高的立身之要。他的众多为世人代相传诵的著名诗篇如《咏煤碳》、《入京诗》都强烈地抒吐了一代民族英雄以气节自励、甘为国牺牲的高尚情怀。最著名的是《石灰吟》:"千锤万击出深山,烈火焚身若等闲。粉身碎骨全不怕,要留清白在人间。"托物言志,自剖丹心,成为他的伟大精神的形象写照。明末清初越地学者身上表现出来的民族气节成为一种群体行为,祁彪佳投池殉国,刘宗周绝食而亡,黄宗羲、张岱终身不仕等等。

越地学者的伦理思想以其鲜明的个性,在当时独树一帜,独领风骚,在当今仍能泽被后人,富有启迪。

---

① 《陈亮集》卷二十八《又乙巳春书之二(与朱元晦)》。
② 叶适:《习学记言序目》卷四。

第七章 越地教育思想的鲜明个性

越地重视教育的传统源远流长,可以上溯到春秋时代越国的"十年生聚,十年教训",生聚主要是奖励生育,发展经济,教训则是"明耻教战",进行思想和文化教育。秦汉以降,经历代官府和社会贤达兴学,直到近现代教育的产生、发展,越地的教育以自己的步履走着自己的路,构建了自己的教育特色,起步早,内容丰富,形式多样,举才之多,开放之先,风气之醇,在中国的教育史上有着重要的地位。

一、越地源远流长的重教传统

中国古代的教育起源很早,在西周时就有以"六艺"教民的传统。《周礼·地官·大司徒》云:"三曰'六艺':礼、乐、射、御、书、数。"《周礼·地官保氏》亦云:"而养国子以道,乃教之'六艺':一曰五礼,二曰六乐,三曰五射,四曰五驭〔御〕,五曰六书,六曰九数。"这六艺教学大概属于"小学",即贵族子弟的基础教育,包括"书""数"的文化基础知识,"礼""乐"的从事政治活动和宗教活动的基础知识,"射""御"的战争基本技能。此外,还有所谓"大学"的高级教育。《礼记·王制》中记载:"大学在郊,天子曰辟雍,诸侯曰泮宫。"又曰:"乐正崇四术,立四教,顺先王,诗、书、礼、乐以造士。"

在先秦,越王句践的"生聚教训"是一种危机处理,没有留下当时中原那种聚徒讲学的风气的记载,到汉代以后,越地的官学和私学得到了持续不断的发展,先后出现了众多著名的教育与学术研究相结合的书院,培养了一批又一批文化名人和教育家。

汉武帝时代及之后,随着"独尊儒术"成为国策,教育得到了充分重视,开始设立中央的太学及兴建地方官学,并成为历代相沿不改的定例。教学内容为儒家经典,凡郡、国设立的称为"学",凡邑(县)、侯国设立的称为"校",各设置经师一人作为教师,凡乡设立的成为"庠",凡聚(村落)设立的称为"序",各设置《孝经》师一人。① 班固在《东都赋》中赞扬东汉时期是"四海之内,学校如林,庠序盈门"。此时,辖浙东地区十四县的会稽郡,郡县之学也已经兴起,据《后汉书》卷七十七酷吏《黄昌传》载:黄昌,三国吴会稽郡余姚人,本出孤微,居近学宫,当数见诸生修庠序之礼,遂就经学,晓习文法,后为蜀太守。到唐代,教育制度更加复杂而完备,朝廷设立国子监来管理全国的教育,所有府、州、县、乡各学校,统由长史直接掌管,并直属于"国子监"。

五代时期,政治分裂,战乱连年,民生涂炭,社会生活极不稳定,是中国教育史上教育事业最衰落的时期。但两浙在吴越国的统治下,社会安定,统治者采取了一系列顺应民心的政策,使越地的经济、文化都得到了前所未有的发展,曾建国学,聚图籍,所以在五代十国的纷乱社会里,唯有吴越国人才济济。

两宋时期,越地的教育事业得到了极大的发展,特别是南宋时期,越地已经成为全国教育文化中心。范仲淹十分重视办学育才,于庆历三年(1043)向仁宗提出"庆历新政",开创宋代大办学校的兴学之风。他在越地任地方官的时候,在睦州(今建德梅城)创建龙山书院,在越州创办府学,邀请当时著名学者李觏来越州讲学。北宋著名政治家王安石在任明州鄞县

———————————

① 参见班固:《汉书·平帝纪》。

知县时,创办了县学,聘请当时享有盛名的学者杜醇、楼郁等为教授,招收了大批学生使明州学风大为改观。南宋时期的临安是当时学校教育最发达的地区,绍兴十三年(1143)在原岳飞故宅扩建基础上设立的南宋太学,是全国最高学府。学舍规模宏阔,舍宇壮丽,学生最多时达1716人,著名学者陆九龄、陆九渊、吕祖谦、叶适等人都在这里执过教。

元代教育值得一提的是在农村办社学(乡村官办学校)。元世祖至元二十三年(1286)颁发立社学令,规定全国各地村庄,每50户为一社,每社设立社学一所,选通晓经书者为学师,于农村闲时令子弟入学,先读《孝经》、《小学》,次及《大学》、《论语》、《孟子》等,以达到"各知孝悌忠信,敦本抑末"的目的。

明代重视地方教育,而且将地方官学和科举取士从制度上合二为一;同时从行政管理上完善了提督学校官的建制,统一管理、监督地方儒学。清朝的地方官学不同于唐宋以来的建制,趋向单一化,仅设传授儒家经典和宋明理学的学校,各级官学通称"儒学"。直到光绪三十一年(1905),清廷下令废除科举制度,浙江的各级地方官学随之结束。

随官学而生的是民间兴办的私学兴起,私学或由官绅、商人捐办,或由市民、农民集资兴建。私学有两种,一种是初级的,属于启蒙教育性质,汉代称"学馆"、"书馆"或"书舍",后世统称"私塾";另一种是高级的,属于深造性质,汉朝时,经师大儒设立"精舍"、"精庐",后世称为"书馆",书馆又分为"小馆"、"大馆"。

越地的私塾发轫较早,东汉建武十一年(35),上虞已有书馆,王充"八岁出于书馆,书馆小童百人以上"[①]。晚年王充弃官回乡,自己也设馆授徒。东汉和帝永元时期,张霸为会稽太守,"立义学","习经者以千数,道路但闻诵声"。[②] 之后的战乱年代,会稽的私学也比较兴盛。避乱会稽的儒学大师如宋膺之、何胤、贺琛、孔金都在此聚众讲学。会稽郡的虞(余姚)、魏(上虞)、孔、贺(山阴)四姓豪族,均设有自己的族塾,东晋时王羲之、谢安两姓皆有氏族私学。唐宋私学更是十分发达,如宋咸平年间的石待旦(985—1045)创建新昌石溪义塾,亲自掌教,求学者达数百人,取科第达官有名于

---

① 王充:《论衡·自纪篇》。
② 范晔:《后汉书·张霸传》。

时者有二十几人,后又创建鼓山书院,延聘理学名师石子重等讲学,负笈来学者甚众。南宋乐清王十朋聚徒梅溪,从学者人数也达数百人,义乌喻南强、傅藏每年收弟子数百人,有时多达上千人。① 元明清时期越地的私学更加发达,可以分为三种类型,有钱人聘请教师在家教读子弟,称为教馆或坐馆;教师私人在家设馆教授生徒,称为家塾或私塾;地方上出钱聘请教师在公众地方设塾以教贫寒家庭的子弟,称为义塾或义学。明代规定义学由府州县监督管理,每年必须向学政报送师生名册。清代的私塾相当发达,东阳一县最多时达五百余所,诸暨最盛时多达七百余所。

越地的书院在中国教育史上具有十分重要的地位。书院是一种把教学活动与学术研究结合起来的教育组织形式,它源于唐代,起初只是校书、藏书的场所,唐末五代时,成为讲学之所,属于私人或半官办性质的学校。其主持者多为地方名师宿儒,或当地守土官吏,称"山长",或"洞主",或"堂长"。办学经费主要来自院田,或由私人捐赠,或由政府拨给。讲学内容以儒家经学为主,旁及史书诗文,并订有学规、学则,以表明本书院的办学宗旨。吕祖谦曾主讲丽泽书院,并且制定了《丽泽书院学约》,内容除规定以"孝、悌、忠、信"为讲学宗旨外,还规定了退学条例,学生有下列行为之一者,令其退学:(1)亲在别住;(2)亲没不葬;(3)因丧婚娶;(4)宗族讼财;(5)侵扰公私;(6)喧噪场屋;(7)游荡不检。从中可以看出丽泽书院的教育管理思想出现了制度化的特征。由著名学者私人创建或主持的学府——书院,对古代教育、学术的发展和人才的培养都起过重要作用。书院是中国古代私学发展到高级阶段的产物,是私学制度化的阶段,它一经产生,即成为与地方官学平行的私学的独特教育形式。

越地的书院可以说是与全国书院的出现同步,唐开元十一年(723)绍兴就有了丽正书院,大中四年(850)建有象山蓬莱书院,中和元年(881)诸暨有了溪山书院。南宋时期,越地书院已经十分发达,有七八十所书院在活动,私学书院几乎取代官学。原因在于:首先是靖康之变后,衣冠南渡,南宋辖区内文化水平骤然提高。相形之下,政府官学数量有限,不能满足广大士人的求学要求。这样,私人办学便自然具有了发展条件。其次,南宋时期,雕版印刷术进一步普及,私人刻书业也有了更大发展,书籍流通日

---

① 参见黄宗羲等:《宋元学案·龙川学案》。

广,也为书院的发展提供了便利条件。再次,南宋时期官学、科举的腐败也对书院的发展起了重要的刺激作用。至元代的书院由于官府加强了对其控制,在内容上以《四书集注》作为官定的教科书,并作为科举衡文的标准;山长由官府委派,或由官员兼任,私人延聘山长,也需得到官府的认可,授予官职;经济上由官府拨给学田,同时由官方掌握。由此,元代的一些书院缺乏辩论争鸣的气氛,渐渐丧失了书院长期形成的自由讲学的一贯风气,而片面追求科考,逐渐沦为官学的附庸,走向了官学化的道路。但也有一些由著名学者主持或主讲的书院依然保持着一贯的教学传统,"我行我素",不染官气。如由许谦主持的东阳八华书院,"独不以科举之文授人,曰:词义利之所由分也"①。

宋代以来,越地的著名学者吕祖谦、陈亮、叶适、王阳明、刘宗周、黄宗羲、全祖望等,都主持过书院,或在书院讲过学,并在此过程中阐发自己的学术思想观点,培养嫡传门生,逐渐形成闻名全国的诸如金华学派、永康学派、永嘉学派、姚江学派等。

"耕读传家",曾经是中国传统农业社会中,小康农家所努力追求的一种理想生活图景,是一种渗透于古越大地的重要人文意识。

"耕读之家"往往在乡土社会中能够得到足够的尊重,因为这是当时吸引农家为之世代奋斗的内在精神动力。一个成功的"耕读之家"往往也能立时成为乡里农家的表率,激励着乡亲们以各自的方式默默地为之奋斗。国人何时开始崇尚"亦耕亦读"的生活呢?早在"耕读传家"的观念形成以前,已经先有"耕学"一说为之鸣锣开道。早在汉代,就已经有人以耕为喻,于是"耕"也就成为人们奋力于某种作业的代词。扬雄就在《法言·学行》中说:"耕道而得道,猎德而得德。"《后汉书·袁闳传》更说:"〔闳〕服阕,累征聘举召,皆不应。居处逼仄,以耕学为业。"所谓"耕学",就是说像农夫致力于田地耕作一般地敬业于学问。晋代葛洪在《抱朴子·守嵝》中说:"造远者莫能兼通于歧路,有为者莫能并举于耕学。"《晋书·隐逸传·朱冲》也说:"好学而贫,常以耕艺为事。"以"耕"喻"学"(读),是说一个人读书治学也应当像农夫耕田那样,深耕细耘,不违四时,务求好的收成。

越地的耕读在宋代已经十分流行。"读"是农家子弟取仕为官的唯一

① 《元史》卷一八九《许谦传》。

途径。宋代浙江流行着这样的劝学诗:朝为田舍郎,暮登天子堂,将相本无种,男儿当自强。由于取仕不问家世,使得农民子弟有机会从社会最底层摆脱出来,获得入仕发展的可能。在这样的大背景下,科举教育逐渐深入社会的各个角落,在经济比较发达的江南一带,从农历十月起,较为富足的农民便送小孩入冬学学习《百家姓》、《千字文》等教科书。其次,"读"又是维系家族、家庭兴旺发达的重要纽带。相同血缘的人聚族而居成为宗族,它是一种特殊的农村社会结构,以族规、族法强化内部治理,而宗族间强弱的评判标准,除了宗族财产厚薄之外,便是宗族所培养的科甲入仕官僚的众寡。因此族内适当安排"耕"与"读"的人手,让诸子中聪慧者习文,拙鲁者耕垦。① 到了宋代,耕读文化由于科举制度的演进而得到改造与加强。北宋仁宗皇帝的几条科举政策有力地推动了耕读文化的发展:一是规定士子必须在本乡读书应试,使各地普设各类学校;二是在各科进士榜的人数上,给南方诸省规定了优惠的最低配额;三是规定工商业者和他们的子弟都不得参加科举考试,只准许士、农子弟参加。这大大地激发了普通人家对科举入仕的兴趣,连农家子弟也看到了读书入仕、光耀门楣的希望……自仁宗朝始,鼓励士人、农家出身的子弟参加科举考试,且只能在本乡本土读书应试的政策导向十分明确。如此便将"暮登天子堂"的科举前景,同"朝为田舍郎"的乡土背景紧密地维系到了一起。

宋代以后的江南人家,亦耕亦读,读可荣身、耕以致富成为许多地方的族规和家训,物质财富和精神财富两方面同步得到积累,相辅相成,最终实现耕读传家的理想生活图景,成为小康之家一种实惠的持家方略。一些世家大族,如"南渡"前为赵宋宗室,后自南宋到清初先后流寓浙江绍兴、归安、上虞和杭州一带的赵氏,江苏常熟的钱氏,以及山东新城(今桓台)的王氏等,也均以此为保持家族文化、经济和社会名望的秘诀。

在价值取向上,以耕读为荣,认为耕读是最高尚的事。因此,在许多地方耕读的传统一直得到很好的承传和发扬,如诸暨等地的农民一直以耕读为荣,保持着一种良好的读书风气。

---

① 参见朱晓明:《耕读与传统村落》,《同济大学学报》(社会哲学版)1998 年第 3 期。

二、越地教育思想的演变主线

越地学者在教育实践中形成了大量影响深远的教育教学思想,许多思想至今都具有参考价值和借鉴意义。根据现有资料,越地最早形成系统教育思想的是王充,他晚年致仕,"后归乡里,屏居教授",对诸多重大的教育问题进行了思考和阐述。

王充的教育思想内涵丰富。首先,强调了人的可塑性和教育的必要性。以为情性是人治之本,而关键则在教育。他以练丝和铸剑为喻说明教育的重要性。练丝"染之蓝则青,染之丹则赤",人之性也由于教育的不同可变善变恶。鱼肠、龙泉等古代名剑,在未经冶炼之前,也不过是平凡的铜铁,但一经良工锻造,就成为价值千金的利器;同样道理,对一个人来说,只要"教导以学,渐渍以德,亦将日有仁义之操"①,故此人的善恶、品德的高尚卑下,关键在于教育。为此,他强调治国者应该重视教育,发挥教育在"治国化民"中的作用。

其次,强调教育的价值在于改变人的本性,发展人的才华。他说:"欲令凡众见礼仪之教,学校勉其前,法禁防其后,使丹赤之志,亦将可勉。"②一个人通过受教育可以做到"学问日多,简练其性,雕琢其材",使之成为"知大圣之意"、"晓细民之情"的治国贤能之士。③

再次,在学习内容上强调博览古今,众流百家。应该学习"圣人之言,贤者之语,上自黄帝,下至秦汉,治国肥家之术,刺世讥俗之言"。还应该学习天文、历算、地理等。王充重视博学,曾提出"能多种谷,谓之上农;能博学问,谓之上儒"④,"夫壮士力多者,扛鼎揭旗;儒生力多者,故博达疏通。博达疏通,儒生之力也"⑤,这些治学名句,为后世学者所传诵。在教学原则上,提出学以求知,反对先而知之;在教学方法上主张勤学不舍,循序渐进。

---

① 王充:《论衡·率性》。
② 同上。
③ 参见王充:《论衡·量知篇》。
④ 王充:《论衡·别通》。
⑤ 王充:《论衡·效力》。

两宋时期在统治者的重视和倡导下,教育得到了较大发展,越地除了官学外,还兴办了大量的书院,出现了一批名动当朝的教育者。如宋仁宗庆历年间湖州的胡瑗、四明杨适等五位学者(人称庆历五先生)、宋神宗元丰年间永嘉九先生等,各有独到的教育思想,特别是南宋时期吕祖谦、陈亮、叶适的教育思想,在中国教育史上也有重要地位。

胡瑗(993—1059),泰州如皋人,在湖州创立"湖学"。宝元二年(1039)湖州知州滕宗谅延胡瑗主持州学教事。胡瑗创新教学方法,针对当时崇尚声律浮华之词,不重实学实用的学风,提倡"明体达用"之学,将州学分成经义、治事两斋,实行分斋教学。每人以选取一事为主科,兼学一事为副科,按学生个性、爱好、特长分入各斋,使之"以类群居,相与讲习",读书、体育、音乐、游戏穿插进行,以活跃生活,并组织游历,使之了解"人情物态,南北风俗,山川气象",严立教规,以身先之,教育成绩卓著,时称"苏湖教法"。礼部取士,"瑗弟子常十居四五"。《宋史·胡瑗传》云:"瑗教人有法,科条纤悉具备。以身先之,虽盛夏必公服坐堂上,严师弟子之礼。视诸生如其子弟,诸生亦信爱如其父兄。从之游者数百人。"

受胡瑗的影响,北宋被称为庆历五先生的杜醇、杨适、楼郁、王致、王说,均在浙东积极从事郡庠教化。

吕祖谦是当时著名的教育家,一生从事教育,无论在居官时期还是在离职期间,无论是在身体健康时还是在病中,他都没有中辍过讲学活动、著述事业,曾担任过严州教授、南外宗正教授、太学博士等职。在其弟弟吕祖俭的协助下,他兴办的丽泽书院与岳麓书院、白鹿洞书院、象山书院一起并称为南宋四大书院,"四方之士争趋之",培养了一大批学者。他的教育思想在当时具有举足轻重的影响,且历久不衰,一直影响到了明代的学术风气的趋向:

> 明招学者,自成公下世,忠公继之,由是递传不替,其与岳麓之泽,并称克世。……明招诸省,历元至明末绝,四百年文献之所寄也……为有明开一代学绪之盛。①

他在被"添差严州教授"后,在太守张栻的支持下,大力整顿严州书院,精心制定了一套学规。学规规定学生不能拉私人关系,谓"毋得干谒、投

---

① 黄宗羲等:《宋元学案》卷七十三《丽泽学案》。

献、请托";师生之间要讲礼节,不忘旧谊:"旧所从师。岁时往来,道路相遇,无废旧礼。"同学之间不能彼此吹捧,严禁"相互品题"。尔后又增订了若干规定,如坚决淘汰懒惰和学业荒疏者;加强封建道德情操修养,摈弃"不修士检,乡论不齿者";开除"亲在别居"、"侵扰公私"、"游荡不检"者,并通报在籍之学生等。这套学规构成了吕祖谦教育思想的重要组成部分,也显示了作为教育家的见识和才干。吕祖谦倾心于教学,乾道九年(1173)他还在服父丧期间,问学诸生又重新集结于门下,规模不小,前后达三百人之多,对于问学诸生,吕祖谦馨陈所学。陆九渊对吕祖谦丧中讲学颇有异词,以为这将损害"纯孝之心",劝其遣散学生。汪应辰也来信希望他不要在哀苦过度之际,再为讲学耗费精力,免得弄垮身体,吕祖谦感到"四方士子业已会聚,难以遽已"①,因此将讲学活动坚持到了年底。吕祖谦长期从事教育活动,从其学者甚众,朱熹、张栻这些大儒兼教育家都乐意把子女送到吕祖谦门下就学。

他强调教育要以明理、治心为目的。针对当时世事艰难、风俗浇薄的局面,认为只有重视教化,才能达到整饬风化、严肃纲纪的目的。"时事所以艰难,风俗所以浇薄,皆由讲学不明之故。"②他认同司马光"正之于始"的主张,要把"恶念"制止在"未萌"时期,万一恶念已经萌发,也要及时加以纠正,不使其发展膨胀,如弑父弑君这样的大恶,也不是一下子就能做出来的,而是由于其"邪心恶念""渐渐养成、积久贯熟"所致。克服的办法是从"仰称夫明天子教养之实德"着手,以习诵"先王之道为急",努力向人们灌输儒家的伦理纲常——"精义妙道","为学须识义、利、逊、悌、廉、耻六个字。于此守之不失为善人,于此上行之而善,习矣而察,便是精义妙道"。③"明理"要以"治心"为先决条件,立足于"存养此心",然后才能"进德",反映了陆九渊心学对吕祖谦思想的影响,也反映了他热衷于讲学的根本目的。由此,吕祖谦坚持"德教为本",认为对于有志于学的人,首先应该具备"忠信"之心。如果这个问题不解决,一个人即使学到了一些才干也派不上多大用场。一到紧急关头就会畏缩不前,只顾自己的身家性命、官位爵禄。这种忠信之心还必须靠践履,只有"日夕检点",才能有所长进。

---

① 《东莱文集》卷三《与汪端明》。
② 《东莱文集》卷五《与学者及诸弟》。
③ 《东莱文集》卷二十《杂说》。

他提出了"育实材而求实用"的培养目标。反对一般道学家要培养只会坐而论道、实际上风痹不知痛痒的所谓"醇儒",而应培养既能以儒家道德律己者,同时还应该是能干实事,尤其是在封建统治面临危难之际,拿得出拯救国家的具体办法的"实用"人才,这与事功学派所强调的培养救时之英雄的观点相一致。比较全面地论述了道德和"智力"、"才能"的关系,认为只有在道德、诚信、经术的制约下,智力、才能才有可能充分发挥,且恰到好处。他不同意这样的观点:即"智力足以控制海宇,不必道德,权利足以奔走群众,不必诚信,才能足以兴起事功,不必经术"①。如果没有道德、诚信,有智力和才能要比没有智力才能更糟糕。因此,相比较而言,道德、诚信不能不占首位。基于此,他把"三德三行"教育作为整个教育过程的根本环节,以达到"纲举目张"的效果。所谓"三德三行"即是"至德"、"敏德"、"孝德";"孝行"、"友行"、"顺行"。"以至德则言以为道本,敏德则言以为行本,孝德则止言以知逆恶者。""孝行以亲父母;……友行以尊贤良;……顺行以事师长。"②同时还强调要培养学生治国理政的实际能力,要联系国家的政治法令的得失进行教育。国政正确,要总结经验"以为法";国政失误,要汲取教训"以为戒",以此来培养学生日后驾驭国政、统揽全局的本领。还要培养学生处理政务的实际能力,在治理国家、筹措朝政的过程中懂得如何整救补阙,知道国家之本末原委。只有经过这样的严格训练,才能成为国家的栋梁之才。他针对科举取士造成读书成为叩开仕禄之门的敲门砖的弊端,强调读书学习当"求实用"。"百工治器,必贵于有用,器而不可用,工弗为也。学而无所用,学将何为也邪?"③从经世致用的教育目标出发,力倡学者必须具备"惇厚笃实"的学风。

他提倡兼容并包、求同存异的治学态度。对于不同的学术观点要泛观广接,认为只与自己意见相同的人交往,而拒不同观点的人于千里之外,是不利于自身学术水平的提高的。"近日思得吾侪所以不进者,只缘多喜与同臭〔嗅〕味者处,殊欠泛观广接,故于物情事理多所不察,而根本渗漏处,往往鲁莽不见,要须力去此病乃可。"④要有去门户之见的宽容精神,评价某

① 《东莱文集》卷一《乾道六年轮对札子二首》。
② 《东莱文集》卷十六《周礼说》。
③ 《东莱文集》卷二十《杂说》。
④ 《东莱文集》卷四《与刘衡州》。

种学术思想或某一学者"要须公平观理,而撤户牖之小"①。反对采取敌对诋毁的态度,如他曾向内弟曾德宽建议说:"且看欧〔阳修〕、王〔安石〕、〔苏〕东坡三集,以养根本。"②同时反对在同一学派内部相互吹捧,彼此标榜:"毋得互相品题,高自标置,妄分清浊。"③对不同学术观点和不同学派,不论亲疏,要持论公允。他曾批评好友陆子静"病在看人不看理",批评相知莫逆朱熹性子太急,学术气度欠恢宏。

他注重教学方法的总结。对于读书认为必须持之以恒,"看书须存长久心"④,做到"悠久胶固"才会有进步,为此他规定学生要"肄业有常,日记所习于簿,多寡随意,如遇有干辍业,亦书于簿,一岁无过百日,过百日者,同志共摈之"⑤。认为"讳过而自足"是学者之大忌,学习不能"以人言为讳","自以为是",而应该主动听取别人的批评,做到"随言随改,随改随正","学然后知不足,教然后知困,知不足然后能自反也,知困然后能自强也。人皆病学者自以为是,但恐其未尝学耳,使其果用力于学,则必将自进之不足,而何敢自是哉?"⑥只有因为无学问故而或以"自炫"掩盖其浅薄,或是根本就不知天高地厚而"自炫"。

他主张读书要不囿于前人所说,敢于怀疑。观其所述,勇于存疑有两层意思:一是读书学习要不带任何框框,学者"欲进之则不可有成心。有成心就不可进乎道矣。故成心存则自处以不疑,成心亡,然后知所疑,小疑则小进,大疑必大进"⑦。"成心"就是某些条条框框。二是要有独立见解。存疑就是"不安于故而进于心者也",因此,他要求学生"毋徒袭先儒之遗言,毋徒作书生之陈语"。⑧

他要求读书学习贵在知其所以然。"大人之作文既工矣,必知所以工,处事既当矣,必知所以当。为政既善矣,必知其所以为善。苟不知其所以然,则虽一时之偶中,安知他时之不失哉?"⑨

---

① 《东莱文集》卷五《与陈君举》。
② 《东莱文集》卷四《与内弟曾德宽》。
③ 《东莱文集》卷十《学规》。
④ 《东莱文集》卷二十《杂说》。
⑤ 《东莱文集》卷十《乾道五年学规》。
⑥ 《东莱文集》卷十九《礼记说》。
⑦ 《东莱文集》卷二十《杂说》。
⑧ 《东莱文集》卷二《太学策问》。
⑨ 《东莱文集》卷二十《杂说》。

陈亮从青年时期就开始从事教育活动,在乾道八年(1712)开始聚徒讲学,创建具有书院性质的"保社",一边讲学,一边从事学术研究,从其问学的年轻人为数不少,有时多达数十人。在其教育思想中特别重视教育的目的性,他以培养"非常之人"为最高目标,以培养"学为成人"(有自己主见的人)和"学为人"为最低目标,教育的目的是为当代的政治服务,为现实社会做贡献。而这种"非常之人"能够并且敢于正视现实,有自己的主见,能"言当今之利害",敢于"斥百家之异说",具有"推倒一世之智勇,开拓万古之心胸"的气质,能经得起"风雨云雷交发而并至,龙蛇虎豹变见而出没"。① 这样的非常之人在现实中是难得一见的,因此进而提出培养"学为成人"和"学为人"的目标,他按照《论语·宪问》中孔子的思想,把知、不欲、勇、艺作为"成人"的必备条件。但反对把学生培养成理学家们所推崇的"醇儒",他认为所谓的"醇儒"只不过是"研穷义理之精微,辨析古今之同异,原心之秒忽,较礼于分寸,以积累为功。以涵养为正"的道学先生,这种人既无真才实学,又自命不凡,完全不能满足于社会的需要,对现实生活中的事情是一窍不通,一无所能。真正的成人应该是集智、勇、志、侠、仁等素质于一身,这样才能担负起抗金强国的重任。

为实现这样的培养目标,相应地在教育内容上也反对以读经为主,主张教学内容应是广通博洽,百家异流皆可教学。也就是说各种儒家经典、历史文献、诸子百家、山川形势等凡符合经世致用要求的都应成为教学的内容。陈亮也十分强调读儒家经典,但他把儒家经典视为历史文献,具有史的性质,是总结了历史上成败得失的经验教训,应将此作为当今建功立业的借鉴。

陈亮在长期的教学实践中,形成了内容丰富、论述深刻的教学原则和方法。学以致用是陈亮等事功学派在教学原则和方法上的基本特色。他针对朱陆穷经内敛的内求方法,坚持向外求索的道路,教诲学生要在实事实学上用功,即一切就实事上理会,对当前现实和历史上的治乱兴衰,以及典章制度加以详细考订,务求能通古今之变,以施于实政。反复强调教育者不仅要培养学习者观察和分析社会、总结历史的能力,更要培养他们解决现实社会中各种问题的能力。认为古人讲"格物致知"就是要在事物中

---

① 《陈亮集·甲辰与朱元晦书》。

考察必然之理,当然之事,"道之在天下,何物非道,千涂万辙,因事作则"①。也就是说,离开实际事物,便无法得到实学,获得真知。由此,"学以致用"的原则不仅是学习知识、掌握艺能的目的和基本途径,而且是验证知识、巩固艺能的方法和基本原则。

因材施教、循序渐进是陈亮在教育原则和方法上的又一特色。首先是根据年龄的发展阶段来规定教学内容,"童子以记诵为能,少壮以学识为本,老成以德业为重。年运而往,则所该愈广,所求愈众"②。关于循序渐进,他在教授《论语》时,提出要由"下学"而"上达",在开始时"汲于下学",把具体的东西搞清楚,然后才能有"他日之上达",最后掌握其"大旨",这反映了他由易而难、由表及里的循序渐进教学原则。

教学相长、注重学术交流是他教学治学的又一个特点。他不赞同为师者应该高高在上,认为教学是一个双向的活动,师生之间各有所长,互相讨论,教与学相互促进,共同学习,共同提高。老师可以向学生学习,从学生那里受到启发,陈亮的讲学稿《经书发题》中多处、多次用了"愿与诸君商榷"、"试与诸君共之"、"与诸君参考同异"等语。陈亮在治学中极重与不同学者的探讨、切磋,甚至相互辩论,与许多学者保持着交往,他自言经常与吕祖谦、陈傅良、张栻、蔡幼学等相与"上下其论",相互交流学术见解,也常有激烈的争论。而陈亮与朱熹更是展开了长达数年之久的学术辩论,在当时的学术界引起了巨大的反响。

同时,陈亮还就学习方法提出了正确的要求,一是要勤奋专一、不断积累。他认为勤奋专一、不断积累是获得广博知识的重要前提。特别强调"工贵其久,业贵其专",针对那些缺乏恒心、浅尝辄止或好高骛远、放纵不专的学习习气,提出"士之于学,农之于田,朝斯夕斯,舍是奚安……工贵其久,业贵其专。凡尔君子,相与勉旃"③的要求。同时他还针对理学家气禀有清浊厚薄之别,人有凡圣之分的说法,提出人才靠锻炼而成,德才靠积累而得的观点,认为人的智慧聪明与愚钝并不是与生俱来的,而是后天活动的结果,即使那些圣贤,他们的才能也是通过长期的发奋学习,并在实际中不断锻炼而获取的。说明一个人必须经过千锤百炼,承受各种社会实践的

---

① 《陈亮集·与应仲实》。
② 《陈亮集·赠武川陈童子序》。
③ 《陈亮集·耕斋铭》。

考验,经过丰富而又艰苦的社会阅历,才能成为"非常之人"或"学为成人",才能有大成就。二是要学思并重,"动静必偕",是建立真知的良好途径。子曰:学而不思则罔,思而不学则殆。学习必须首先让心动起来,带动感官不断摄取感性知识,并将感性认识上升为理性认识,反对那种静坐闭门读书,涵养心性,空言道德的内求方法,要求以动而立动,以动识变,只有这样才能求得真知识。

叶适也是南宋著名的思想家和教育家,叶适一生从事教育活动的时间很长,29 岁以前一直在永嘉、金华一带教书和游学,步入仕途后,亦曾收徒讲学,退出仕途后,更是致力于讲学和著述,吸引了大批的学子,南宋学者刘宰将其与朱熹、吕祖谦等并称为"大教育家"。因此叶适有许多关于教育理论和人才培养的新思想。他提倡以学以致用为教育目标,百家之学为教育内容,勇于批判创新为学风。而且,他还提出学习者要有立志、勤苦、虚心等正确的学习态度。叶适的功利教育思想对中国封建社会后期教育的发展产生了重要影响。

作为事功主义思想家,他在教育目的和培养目标上,主张以培养德才兼备、文武兼资、博学多能适用于实际社会的人为目标。叶适认为教育的目的就是培养治国安邦的人才。主张教育应该培养明晓道义、德才兼备、文武兼资、博学又多能的俊秀之士。也就是培养维护封建国家秩序的统治人才,即封建国家的官吏。他认为,真正的人才首先要有道义的修养,"秉义明道,以此律己,以此化人"。同时,道德修养应见诸事功,落实到匡时救世、建功立业的实际行动中,"读书不知接统绪,虽多无益也;为文不能关教事,虽工无益也;笃行而不合于大义,虽高无益也;立志不存于忧世,虽仁无益也"①。不能培养真正的人才的教育,不仅于世无益,于人也有害。他极力反对重德轻艺、学用脱节的学风,深刻揭露和嘲讽了道学家"处而学"与"出而仕"相脱节的痼疾,"其平居道通先古,语仁义、性与天道者,特雅好耳,特美观耳,特科举之余习耳。一日为吏,簿书期会迫之于前,而操切不义之术用矣。曰徒学也,此政也,学与政判然为二"②。叶适的这种事功思想,是中国古代教育史上唯物主义教育思想的传承和发展,又下启明清之

---

① 《叶适集·赠薛子长》。
② 《叶适集·经总制钱二》。

际反理学教育思想。那么如何培养这样的人才呢？叶适认为最好的手段是通过学校来进行教育，指出人性的善恶并不是先天注定的，可以通过后天的教育加以改变。

在教学内容上，主张遍习百家以经世致用，至于儒家的经典，可视为总结历史经验和建功立业的借鉴。根据既定的教育目标，叶适对教育内容的确定范围甚广，既包括"据经陈史，质证今事"的传统教材《六经》以及诸子百家的书籍，又包括从事实中求知识。当时士人所学多是经术赋诗，以应付科举考试，而算术水利等实科和武科却被时人鄙视。而叶适强调教育内容应该广博通洽，百家之学均可列为学校教育的科目，在学校里应该强调百家可读，时政可议。叶适主张遍习诸子百家，认为："百家异论，各造其极，如天地之宝并列于前，能兼取而无祸。深于学，必测之古，证之今，上该千世，旁括百家，异流殊方，如出一贯，则枝叶为轻而本根重矣。"①应通过广采博取以合于时用。事功学派的突出特色是研究历史上的兴亡成败，考订各代名物制度，把历史文献知识作为重要的教育内容，叶适的《习学记言》是探讨各家学说的历史性著作。他的《进论》论及纲纪、治势、国本、民事、法度、财计、军旅、科举、学校、赋税、役法等，都是考订历史、依据事实、改革弊政的建设性意见。除此之外，叶适很注重艺能，提倡学艺以理百事。如其在《习学记言》中引《七月》之诗，以及《洪范》、《无逸》等篇，认为古人"未有先不知稼穑而能君其民以使协其君者"。这自然并不意味着要求学生躬耕，但这些知识是佐治人才必须知晓的学问。这个范围甚广的教育内容，基本上是一个以经学为"统纪"，以史学、诸子百家为依托并注意参证实事的体系，将经学、史学、百家学说以及当世时务汇通合一，以适应新的时代需要。同时，十分重视知识的积累，认为一个人在学业上要真正有所收获，就要不断地积累知识，读书越多，就能广知博闻。有了广博的知识，还要返博归约，学问才能精深，学业上才能有独到之处。叶适治学非常严谨，他不承认有什么先知先觉的天才，提倡学习要刻苦磨练，日积月累，对学习要下一番艰苦的持久的功夫。他少时曾读书于乐清北山，"常沿流北山，读书以忘日"。他极力推崇孔子"学而时习之"的思想，认为学问道德全靠扎扎实实的"历练"，一点一滴的积累。他十分明确地提出："学非一日之积也，道

---

① 《水心集》卷十一。

岂一世而成哉?"又说"智者知之积","非一日之勤所能为也"。渊博的学问和高尚的道德只能靠不断积累和刻苦磨练而逐渐掌握和形成,决不是一朝一夕所能奏效的。

根据学以致用的教学目的,主张质实、讲论、创发的教学方法。质实之教学方法是以有的放矢、讲求实效功利为基本特色,即要求积累实学,历练实事,明晓事理,增进实利。他重视实际中锻炼学生的才能,反对理学家"专以心为宗主"的学习方法,认为"专以心为宗主,虚意多,实力少;测知多,凝聚狭,而尧舜以来内外交相成之道废矣"。叶适反对朱陆理学静坐读书,涵养心性,空谈德性的内求方法,认为心性之说是无根无据的主观臆造,更无补于匡时救世。叶适教诲生徒走向外探察的道路,在实事求是上下功夫,而一切就实事上理会,对当前和历史的治乱兴衰、成败利钝之迹以及典章制度详加考订,务求通古今之变,以施与实证。叶适说:"君子不以须臾离物也。"他认为验证知识和巩固艺能的方法是据实,即在事功上衡量其实效。

讲论之教学方法是以师友讨论、争辩的方式增强真才实学为基本特色。功利教育所要培养的是实用型人才,所以非常注重培养学生的真才实学,叶适极其重视师友间的讲论、争辩是一种最好的学习方式。强调学习应"自立于己,虚受于人",即在学习过程中学习者既要独立思考,坚持自己的见解,不人云亦云;又要虚心地向别人学习,不自以为是。这是因为人各有所长,各有所短,所以一方面要虚心学习别人的长处,接受别人的教诲,相互交流,彼此启发,便能取长补短,共同受益,因此叶适说:"其智交相明,其才交相成。"另一方面,在向别人学习时不能盲目,要有主见,大胆创新,不可"虚受于人则失己,自立于己则失人",要在既不要强人就己,也不要屈己从人的基础上得到人己的统一。即在坚持自己观点的同时,融合他人之长,只要把两者有机地结合起来,统一起来,学习才会有进步。他时常与学友往来,共同讲论学问,并认为学校教育应该"变其固习,无以利诱,择当世之大儒,久于其职;而相与师友讲习之道,使源流有所自出"。在《宋元学案·水心学案》中既记有叶适与刘愚、项平甫"讲学不倦",又记有叶适批朱熹治学空寂虚妄,朱熹驳叶适之说"不成学问"。其实,叶适的事功教育思想本身就是同理学等学派的论争辩难中发展起来的,他的学术成就多得自于师友讲论的方式。

创发之教学方法是以质疑不盲从和敢于提出自己的新见解为基本特色。叶适在教育上强调创新,要求生徒敢于发表和提出自己的见解。叶适集中批判以朱陆为代表的理学教育思想,同时批判理学家所推崇的各种唯心主义教育思想流派,如儒家的曾参、孟子、董仲舒、程颐、程颢;道家的老庄,尤其对佛学,更极为痛斥,甚至于千百年来视为神圣不可侵犯的"六经"也敢于怀疑,只能把它们看做一般的参考文献,可以损益变通。他对"至圣"孔子的言论,也不盲从,如《论语·雍也》载,孔子独赞颜渊好学,把其他弟子外于好学之列,叶适认为孔子持论不公,"诬天下以无人,故余之所不敢从也"。他反对泥古循旧,人云亦云,敢于补前人之不足,发前人之所未发。黄宗羲赞叶适"弄识超旷,不假梯级,……其意欲废后儒之浮论"。《四库全书总目提要》称叶适"所论喜为新奇","讲学析理,多异先德"。

叶适主张要养成立志、勤奋、虚心的学习态度。要有效地获得知识,必须有端正的学习态度。叶适认为,立志、勤奋和虚心是应有的学习态度。叶适提倡的"立志"有两层含义:一是指人生所追求的总目标,"志者,人之主也,如射之的也"①。人生倘若不立志,就没有生活目标。但每个人都有所追求,都有理想和抱负,志向各异,而且不是每个人所立的志向都是正确的,叶适所提倡的人生唯一正确的志向是孔子所说的"志于道",即如前所述,要成为明道义,有实学,德才兼备,文武兼资,智勇仁义并求的俊秀之士。二是指在实现人生理想中虽"备荼苦而蓼辛",但要有百折不挠的刚毅品质。人有否此心理素质决定个人在学习中努力的程度和事业的成败,因此一旦确定志向,就要专一不二,而不要因一时出现暂时曲折,就灰心丧气;也不要目标分散、朝三暮四。总之,叶适主张要有的放矢,根据当时形势的需要,提出读书学习要忧时志学,要继承儒家的"统绪",即抗金救国,"尊王攘夷",着眼于实政实事。

综上所述,叶适的功利教育思想,提倡以学以致用、开物成务为教育目标,实理实事为教育中心内容,严谨治学、勇于批判创新为学风。

有明一代,开国之初的宋濂、由盛转衰时期的王阳明和晚明的刘宗周都是十分著名的越地教育家,留下了十分丰富的教育思想。

宋濂是元末明初越地著名的教育家,25岁起执教浦江东明精舍,终其

---

① 《叶适集·陈修向墓志铭》。

一生,都没有因公务繁忙、宦海升沉、老迈病弱而放弃或终止教书授徒,这足见其对教育事业的重视和热心。浦江著名的郑氏家族所办的东明精舍的发展、兴旺与他有很大关系,东明最后一位山长郑骏声曾说:宋濂是义门"毓秀培英,陶模铸范,辅佐同居"的良师。

宋濂应召至应天后,即担任朱元璋长子朱标的老师多年。明洪武三年(1370)十二月至四年八月,任过短期国子司业,职责是跟国子祭酒一起,"掌国子诸生训导之政令"①。在明初13年中,还教过很多在职官员及勋臣子弟。他曾谈到在京城授徒的情况:"余官京师十余年,四方贤士从余游者众。"②

宋濂对学生关怀备至、循循善诱,对青年提携、奖掖,出于至诚。其门人郑楷回忆说:

> 先生四持文衡,试天下士得人为多。接引后学,唯恐弗及。远方来者授馆而饮食之,虽久不衰。有小山必众誉之,色温气和,近其侧者如大寒之加重裘,盛暑之濯清风也。天下之能文者多经先生指授,朝廷英俊咸以先生为法。初奉敕教文华生数十辈,至是出参大政,为御史知列郡者相望。……及先生之归,上面发后学无师之叹。③

宋濂在长期的教书育人中形成了丰富的教学思想。《送张编修赴南阳教授序》一文较为集中地阐发了他的教学思想:

第一,充分肯定教育的功能和地位,认为与法令相比,教育为先,如果要他在行政长官与教授之间选择一个职务,宁可选教授。在他看来:"政令能禁民为非,而施教者乃能使民自不忍为非。人伦藉之以厚,风俗因之可移,顾有出于政令之上者,岂细故也哉!"他把教育视做提高国民素质,尤其是道德水准的手段,希望当政者把教育看得比法令还要重要。

第二,重视以"忠义"为核心的德育教育。宋濂强调以儒家的思想规范行为,分清善恶是非的界限。德育的内容突出"忠义"思想,强调"尽瘁报国"、"以忠贞佐国家"④,忠于国家,为国效力。

第三,在教育方式上提倡启发式教育。他认为给弟子讲儒家经典时,

---

① 《明史》卷七十三《职官志》二。
② 《宋学士文集》卷七十四《送会稽金生序》。
③ 《宋学士全集》附录。
④ 《宋学士全集》卷五《会试记录序》、《庚戌京畿乡闱记录序》。

要"启之、迪之、优之、揉之、餍之、饫之,使心和理相涵,事与心弗悖,庶几材成而器良矣"。即调动学生学习的积极性,要引导学生从容求索,深入体味,消化吸收所学知识。

第四,主张对学生要因材施教。"教道所施,贵在变通。譬之木也,视大小而加斤锯焉;铁也,察铦钝而施陶熔焉。一概而视之,过矣。"对待木材、铁器要根据其大小、材质进行加工,不可"一概而视之"。对待学生更要根据"材之清浊、学之深浅",即不同禀赋、资质、基础进行教育,讲得过深或过浅,要求过严或过宽,都难达到应有的教育效果。

与宋濂齐名甚至影响更大的同时代人刘基,虽然直接从事教育活动时间不多,仅在仕元期间曾任儒学副提举,但在其明初参与最高决策的过程中,可以寻绎出许多有价值的教育思想。重视教育的政治功能:"教为政本"。对于政教关系,孟子曾有论述,曰:"仁言不如仁声之入人深也,善政不如善教之得民也。善政,民畏之;善教,民爱之。善政得民财,善教得民心。"①这是在区别比较上阐述教育的重要功能。刘基则是从政教的一致性上分析教育的功能:"教,政之本也。知本始知政矣。"②认为重教的社会必将是民风淳朴的治世。这个思想与贾谊是基本一致的,贾谊曾说:"夫民者,诸侯之本也;教者,政之本也;道者,教之本也。有道,然后教也;有教,然后政治也;政治,然后劝民也;劝民之,然后国丰富也;故国丰且富,然后君乐也。"③区别在于贾谊为"君乐",刘基为"治道"。在教育内容上是继承儒家传统,是学习"为圣人之道",教育应该具备"德成而不失其则"④的职能。这一思想在明初的荐举制度中得到了体现,即"以德行为本,而文艺次之"⑤。同时,他又是受永嘉学派长期熏陶之人,也十分强调"学成而措诸用"⑥,要学习经邦济世的能力,反对那种学而不用的迂阔书生,强调"读书不可迂,检身不可疏。劝子慎勿学世儒,是言耻行名为愚"⑦。人才观是教育思想的重要组成部分,刘基的人才思想是将培养人与用人结合起来,培

① 《孟子·尽心上》。
② 《诚意伯文集》卷六《杭州富阳县重修文庙学宫记》。
③ 《贾谊新书·大政下》。
④ 《诚意伯文集》卷五《沙班子中兴义塾序》。
⑤ 《明史》卷七十一《选举三》。
⑥ 《诚意伯文集》卷五《沙班子中兴义塾序》。
⑦ 《诚意伯文集》卷十一《送黄岩林生伯云还乡觐省》。

养人要"教其所不知,而不以我之所知责之","引其所不能,而不以我之所能尤之"①。

王阳明是明代中后期越地的又一位大教育家,他一生从事教育达二十多年,先后在龙岗书院、修濂书院和稽山书院讲学。在王阳明的诸多业绩中,讲学是他平生志业重心之所在,王阳明在世时就曾经对此有明确的阐述。据王阳明高足邹守益记述:

> 当时有称先师者曰:"古之名世,或以文章,或以政事,或以气节,或以勋烈,而公克兼之。独除却讲学一节,即全人矣。"先师笑曰:"某愿从事讲学一节,尽除却四者,亦无愧全人。"②

王阳明对世人所推尊于他的文章、政事、气节、勋烈四者均不甚在意,独以"从事讲学"自我期许。可见,作为明代儒家讲学运动的著名代表和领袖人物,讲学在王阳明一生事业中处于非常重要的地位,是其一生志趣之所在和事业之中心。二十余年的讲学生涯,是王阳明保持思想活力、推动学说发展的源头活水。据明沈德符《野获编》所记,王阳明以良知之学,行江浙两广间,而罗念慈、唐荆川等继之,于是"东南景附,书院顿盛"。他坚持以"明学术,变士风,以成天下治"为教育目的,旨在改变学风,提高人的道德水平和根本素质,达到治国平天下。王阳明在长期从事讲学活动和社会教化的过程中,形成了一套独特的方式、方法和原则,概括起来大致有如下诸端:

第一,聚集"辅仁之友"以推动社会讲学。③ 社会性的讲学和教化之大任,非一人所能承担,故阳明于讲学中最重"师友之道",亟欲"得豪杰同志之士扶持匡翼",以"共明良知之学于天下","以济于大同"。④ 由王阳明领导、其众多弟子参与的讲学组织(讲会等),即是以"友"为其核心的。

第二,建立书院、讲会,随地讲学不辍。王阳明自龙场悟道后不久,即开始建立书院(龙冈书院),其一生修建书院甚多。此外,他还创立讲会之制,讲会设有会籍、会约,定期举行。另外,王阳明的讲学活动并不完全依

---

① 《诚意伯文集》卷四《郁离子·麋虎·立教》。
② 《王阳明全集》卷四十一,第1569页。
③ 参见《王阳明全集》卷八,第275页。此语源于曾子,见《论语·颜渊》。
④ 《王阳明全集》卷二,第81页。

托于书院,而是具有"随地讲授"、随机指点、于军务倥偬中仍"倚马论道"等特点,这些都突破了传统的书院教育模式。

第三,面向大众讲学,建立地方社学。王阳明讲学不限于士人阶层,并且已开始顾及"愚夫愚妇"亦即下层平民。王阳明每至一地,便敦促地方建立社学,以"化民成俗"。总之,像王阳明这样将一生的心血倾注于讲学事业,这在中国儒学史上是颇为罕见的。日本著名学者沟口雄三提出,阳明学的历史意义在于它要推进儒教的民众化。① 可以说,王阳明推进儒教的民众化,正是通过民间讲学活动才得以实现的。明代儒家之民间讲学运动,由王阳明发端肇始。王阳明去世后,王门弟子虽分为诸多派系,但继承"师门未尽之志"②、热衷于讲学事业却是共同的。当时,形成了"四方讲会日殷"之局面,同时也使曾长期负谤遭禁的王学终于"大明"于天下。从王阳明高足邹守益、王门两大"教授师"钱德洪和王畿,到王门弟子泰州学派创始人王艮,无不讲学终生。晚明东林学派进一步将明代民间讲学运动推向了高潮。东林学者多以倡气节、辨是非相标榜,他们力主整饬吏治之腐败,故其讲学活动具有浓烈的现实政治批判色彩。东林学派虽然反对王学之末流,但其学脉却源自王阳明③,是王阳明讲学精神的继承者。

王阳明的教育思想主要有:第一,人人都可由教育而恢复固有的"良知",他认为无论"圣人"还是"凡民"都有良知,人人可以通过受教育去除私欲,恢复固有的良知。第二,在教学方法上,主张"躬行实践"的原则,重视"自求自得",认为学习必须独立思考,才能达到"深入心通"的境地;重视循序渐进的教学方法,认为"与人论学,亦须随人分限所及。如树有这些萌芽,只把这些水去灌溉,萌芽再长,便又加水,自拱把以至合抱,灌溉之功,皆是随其分限所及。若些小萌芽,有一桶水在尽要倾上,便浸坏他了"④。重视因材施教的原则,认为学生的个性是有差异的,因此教学方法,也应因人而异,不能采取同一方法。如认为儿童爱唱、爱动、爱游戏,教学时应适应其兴趣,发展其个性。第三,在教学实践中注意培养师生感情。如在会

① 参见沟口雄三:《日本的中国思想史研究之改革与进展》,《国际儒学研究》第 4 辑,中国社会科学出版社 1998 年版,第 19 页。
② 《王阳明全集》卷二十六,第 987 页。
③ 参见钱穆:《中国近三百年学术史》上册,中华书局 1986 年版,第 14、18 页。
④ 《王阳明全集》卷一《传习录下》。

稽讲学中，"中秋夜月明如昼，先生命侍者设酒碧霞池上门人及侍者百余人。酒半酣，歌声渐动，久之，或投壶聚算，或击鼓，或泛舟，先生见诸生兴剧，退而作诗"。

王阳明的儿童教育思想在传统社会中是独树一帜的，不但在当时，即使在今天也具有非常积极的意义。他倡导教育儿童应根据儿童生理、心理特点，从积极方面入手，顺导儿童性情，促其自然发展。主张必须依据儿童身心特点，即"乐嬉游惮拘检"的特点，进行"趋向鼓舞，中心喜悦"的教学。他说："今教童子，必须使其趋向鼓舞，中心喜悦，则其进，自不能已。譬之时雨春风沾被草木，莫不萌动发越，自然日长月化。"①王阳明认为儿童教学必须注意循序渐进，儿童学习应从现有基础出发，逐渐加深，沿其"精气日足，筋力日强，聪明日开"的顺序发展。一个人从婴儿到成人有其发展的阶段性，比如种植树木，须栽培得宜，"从本原上用力，渐渐盈科而进"。儿童的接受能力达到何种程度，便就这个程度进行教学，不可速成。既不能要求过高过急，也不能停留在固定的低水平上。如果不顾儿童的接受能力，把大量的高深的知识灌输进去，就会像用一桶水倾注在幼苗上把它浸坏一样，对儿童有害无益。

他认为儿童的个性是存在差异的，每个人的自然禀赋也不一样，所以教学方法也应该因人而殊，不能用同一方法。他坚决反对用一个模型去束缚儿童，主张通过教学发展每个儿童不同的个性。他认为对儿童进行教育的内容和途径应当是多方面的。他对教育者提出了通过习礼、歌诗和读书对儿童进行全面诱导的要求，并对习礼、歌诗和读书的教育意义和作用分别作了说明。

"诱之诗歌"：他主张以唱歌吟诗的方式来教育儿童，这样不仅能激发他们的志向，而且还能消除他们的顽皮，使他们多余的精力有发泄的机会，也能解除儿童内心的愁闷和烦恼，使他们开朗活泼起来，并能适度地表达其情感。

"导之习礼"：他主张以学习礼仪来教育儿童，这不但能使儿童养成一定的礼仪习惯，而且还能通过"周旋揖让"、"拜起屈伸"等礼仪动作，"动荡血脉"、"固束筋骸"，达到锻炼身体、健壮体魄的作用。

---

① 《王阳明全集》卷一《传习录下》。

"讽之读书"，他主张通过读书，开发儿童的智力，增加儿童的见识，同时还能"存心宣志"，形成儿童一定的道德观念和理想。

此外，王阳明认为还应有"考德"这门课，并作了具体规定。要求每天清晨，检查儿童在家里、在街坊中的"言行心术"及"爱亲敬长"、"步趋礼节"、"忠信笃敬"等做得如何，要婉转地加以诲喻、开导再就席授业。这有利于从小训练儿童的道德行为习惯

王阳明关于儿童教育的论述，是其整个教育思想的精华，它不仅当时在反对传统教育方面具有明显的积极意义，而且在很大程度上符合儿童教育的规律，尤其是他的"自然教育论"的提出，实属难能可贵了。

王阳明在学校教育中多次指明学校必须培养人的才能智慧，他说：学校之中唯以成德为事，而才能之异或长于乐、长于政教、骑射、水土播植者等在学校中便能精其能、熟其事。他这种把德育和智育、体育相结合，而以德育为主，智体、能多处发展的兴学观点，要比孔子的"行有余力，则以学文"的主张来得合理，也较全面，能为社会多培养有才能之士。他的创新、思维、实践、开拓、进取的精神思想，对于我们今天的教育不无借鉴作用。

刘宗周是越地在明末十分著名的教育家。他曾于崇祯四年（1631）在山阴创建"证人书院"，结"证人社"聚徒讲学，以讲明"人人本具良知，圣人人人可做"为宗旨，以诚意、慎独之学纠正王学末流的空疏之失。前后从刘宗周问学者不下千人，而名之为蕺山学派。

清代越地学者讲学之风盛行，出现了一大批讲学专家，并重视对讲学过程中教学方法的总结探讨。他们认为教育事关国家兴衰，极力主张发展教育。对于教学内容、教学方法等，也加以总结研究，并发表了不少富有建设性的改革意见。

黄宗羲是明末清初的著名教育家，在长期的讲学实践中，总结性地提出了许多颇具时代特色的教育观点，成为一位名副其实的教育家。康熙四年（1665）他在鄞县创办证人书院，以纪念其老师刘宗周在绍兴的讲学，康熙六年又到绍兴恢复证人书院，培养了大批人才。

黄宗羲的教育思想集中于批判科举取士的危害性，力主改革旧的教育制度。他认为科举制度的恶果是造成了大批书呆子，这些读书人的知识面极为狭窄，只在《四书》、《五经》的"章句"上下工夫，结果是危及社会，摧残

人才。早在青年时期，他就"愤科举之学锢人，思所以变之"①。后来在《科举》、《传是楼藏书记》、《恽仲升文集序》、《明夷待访录》等文中多次一针见血地指出："科举之弊，未有甚于今日矣！"因自从科举以八股取士后，"场屋文选"盛行，"数百年亿万人之心思耳目，俱用与揣摩剿袭之中，空华臭腐"，而真实之学衰竭，所谓"举业盛，而圣学亡"，造成社会上"空疏无学之人日多"，真正的人才受到摧残。并且败坏了学风，使士人和学校追求的目的，唯在于"富贵而已，利达而已，觊觎剽窃而已"。使得这些读书人学习的唯一目的是为了追逐功名富贵，形成一种盲从和模仿的文风，最终是败坏了学风。他还主张改革教育制度，扩大教育的功能，以限制君权，使"治天下之具皆出于学校"。这种具有民主色彩的教育思想集中在《明夷待访录》一书中。

黄宗羲十分重视学校教育，认为"学校之盛衰，关乎天下之盛衰也"②，在《明夷待访录》等著作中，提出了一系列改革学校教育体制的主张。他认为要为国家培养"才能德艺"之士，就必须建立起一个从大学（太学）、中学（郡县学）到小学（蒙学）和书院的完整的学校教育体系，做到"遍设学校"，"郡邑无无师之士"，实行普及教育。学校除了培养人才外，还应成为监督政府、引导社会风气和国家"公其非是"的机构，即学校不仅是"养士"育才的场所，而且也有"议政"辅政的职能；同时还负有改变社会风气、提高全民素质的使命，如果社会风气不行，那便是"学官之职不修"、"学校之教不明"的表现。他还要求提高教师的社会地位，京师太学的校长（祭酒）应当由"当世大儒"担任，"其重与宰相等"，"祭酒南面讲学，天子亦就弟子之列，政有缺失，祭酒直言无忌"；郡县学官可以干预地方政事，小则纠正地方政府政事之缺失，大则甚至可以罢免地方官，学官本人不隶属于地方政府长官，而是有"郡县公议，请名儒主之"，各科教师"皆听学官自择"，这无疑扩大了学校教师的民主权力和社会作用。在学校教学活动中又十分重视教师的作用，"古今学有大小，未有无师自成者也"，并对教师的素质有明确的要求，在《读师说》中提出"师者，所以传道、授业、解惑也。道之未闻，业之未精，有惑而不能解，则非师矣"。在教育内容上，主张经世致用的实学，学

① 《清史稿》卷四八〇，第 43 册，第 13103 页。
② 《黄宗羲全集》第 10 册，浙江古籍出版社 1993 年版，第 127 页。

生应该文武兼备，并且十分重视自然科学的教学。在教学方法上主张学用一致。

黄宗羲在教学内容上突出强调两点：一是讲究实学，反对空谈，主张经世致用。他揭露明代中叶以来讲学的流弊说："明人讲学，袭语录之糟粕，不以六经为根柢，束书而从事于游谈。"①又批评明末读书社的文人不务实学，"本领脆薄，学术庞杂"，所以"终不能有所成就"。② 他鄙夷那些空谈道德性命而无真才实学的道学家们，指斥他们"封己守残，摘索不出一卷之内……天崩地解，落然无与吾事，犹且说同道异，自附于所谓道学者"③。正因如此，黄宗羲特别强调学者要明经通史，以求经世致用。他说："学必原本于经术而后不为蹈虚，必证明于史籍而后足以应务。"所以，他要求自己的学生"必先穷经"、"兼令读史"。④ 这对于扫除明末脱离实际的恶劣学风起了极大的作用，"凡受公之教者，不堕讲学流弊"，"前此讲堂锢疾，为之一变"。⑤

二是讲学既重经史之学，又重自然科学，包括学习西方的近代科学知识。如在海昌讲学时，向知县许三礼传授了有关《授时历》、《西洋历》、《回回历》的知识，还培养了一个精通数学的陈言扬。他的儿子黄百家继承家学，在经学、史学、历学、数学方面均有较深造诣，并有专著传世。他的学生万经(万斯大之子)在《寒村先生七十寿序》一文中回忆黄宗羲在甬上讲学的情景时说：梨洲弟子对"经学、史学以及天文、地理、六书、九章至远西测量推步之学"，"争各磨励，奋气怒生，皆卓然有以自见"。在黄宗羲的思想和学术风格熏陶下，形成了以甬上证人书院弟子为主力、其流风被于浙东乃至全国，其学脉传于乾嘉以至清末的清代浙东学派。这个学派的学术研究范围很广，诸如经学、史学、文学等，也包括自然科学，但以史学成就最显著。这一学派代表人物，以史学为主兼治经学的有万斯同、万言、邵廷采、全祖望、邵晋涵、章学诚，以经学为主兼治史学的有万斯选、万斯大、黄百家，文学方面有李邺嗣、郑梁、郑性等，自然科学代表人物有陈言扬，但最得

① 引自全祖望：《鲒埼亭集》卷十一《梨洲先生神道碑文》。
② 黄宗羲：《陈夔献墓志铭》，《黄梨洲文集》，中华书局1959年版。
③ 黄宗羲：《留别海昌同学序》，《黄梨洲文集》，中华书局1959年版。
④ 引自全祖望：《鲒埼亭集》卷十一《梨洲先生神道碑文》。
⑤ 全祖望：《鲒埼亭集外编》卷十六《甬上证人书院记》。

梨洲真传的还是万斯同、全祖望和章学诚三人。他还特别重视科技"绝学",主张开设历算、医学、兵法、射术等学科,还要学习测绘、火器、水利等技能知识。

在教学方法上,重实践经验,主博学强识,倡深思多问。在《孟子师说·梓匠轮舆章》中认为人的学问都是通过脚踏实地的学习和实践得来的,从来没有天生的"良知",先天只给人"气质",而"成性"则全靠自己后天的努力,"非人天亦无由见"。而一切知识存在于"人伦日用"之中,学习知识就不能离开实践,所谓"规矩熟则巧生,巧则在规矩之中,犹上达即在下学之中,学者离却人伦日用,求之人生以上,是离规矩以求巧也"。所以,他倡导以"实践为主"的新学风①,这是其教育思想的一大特点。他提倡独立思考,大胆疑问。《明文案序》云:"无深湛之思,学之不成。"在《寿李杲堂五十序》中又反对"生吞活剥"、"填压空舱"的灌输填鸭式方法。还提倡要善于发现问题和解决问题,"小疑则小悟,大疑则大悟,不疑则不悟","小疑则小进,大疑则大进",疑是"觉悟之机"。② 对于博约关系,他指出,既要吸收广博的知识,又要有专一的深造。他反复说明"学不患不博,患不能精,……由博以致精,信矣其可传也"。他还特别指出,"博"与"杂"不可混淆,"学不可杂,杂则无成",学问所"最忌者杂耳"。所有这些,都是黄宗羲的经验之谈,值得人们借鉴。

全祖望是清初著名的思想家、史学家和文学家,这是人所共知的。其实,他也是一位有理论、有实践的教育家。两次出任书院山长,是他晚年最值得重视的事情。虽然从教时间不长,但他的教育思想却弥足珍贵,值得研究。乾隆十三年(1748)九月,全祖望应绍兴太守杜补堂之邀,出任蕺山书院山长。在赴任前答谢亲友欢送时表明,将以南宋山阴的理学家韩贯道这样的"真师"为榜样,在教学中为诸生传道、授业和解惑。到任后,"初课诸生以经义,继以策问、诗古文词,条约既严,甲乙少货。越人始而大哗,继而帖然。一月之后,从者云集,学舍至不能容"③。

"经世务"和"贵有用"是全祖望教学的根本方针,也是他治学的指导思

---

① 参见江藩:《汉学师承记》卷八,上海书店 1983 年版,第 129 页。

② 《黄宗羲全集》第 10 册,浙江古籍出版社 1993 年版,第 220 页。

③ 引自王承健:《全祖望评传》,南京大学出版社 1996 年版,第 77 页;《董谱》,《乾隆十三年谱》。

想。在他看来:"经术经世务,方可见施行。"为此,他告诫诸生说:"诸生读书贵有用,岂徒咕毕夸精能。"①认为刘宗周是"经师"和"人师"的楷模,自己理应以他为榜样,发扬"正学",当好"人师",感叹"正学于今成绝学,经师未易况人师"②。

全祖望在教学实践中,注重启发,力求教学相长,认为"循循诱人,山长之事也"③,比如为了讲清明代学统之"浙宗"与"广宗"之异同,向诸生提出了一系列富有启发性的问题,促使他们去积极思考,进而阐明两者的来龙去脉。④

他认为学生应该"善尊其师"。"尊师重道"是中国教育的优良传统,但在全祖望看来,"弟子各尊其师"是人之常情,理所当然,问题在于要善尊其师,也就是要实事求是地评价乃师,不可"尊其师之过",更不可为了推崇其师,任意贬抑其他学者。

他主张"穷经以博古,治事以通今"的教法,目的是为了"成就人才"。为此制定的"讲堂条约"迄今仍有可资借鉴之处。他制定的"讲堂条约"有四条,一是正趋向,系教学的方向和宗旨。他所要培养的人才,决非是"区区章句之学,搏一科举而已"。他希望诸生以当地的"前哲"为榜样,使自己成长为能够继承学统的学者,"勋业风节"并称的循吏。二是"励课程",规定了教学的内容。针对"近来士习沉溺与帖括之学"的时弊,强调"读尽诸书,不仅以帖括之士终,而亦必不为寻常庸劣之帖括也"。三是习词章,强调词章之学的重要性。在他看来,只要"明经、史、性、理,其于表、论、判、策已非所难;而行文之体,或尚未娴,仍不出帖括家数,以应之亦非难矣"。为此,主张唐宋"'八家文集',及朱子文集不可不读也,亦须时时习之"。四是"戒习气",针对"院中课试陋习",制定了必须戒掉的恶习,以及应该遵守的学习纪律。他赞赏宋代孙复、胡瑗的"立教有法",对诸生小到上课、请假、作业,大至立身处世,皆有极其严格的规定。"三次反规,即移咨斥出讲堂","其或造言生事,分门结党,饮酒狎邪;试艺则代倩传递,种种疵谬,以

---

① 全祖望:《鲒埼亭诗集》卷八《采蕨斋集·故太守汤公茝斋自有大功于越中,而专祀已圮,今祀于书院中,同补堂赋》。

② 全祖望:《鲒埼亭诗集》卷八《采蕨斋集》。

③ 全祖望:《鲒埼亭集外集》卷五十《蕺山讲堂策问》。

④ 参见全祖望:《鲒埼亭集外集》卷五十《端溪讲堂策问一》。

致斥逐谴责"。坚持"绛帐青毡,不可以受藏污纳垢之语",对诸生的"少时致物,非不知其雅意",考虑到"人心不古,物议易生",因此,劝诸生"万勿过于多情",告诫他们:"但能奋然自拔于流俗之中,不为俗人,而为端人;不为俗学,而为正学。"

章学诚是清代著名的教育家,不仅具有丰富的教学实践经验,而且对教学理论有深入的研究和创见。他撰写过《论课蒙学文法》、《清漳书院留别条训》、《清漳书院会课策问》、《定武书院教诸生识字训约》、《答周筤谷论课蒙书》、《与乔迁安明府论初学课业三篇》、《博约》上中下等多篇阐述教学理论的文章,提出了一系列教学观点。他强调教育的目的是"学以致其道",培养对社会经世致用的人才;他主张将古代"经世致用"的经、史著作作为教学的主要课程和内容,反对学习脱离现实、空洞无物的八股时文;在教学方法上,他又提出"尽人达天",因材施教,教学相长,启发理解,知行合一,戒除名心,注重札记,博而不杂,约而不漏等许多真知灼见。章学诚的教育思想,无疑是他的哲学思想、社会政治思想以及文史理论等在教育领域中的具体体现,并且大大丰富和发展了传统的教育理论,其中有些观点,即使在今天看来,也还有一定的现实意义。

三、越地教育思想的传播和影响

从汉代的王充到近现代的蔡元培,众多越地的教育家虽然没有明显的师承关系,但在其教育思想和教育实践中呈现出许多共同之处,反映出一种传承关系。虽然他们的教育主张和教育目的,最终是为了培养具有封建道德、品质的圣贤人物,借此维护封建的伦常关系,巩固封建统治阶级的地位。这同当今社会当然是格格不入的,但是为实现其教育目的而采用的许多教育教学原则和方法,是正确的,对现代教育教学的改革和素质教育深化发展具有借鉴作用。梳理他们的教育思想,每多与近现代教育学说相近。

以经世、教化社会为目的的教育思想能与近现代的教育思想对接 作为教育思想家和实践者,他们对整饬风化、严肃纲纪、德教为本的强调,对教育的功能和地位的认识有许多可资借鉴的观点。宋濂认为与法令相比,教育为先,在他看来,"政令能禁民为非,而施教者乃能使民自不忍为非"。刘基强调"教为政本",重视教育的政治功能,继承于贾谊的思想而不同于孟子政教功能区别的分析。讲学是阳明心学的经世之"要",王畿认为:"夫儒者之学,务于经世,但患于不得其要耳。"①王阳明也说过须以讲学为"天下首务"的话。而讲学的宗旨则在于变革人心。王阳明把以精神建设和人心改善为宗旨的讲学运动,视为儒家首要的社会事务,他的经世大业的着眼点虽在讲学,但其最终的社会理想仍关乎国家和天下的治平。其经世思路的基本脉络是:从聚集天下"豪杰之士"起而倡明学术亦即讲学开始,通过改变士风,进而扩展为全社会范围内改善人心的运动,最后达到天下之治。故着眼于人心改善的讲学经世,是以王阳明为代表的明代儒家学者关注的焦点。他自弘治十八年乙丑(1505)以来,即以讲学为己任,"一时执经问业者几遍天下。虽在迁谪流离、决胜樽俎之际,依然坐拥皋比,讲学不辍"②。阳明晚年归越,是他讲学的全盛期,"每临讲座,前后左右环坐而听者常不下数百人"③。

全面发展、德育优先,以培养经世人才为教育目标与近现代教育思想的契合 吕祖谦提出"育实材而求实用"的培养目标,比较全面地论述道德和"智力"、"才能"的关系,强调教育要把道德、诚信放在首位,在此基础上培养学生治国理政的实际能力,针对科举取士造成读书成为叩开仕禄之门的敲门砖的弊端,强调读书学习当"求实用"。王充认为一个人通过受教育可以做到"学问日多,简练其性,雕琢其材",使之成为"知大圣之意"、"晓细民之情"的治国贤能之士。④ 叶适认为教育的目的就是培养治国安邦的人才,既晓明道义,又有真才实学,德才兼备,文武兼资,博学又多能的俊秀之士。王阳明规定的课程,综合起来正好是德智体美四者;其中,德育居首位。

从泛观广接到兼容并包,强调教学内容上的广泛性与近现代通识教育、素质教育思想的暗合 陈亮主张教学内容应是广通博洽,百家异流皆可教学。叶适主张广采博取以合于时用,在学校里应该百家可读,时政可

① 《王阳明全集》第37卷,第1361页。
② 《王阳明全集》第41卷,第1621页。
③ 《王阳明全集》第3卷,第118页。
④ 参见王充:《论衡·量知篇》。

议。既要对不同门派有宽容精神,又要勇于存疑。

不同历史时期的越地教育家都十分注重教学方法的总结研究,形成了一系列在当今都具有现实意义的教学方法论。一是强调要持之以恒,做到"悠久胶固"才会有进步,"工贵其久,业贵其专",更要知其所以然,学思并重,"动静必偕",教诲学生要在实事实学上用功,教育者不仅要培养学习者观察和分析社会总结历史的能力,更要培养他们解决现实社会各种问题的能力。叶适总结的教学方法质实、讲论、创发,要求在实事求是上下功夫,一切就实事上理会,把师友之间的讲论、争辩看做是一种最好的学习方式,创发以质疑不盲从和敢于提出自己的新见解为侧重点。宋濂提倡启发式教育,要调动学生学习的积极性,引导学生从容求索,深入体味,消化吸收所学知识。

二是强调要独立思考。只有打破垄断,才能使道、学成为"天下之公道"、"天下之公学"。王阳明则重视学习的"自求自得",只有独立思考,才能达到"深入心同"的境地。黄宗羲在教学方法上重实践经验,主博学强识,倡深思多问。主张独立思考,大胆疑问,认为疑是"觉悟之机",他在讲学中突出提倡怀疑精神,认为"小疑则小悟,大疑则大悟,不疑则不悟"。"泛然而轻信"的盲从,实则"非能信也,乃是不能疑也"。注意区分博与约、博与杂的关系。

三是要注重循序渐进、因材施教。特别是王阳明的儿童教育思想在当时独树一帜,在今天也有借鉴意义。因材施教的目的在于使受教育者"各成其材"。他说:"因人而施之,教也,各成其材矣,而同归于善。"①他认为每个人都有其长处,教育者如能就其长处加以培养,就可能使他们某一方面的才能得到发展。

四是要教学相长。王阳明不同意"师无可谏"之说,认为谏师之道可"直"可"婉",直非"犯",婉非"隐","使吾而是也,因得以明其是;吾而非也,因得以去其非,盖教学相长也"。黄宗羲提出"不附会源流,不倚门傍户"的新型师友关系。认为欲把握"学脉"之流衍,兴复经世之实学,必借助于新型师友之传承,"学之盛衰,关乎师友"②。这种师友关系,已非同于

---

① 《王阳明全集》卷七《别王纯甫序》。
② 《黄宗羲全集》第 10 册,浙江古籍出版社 1996 年版,第 454 页。

"释氏之五宗"为争偏正而聚讼不已的混乱于滑转,"儒者之学,不同于释氏之五宗,必要贯串到青原、南岳。夫子既焉不学,濂溪无待而兴,象山不闻所受,然其间程、朱之至何、王、金、许,数百年之后,犹用高、曾之规矩,非如释氏之附会源流而已"①。

五是强调学习态度的重要性。叶适认为立志、勤奋和虚心是应有的学习态度。

从学而优则仕的精英教育到社会教化运动产生了教育思想的现代因子　学校教育,渐渐转变成社会教育。于是乃有所谓讲会之兴起。阳明讲学的社会教化使命就是要转变人心和提升人的精神品质,促使"间于有我之私、隔于物欲之蔽"的常人之心转变为"以天地万物为一体"的"圣人之心";进而使社会所有成员之人心同趋于普遍性和整体性之境域("复其心体之同然")。德国哲学家伽达默尔(Gadamer)在论及教化的本质和使命时说:"人类教化的一般本质就是使自身成为一个普遍的精神存在","教化作为向普遍性的提升,乃是人类的一项使命"。② 此与阳明之表述虽不尽相同,但致思取向却是大体一致的。钱穆说:讲会其先原于阳明之惜阴会,阳明弟子如王龙溪、钱绪山诸人,推行尤力。……泰州心斋讲堂,则实近于讲会。盖渐次脱离书院性质,而近于社会演讲。③ 可见,阳明后学透过一般性的讲演跟民众直接接触,传播其学说,使学术通俗化。这样的发展,致使"讲学变成书院活动的中心,更甚于教育本身"④。社会公开演讲表明现阶段的教育,与民间接触是一平常现象,学术透过这种方式传播到民间,这是学术通俗化的第一步。通俗化的学术跟官方较为严谨的学术态度有所不同,引发的连锁效应也自然不同。王艮创立的泰州学派,其门人有樵夫、陶匠、田夫等⑤,常能深入民间,使得学术通俗化的气氛浓厚,其教育特质具有平民化的趋向,这种发展突破了阶级之分,是为创造一个比较平等的社会所进行的一次难能可贵的探索。

① 《黄宗羲全集》第 7 册,浙江古籍出版社 2000 年版,第 6 页。
② 伽达默尔:《真理与方法》,洪汉鼎译,上海译文出版社 1999 年版,第 14、15 页。
③ 参见钱穆:《国史大纲·下册》,台湾商务印书馆 1985 年版,第 611—612 页。
④ 李弘祺:《绛帐遗风——私人讲学的传统》,林庆彰主编《中国文化新论·学术篇》,台北联经出版公司 1991 年版。
⑤ 参见黄宗羲等:《明儒学案》卷三十二《泰州学案一》。

越
文
化
通
论

第八章　越地经济思想的传承

越地特殊的地理环境和长期以来与中原大地经济发展的差异性,对越地学者认识和研究经济问题必然会产生重大的影响。而越地学者那种长期以来形成的疾虚妄、追求事功和经世致用的治学特点,更决定了他们的经济思想突出地强调农商俱利、农商并重、农商皆本等主张,构成了越地学者富有特色的经济思想。

一、"农商俱利"的经济思想及影响

农商俱利的经济思想,在越地有着悠久的历史。早在战国时期,越国争霸的四大功臣之一的计然就为句践献策,提出了强国必先富国的方略。其富国的方法主要是发展生产,经营商业,从中取利。《史记》说"修之十年",《吴越春秋》说"三年五倍,越国炽富"。计然在越国期间提出了许多重要的经济思想,散见于《越绝书》、《吴越春秋》、《史记》等史籍中,这些思想对后人的影响也是巨大的。

他认为要"时断"、"智断",强调遵循客观规律的重要性。《越绝书》记载计然的一段话:"臣闻君自耕、夫人自织,此竭于庸力,而不断时与智也。时断则循,智断则备,知此二者,形于体万物之情短长逆顺,可观而已。"《史记·货殖列传》引用计然的话为:"知斗则修备,时用则知物,二者形则万货之情可得而观已。"强调农业生产要受天时支配,天时的变化有一定的规律,"循"这些规律办事,才能获得丰收而致富足,这是他根据经验而悟出的认知。

他最早把"农末具利,市粜齐物,关市不乏"作为治国之道。在春秋战国之际,随着铁制农具的广泛使用,农业生产有了较大发展,同时带来了手工业的兴旺,商业也因之发达起来。面对产业分工的发展,作为国家的统治者如何摆正三者的关系,成为历史上争论不休的话题。我国历史上一向以农业为"本",其余都称之为"末",《越绝书》中记载了计然关于本末关系的一段形象说法:

> 籴石二十则伤农,九十则伤末,农伤则草木不辟,末病则货不出,故籴高不过八十,下不过三十,农末具利矣。故古之治邦者本之,货物官市开而至。

并且提出官市要根据年成的丰歉进行货物调济,丰年粮价偏贱,这时候,官市就收买粮食,卖牲畜及其他货物,歉则粮价上涨,官市应出卖粮食,收买田宅牛马,积敛货物。这样就可以保持粮价的稳定,国家也可以从中取得五倍到十倍的利益。接着他从备战和地理环境的角度阐述了必须"农末具利",从与吴争霸的需要看,"兴师者,必先蓄积食钱布帛,不先畜〔蓄〕积,士卒数饥,饥则易伤,重迟不可战"。从越国的地理环境看,越国"山林幽冥"、"西则迫江,东则薄海",虽无饥馑之患,但也因无积聚而多贫,只有国家经营商业,急功近利,以促进农业生产的发展,使"本""末"相得益彰,共同发展。

他也是最早提出"有余不足,则知贵贱"的货、币流通思想的人。他总结了经营商业活动的两条"生意经",一是货物的进出一定要快,不能堆积起来,不求完备,只求流转得快,积压起来就无利可图;二是摸清行情,了解有余和不足,因为货物的贵贱是由有余和不足的供求关系决定的。当某一种商品的价格贵到极点时,必然会贱,因而应把它看成粪土一样,赶紧抛售出去,以防"息币";当某一种商品价格贱到极点时,必然会贵起来,反而应把它视如珠玉,赶紧把它收进来,以待价而沽。这样财币才会"行如流水",国家才能富足。

范蠡是春秋战国之际一位深谋远虑的战略思想家,同时又是一位农商并重、精通经济事务和经营谋略的理财家。他才思敏捷,善于观察事物的变化,探讨自然界和社会经济事务的发展规律,并以此指导经济活动。他传奇般的复杂经历和在事业上取得的巨大成就,使他在中国历史上留下了不可磨灭的影响。范蠡的财经管理思想,是我国春秋战国之际社会经济发展进入一个新阶段的典型反映。作为一个理财家和政治家,他积极主张把农商俱利作为实现富国强兵战略目标的政策措施。作为一个商业经营者,他主张实行利商政策,鼓励商业的发展,发挥商业在经济生活中的积极作用。作为一个思想家,他力求从事物发展的客观必然性上认识社会经济的发展过程,并以此作为指导国家财经管理政策的基础。虽然由于历史条件的制约,其思想不可避免地带有局限性,但其探讨问题的思想深度和在治国中取得的成就,已足以证明其思想价值和社会作用并不在管仲之下,其思想精华是中国传统文化的宝贵精神财富。

在治理越国的过程中,范蠡提出了"待乏"原则和"积著"之理的商贸理论。所谓待乏,是指经商所选的商品应以将来迫切需要而现在并不需要者为最佳。因为市场供求决定于自然规律影响下的生产收成状况。商品有余则贱,不足则贵;物价上升到一定程度就下降,下降至一定点又会回升。因此,精明的商人应"水则资车,旱则资舟"。所谓积著,是指经商获取利润一般要注意的问题,主要内容为手中所存的商品质量要好,"务完物";要加速货币周转速度,做到"无息币",即没有积存在手中的货币资金,使资金在充分运转中实现保值增值,"贵出如粪土,贱取如珠玉",财币欲行如流水,才是商人追求的理想状态。

范蠡把平粜法作为落实农商俱利的根本措施,并以此为治国之道,指出:

> 夫粜,二十病农,九十病末。末病则财不出,农病则草不辟矣。上不过八十,下不减三十,则农末俱利。平粜齐物,关市不乏,治国之道也。

表达了与计然完全一致的思想。平粜法注重协调农商关系,要求粮价波动既应有利于农,也应有利于商,使农民和粮商都有利。即既不损害农民种田积极性,也使商人有利可图。从经济学的角度讲,平粜法比较接近对价值规律的认识。因为,范蠡认为,价格波动不能废止,只能控制在一定幅度之内,使之不要离开价值过大,这说明他认识到客观上存在一种适当的价格波动幅度,它的标志就是看其是否有利于农、商的全面发展,而这一点只能通过适当的调节措施来实现。以此而言,即使范蠡认识不到价值规律的概念及作用,但至少说明他在管理市场粮价问题上是符合这个思想方向的。

二、"农商并重"的经济思想及影响

历史上,越地一直是全国工商活动较为发达的地区。早在秦代以前,越国大臣范蠡辅助句践打败吴国之后,就弃官从商,富甲天下,成为中国历史上有名的大商人。晋时,宁波"商贾已北至青、徐,南至交广"。唐代时,宁波、温州都是有名的贸易港。南宋期间,杭州、宁波、温州等地官方都设有市舶司,专管海外贸易。明清时,政府厉行海禁,但宁波、温州一带走私贸易很活跃,商人还装运硝黄、丝棉等违禁物品到日本等国做生意。近代以来,涌现出了众多著名的工商业巨子,经商理财办实业,进入新时期,更是领时代风气之先。商业文化的发达,突出了与儒家正统的重农抑商观念相背离的特点。

在两千多年的封建社会发展史中,两宋可以说是一个转折时期,经济社会发展出现了许多新的特征。反映在学术思想中,宋代学者在经济思想中集中地体现了"重本抑末"的传统经济观开始受到越来越多的严厉批判,一批政见不一的精英在经济思想上却表现出惊人的一致,如范仲淹为商人鸣不平,欧阳修力主"使商贾有利而通行"[1],李觏要求"一切通商,官勿买卖,听其自为"[2],吕陶建议"罢去榷利,许令通商"[3],苏轼反对"与商贾争

---

[1] 《欧阳修全集·居士集》卷四十五。
[2] 《李觏集》卷十六。
[3] 吕陶:《净德集》卷三。

利",主张"农末皆利"①,王安石曾提出"罢榷茶之法"②等等,说明商品经济思想的发展在当时已经具有普遍性和客观性。

传统的义利观也有较大的突破,如李觏的"人非利不生,曷为不可言?"③司马光提出"为国者当以义褒君子,利悦小人"④,苏洵则提出:"义利、利义相为用。"⑤义利已无褒贬且先后可以颠倒。这些思想主张都具有鲜明的反传统意义,许多观点属于历史上最先提出的,在经济思想史上颇有价值,对于促进宋代的商品经济发展具有重要意义。

"农商并重"的观念在越地学者中间得到普遍的认同和提倡,既有其社会大背景和思想文脉的传承,更有其区域经济社会发展的特殊环境。两浙是宋代先进地区,商贸繁荣、经济发达,人文荟萃;"两浙之富,国之所恃"⑥。

宋代东南六路经济发达,不仅有杭州、苏州、扬州等大城市,而且诸多市镇、集市发展,加上水陆交通与海外贸易之便,形成多层次、多类型的城乡区域市场网络。"京师漕粟多出东南,江浙居于大半。"⑦《宋史·食货志》记载:"东南之利,舶商居其一。"两浙市舶司先后管辖杭州、明州、温州、秀州华亭县、青龙镇五处市舶务,说明这里海贸兴盛。东南沿海宋钱大量外流,日本、高丽及南洋各国都有。不过,也有学者如程民生提出:"东南经济只能与北方经济平分秋色,而不能独占鳌头。经济重心在南移的历史过程中……"⑧

两浙的赋税在中央财政的来源中占据十分重要的地位,两浙也是丝织业最为发达的地区之一,其产品质地有"密而轻,如蝉翼"之誉,生产规模日渐扩大,形成了"千室夜鸣机"的景象,出现了"机户"、富工、富贾等新的社会阶层,由此也带来了整个社会经济观念较大的变化,尤其在职业观、消费观、义利观等基本方面。越地风俗习惯的变化也饱受非议,如曰:"俗奢靡而无积聚,厚于滋味。"⑨"越俗僭宫室,顷赀事雕墙。佛屋尤其侈,眈眈拟

① 《苏东坡全集·续集》卷十一、《奏议集》卷十二。
② 《王临川集》卷七十。
③ 《李觏集》卷二十九。
④ 《温国文正司马公文集》卷三十九。
⑤ 苏洵:《嘉祐集》卷八。
⑥ 《苏东坡全集·奏议集》卷九。
⑦ 卫泾:《后乐集》卷十三《论围田札子》。
⑧ 程民生:《宋代地域经济》,河南大学出版社1992年版,第331页。
⑨ 《宋史·地理志四》。

侯王……饭以玉粒粳,调之甘露浆。"①陶谷的《清异录》卷一记载当时天下"九福"其中有"吴越口福"之说。越人对商业逐利行为习以为常,"渤海之民罕传圣人之学,习俗浮泊,趋利而逐末,故虽有良子弟,或沦于工商释老之业,曾不知师儒之道尊而仁义之术胜也?"②苏舜钦说:"越俗浮薄,节行不坚。"③《梦粱录》多处讲到这里风俗奢侈,骄奢淫逸,"至于贫者,亦解质借兑,带妻挟子,竟日嬉游,不醉不归。此邦风俗,从古而然,至今亦不改也"④。杨简作《劝农文》说这里"其一风俗好奢,故虽耕而终贫;其二风俗好争,以好争故虽耕而终于贫……皆以奢侈为美为荣,父子兄弟意向,州闾邻里意向,无不趋于奢,无不羞于俭"⑤。

　　浙东注重农商并重具有深厚的根源,相比之下,浙西存在着较大差距。浙东包括温、处、婺、衢、明、台、越七州;浙西包括杭、苏、湖、秀、常、严六州及江阴郡、镇江府八地。浙东多山地,浙西多泽国。王柏说:"东浙之贫,不可与西浙并称也。"⑥由于浙东山地贫瘠,负山近海不宜耕种,如越州"地无三尺土"⑦;台州"负山濒海,沃土少而瘠地多。民生其间,转侧以谋衣食"⑧。浙东粮食不能自给,"全借浙右客艘之米济焉"⑨。其生存出路在于工商业的发展,如温州"其货纤靡,其人多贾"⑩。"永嘉不宜蚕,民岁输绢,以贸易旁郡为苦。"⑪《宋史·地理志》说这里的人"善进取,急图利,而奇技之巧出焉"。总之,这里与中原内陆农耕区域的安土重迁、贵本贱末、黜奢崇俭、重义轻利等等不同。

　　就当地经济结构来看,这里酿酒、产盐、造纸、采矿、漆器、制瓷、造船等是重要行业。如"二浙产盐尤盛他路,自温州界东南止闽、广,盐升五钱,比

---

① 《欧阳修全集·居士集》卷二《送慧勤归余杭》。
② 陈襄:《古灵先生文集》卷十九《杭州劝学文》。
③ 《苏舜钦集》卷十三《杜谊孝子传》。
④ 吴自牧:《梦粱录》卷一《八日祠山圣诞》。
⑤ 扬简:《慈湖遗书》卷五。
⑥ 王柏:《鲁斋集》卷七《赈济利害书》。
⑦ 庄绰:《鸡肋编》卷上。
⑧ 陈耆卿:《嘉定赤城志》卷十三。
⑨ 周去非:《岭外代答》卷四。
⑩ 程俱:《北山集》卷二十二《席益差知温州制》。
⑪ 陈傅良:《止斋文集》卷五十一。

浙贱数倍"①。据研究,南宋盐利占国家财政的 48.4% 至 54.2%。② 时人说:"今日财赋之源,煮海之利实居其半。"③造纸业也很发达,嵊县的剡纸,余杭的由拳纸都很有名,而"温州作蠲纸,洁白紧滑,大略类高丽纸。东南出纸处最多,此当为第一焉。自余皆出其下,然所作至少"④。温州的漆器长期占据东京市场,《东京梦华录》卷二记汴京宣德楼前专有"温州漆器什物铺";温州雨伞也是古今有名之物。温州还是造船基地之一,《宋会要辑稿·食货》卷四十六之一记载两浙路造船最多,宋哲宗时令温、明二州每年造船六百艘。这里还是商贸口岸,绍兴二年(1132)及元代先后置市舶司于温州,当时,广、泉、明三州为主要海贸港口。

与经济繁荣相应的是文化的昌盛,素有"东南财赋地,江浙人文薮"⑤之称。叶适《汉阳军新修学记》的说法是"今吴、越、闽、蜀,家能著书,人知挟册"⑥。"夫吴、越之地,自钱氏时独不被兵,又以四十年都邑之盛,四方流徙,尽集于千里之内,而衣冠贵人不知其几族!"⑦永嘉学派所在的温州地区"素号多士,学有渊源。近岁名流胜士,继踵而出"⑧。时有"温州多士东南最"之说。据统计,《宋元学案》所载两浙学者中浙东七州共 534 人,浙西八地共 146 人;南宋两浙状元共 23 人(状元总数 49 人),福建 13 人居次,两宋状元合计也是两浙 30 人居首位。《宋史》正传与《循吏传》统计两宋南方为官者以两浙最多(250 人),超出第二位的福建(124 人)一倍多。最高层次的人才是宰相,两浙先后有 29 人任相,远比第二位的福建 18 人要多。⑨

这是主张农商并重的社会背景和人文基础,而最早明确提出此观点的是北宋元祐年间天台县令郑至道,提出了"四民皆本"的主张:"古有四民:曰士、曰农、曰工、曰商。士勤于学业,则可以即爵禄。农勤于田亩,则可以聚稼穑。工勤于技巧,则可以易衣食。商勤于贸易,则可以积财货。此四

---

① 方勺:《泊宅编》卷三。
② 参见漆侠:《宋代经济史》下册,上海人民出版社 1988 年版,第 855 页。
③ 《宋会要辑稿·食货》卷二十七之三十三。
④ 陶宗仪:《说郛》卷二十。
⑤ 陈正祥:《中国文化地理》,三联书店 1983 年版,第 16 页。
⑥ 《水心文集》卷九。
⑦ 《水心别集》卷二《民事中》。
⑧ 《宋本方舆胜览》卷九。
⑨ 参见程民生:《宋代地域文化》,河南人民出版社 1997 年版,第 311、236、234、135、142—143 页。

者,皆百姓之本业。自生民以来,未有能易之者也。若能其一,则仰以事父母,俯以育妻子,而终身之事毕矣。不能此四者,则谓之浮浪游手之民。浮浪游手之民,衣食之源无所从出,若不为盗贼,则私贩禁物,一旦身被拘系,陷于刑禁,小则鞭挞肌肤,大则编配绞斩,破荡家产,离弃骨肉,方此之时,欲为四民之业而何可得也?"①

系统进行理论阐述的是南宋浙东学派。作为事功学派,其经济思想应是十分重要的核心内容。金华、永康两派在经济思想方面或有独到之处,但不突出,尽管陈亮与朱熹进行了亘日持久的"王霸义利之辨",但其经济思想却不够系统,不足以反映浙东实学经济思想的最高成就。相比之下,叶适的经济思想则较为丰富而系统,且具有其特色和思辨性,成为后人研究的重点。

吕祖谦作为南宋最著名的学者之一,虽然经济思想不是他研究和思考的重点,但在接触和接受事功主义思想的过程中,还是提出了一些有价值的经济思想,其重点是关于"取民有制"的思想。南宋以来,境内的经济生活发生了重大变化,首先是随着统治辖区的缩小,维持封建国家机器正常运转和统治集团奢侈挥霍的费用,加倍地落到了南宋境内人民头上;其次是宋每年向金政权纳贡所需的巨额财政开支转由百姓承担;三是大批达官显贵随着宋室南下,利用封建特权巧取豪夺,土地兼并之风愈演愈烈,大批失地民众流离失所。全国最为富庶的地区出现"民力凋残",社会经济很不景气,"嗷嗷之声,比比皆是,民心散叛,不绝如丝"②。饥寒交迫的农民揭竿而起,此起彼伏,极大地震撼了南宋封建政权。吕祖谦正是在这样的背景下探讨消弭农民起义的经济原因。

他依据孟子"无君子莫治野人,无野人莫养君子"的观点,指出统治阶级只有珍惜劳动群众的辛勤劳动,才能换取他们的"甘心奉养"。"民之服田力稼,岂不其劳?君若以为宝,民则以为好。谓其甘心代人君之力而奉养也。"③由此提出"取民有制"的思想,认为:

> 损之卦,损下益上故为损。盖上虽受其益,殊不知既损下,则上亦

---

① 陈耆卿:《嘉定赤城志》卷三十七《谕俗七篇》。
② 李心传编:《建炎以来系年要录》卷四十一《绍兴元年正月癸亥韩璜奏疏》,中华书局1956年版。
③ 《吕东莱文集卷》十五《诗说拾遗》。

损矣。……凡上有取于民皆为之损，合上下二体而观之，下当乐输而不怨，上当取于民有制，不可无所止也。①

认为向封建国家缴纳赋税是"民"之不可逃避的责任，督促"民"按时缴纳赋税则是每个地方官吏的职责。但反对竭泽而渔，掏空自己统治的物质基础，认为这只能带来财政枯竭，从而最终危及封建统治本身，因而"损下"归根到底是"损上"，这才是真正的损。进而他针对统治者骄奢淫逸和重赋苛税会带来"倾覆之患"的严重后果，提出了"与民安息"的对策。"用广大平易之道，与民安息。如是，则可以得民之心，而民归附矣。"②与民安息，也就是努力创造一个与民休养生息的社会环境，由此力倡"广取不如俭用"的思想。他认为与其千方百计地榨取民众之血汗，倒不如适当地减少些开支，实行"俭用"的方针。他总结历代封建政权的兴衰史后指出："大抵朴素简约，即兴之渐；奢侈靡丽，即衰之渐，天下国家皆然。"③他特别强调在"札瘥凶荒"之际，则务必要"薄征"、"散利"，方能安然无恙。"荒政十有二，……一曰散利，二曰薄征，此两者荒政之始，散利是发公财之已藏者，薄征是减民租之未输者，已藏者既散之，未输者又薄之，荒政之大纲既举矣。"④

陈亮在《四弊》中提出了他的行业分工认识："商藉农而立，农赖商而行，求以相补，而非求以相病。"这不同于传统的"重本抑末"思想而主张农商并重。他主张富民，为富人说话，在《上孝宗皇帝第一书》中反对"折困天下之富商巨室"，批评王安石变法"惟恐富民之不困也"，"惟恐商贾之不折也"，要求朝廷保护富民。在义利观方面倡言功利，提出："禹无功，何以成六府？乾无利，何以具四德？"⑤他说"人生不能无欲"⑥，与要求"去欲"的观点不同；认为"利之所在，何往而不可哉！"陈亮进而主张"农商一事"，他虽然以农业为国家富庶之本，强调农业为国家财利之源，必须推行农业生产的保护政策，以促进农业经济的正常发展，但并不由此而贬抑工商，视工

---

① 《吕东莱文集》卷十四《易说损益》。
② 《吕东莱文集》卷十四《易说解》。
③ 《吕东莱文集》卷十九《史说》。
④ 《吕东莱文集》卷十六《周礼说》。
⑤ 黄宗羲等：《宋元学案》卷五十六《龙川学案》。
⑥ 《龙川文集》卷二十三。

商为末,认为:

> 古者官民一家也,农商一事也。上下相恤,有无相通,民病则求之官,国病则资诸民。商藉农而立,农赖商而行,求以相补,而非求以相病。……《周官》以司稼出敛法,旅师颁兴积,廪人数邦用,合方通财利。……使得以行其意而举其职,展布四体,通其有无,官民农商,各安其所而乐其生,夫是以为至治之极,而非徒恃法以为防也。①

在农商求以相补、互资为用的观点下,陈亮既提倡农民肆力于田亩,辛勤于稼穑,又鼓励合法的商业活动,并认为天下应有豪民富商,反对提倡平均主义。他对王安石变法大加指责,认为:"王安石以正法度之说,首合圣意,而其实则欲籍天下之兵尽归于朝廷,别行教阅以为强也;括郡县之利尽入于朝廷,另行封桩以为富也。青苗之政,惟恐富民之不困也;输均之法,惟恐商贾之不折也。"②在他看来,民生固当体恤,但不思谋求其根本之强固,而以困折富民商贾为事,推行平均主义,其结构将是全社会之普遍贫困。

同时他强调"厚本而劝农",认为这是治具之綦大者。③ 只有发展农业,巩固社会的经济基础,才能从根本上解决财用匮乏问题。虽然他认为事随世变,要求恢复"井田制"实际上已无任何可能,但仍然认为农业这一经济基础的动摇、农民受到轻视以及社会贫富悬殊现象的出现,都直接起始于"井田制"之废除。

主张"理财贵宽民",视减轻赋税,使民富为国富之本。他赞扬汉章帝的宽厚之政,"复平徭役以惜民之力,简赋敛以爱民之财",以表明自己的思想观点,并体现对现实的批判。指出当今财源之枯竭原于民生之凋敝,民生之凋敝则原于官府之横敛暴征,巧取豪夺。在名目繁多的各种赋税之中,他尤其认为"经总制钱"最为有害,郡县之空虚,民财之枯竭,皆起于经总制的额外征敛。

叶适是南宋时代比较关注经济问题,对经济有过比较系统论述的思想家。他远承伊洛,近师周、郑,光大薛、陈而集永嘉学之大成;其学术是有宋以来反传统思想与务实精神的集中体现,是中原文化的发展流变与东南地

---

① 《陈亮集》卷十二《四弊》。
② 《陈亮集》卷一《上孝宗皇帝第一书》。
③ 参见《陈亮集》卷十八《汉论·明帝》。

域社会经济结合的产物。

在叶适的经济思想中突出地强调了对"厚本抑末"观的否定,提出要为财富正名,肯定工商业和富人大贾的重要作用。主张要宽民富民。这些重要思想不仅反映了时代的新要求,对南宋以后浙东经济社会发展产生了重要影响,而且站在新旧千年的当代中国的立场上,也可以发现有许多值得我们借鉴之处,甚至有的学者将叶适的经济思想概括为"经济自由主义"。

叶适的经济思想是系统的。

在义利观上强调崇义以养利 这是他要为财富正名,肯定工商业的作用的理论前提。叶适说:

> "仁人正谊不谋利,明道不计功",此语初看极好,细看全疏阔。古人以利与人而不自居其功,故道义光明。后世儒者行仲舒之论,既无功利,则道义者乃无用之虚语尔。①

汉代大儒董仲舒的名言受到"全疏阔"的评价,无功利的道义被认为只是无用的"虚语",这是对传统儒家的义利观进行的深刻修正。叶适解释道:"古人以利和义,不以义抑利。"②"昔之圣人,未尝吝天下之利。"③他说:"古人之称曰:'利,义之和';其次曰'义,利之本';其后曰'何必曰利?'然则虽和义犹不害其为纯义也;虽废利犹不害其为专利也,此古今之分也。"④他主张"成其利,致其义"⑤。也就是说,在他看来,"利"不仅与"义"不矛盾,而且是"义"的基础,完全不同于将"义"置于首位或要求以符合"义"的规范来取"利"的要求。他并非不言"义",而是主张把义理与功利结合起来,"仁义"以功利为基础,利义统一。他强调致富,但认为"'崇高莫大乎富贵',是以富贵为主,至权与道德并称,《书》、《诗》何尝有此义,学者不可从也;从之则富贵不足以成道德,而终至于灭道德矣"⑥。他不认为义利是对立的,也不主张"明道"和"计功"对立;功利是义理的外化,主张结合事功讲义理,他说:"崇义以养利,隆礼以致力"⑦,"义"成为养"利"的手段。

---

① 叶适:《习学记言序目》卷二十三。
② 叶适:《习学记言序目》卷二十七。
③ 《水心别集》卷三《官法下》。
④ 叶适:《习学记言序目》卷十一。
⑤ 叶适:《习学记言序目》卷二十二。
⑥ 叶适:《习学记言序目》卷四。
⑦ 《水心别集》卷三《士学上》。

公然批判重本抑末,重视工商业的发展 叶适认为三代"皆以国家之力扶持商贾,流通货币",到汉代始行抑商政策,他认为:

> 夫四民交致其用而后治化兴,抑末厚本,非正论也。使其果出于厚本而抑末,虽偏,尚有义。若后世但夺之以自利,则何名为抑?①

此前反对"重本抑末"者也不乏人,但对这一传统教条本身进行公然批判否定、从学理上指为"非正论"的则自叶适始。尽管他还未能从根本上改变"农本工商末"的基本理念,但他的"非正论"说,已经标志着宋人的商品经济观念进入一个新的历史时期。他主张"商贾往来,道路无禁"②,指出"夫山泽之产,三代虽不以与民,而亦未尝禁民自利",当时"而坐盐茶、榷酤及它比、巧法、田役、税赋之不齐以陷于罪者,十分之居其六七矣。故曰比三代之刑为重"③。他要求政府改变政策。

叶适对工商业的重视,不仅表现在反对重本抑末和夺商专利方面,而且提高到欲使工商业者参政议事、进入统治集团的程度。"其要欲使四民世为之,其理固当然,而四民古今未有不以事。至于丞进髦士,则古人盖曰无类,虽工商不敢绝也。"④否定不许工商子弟为官的旧规,主张入仕无身份限制等,在经济思想史上有着重要意义,这与时代变迁相关联。当时"乃至工商之子亦登仕进之途","如工商杂类人内有奇才异行卓认不群者,亦许解送"⑤。苏辙说:"凡今农工商贾之家,未有不舍其旧而为士者也"⑥,与唐代"工商之家不得预于士"⑦不同了。叶适的观点很有价值,当时随着商品经济的发展,商人的经济地位提高,政治利益要求也提上日程;而古代中国谈不上有商人思想家,因此士大夫集团中代表商人利益、为他们讲话的意见就很难得。从北宋范仲淹以"吾商"自喻,到叶适要求许可工商业者入仕,证实社会经济发展促进了思想观念变化。不过,这还是有很大局限性的,与西方的市民阶级的自治权益要求不同。

提出了圣君贤臣都应善理财的思想 由于儒学传统"讳言财利",连大

---

① 叶适:《习学记言序目》卷十九。
② 《水心别集》卷一《治势下》。
③ 《水心别集》卷二《国本下》。
④ 叶适:《习学记言序目》卷十二。
⑤ 《宋会要辑稿·选举》卷十四之十五、十六。
⑥ 苏辙:《栾城集》卷二十一《上皇帝书》。
⑦ 《唐六典》卷三。

张旗鼓变法理财的王安石都小心谨慎地避"言利"、"聚敛"之名。① 而叶适却明确地指出圣君贤臣都应善理财,这是很杰出的思想。他认为:"理财与聚敛异。今之言理财者,聚敛而已矣。……而其善者,则取之巧而民不知,上有余而下不困,斯其为理财而已矣。……是故以天下之财与天下共理之者,大禹、周公是也。古之人未有不善理财而为圣君贤臣者也。"②他还提出"世异时殊不可行而行之者,固不足以理财也"。即再好的办法,不顾客观时代环境也不行。他批评王安石变法"夺商贾之赢","天下终以大弊","故今之君子真以为圣贤不理财,言理财者必小人而后可矣"。"苟欲以不言利为义,坐视小人为之,亦以为当然而无怪也。"③他的"善理财"的标准是"以天下之财与天下共理之",但他并不赞成司马迁的自由放任主张,《习学记言·序目》评述《史记·货殖列传》时说:"所谓'善者因之,其次利道,其次教诲整齐'者,其权皆听于奸猾不轨之细民而后可,则孰与为治? 兼失之矣。"放任自流不是理财,理财必须通过管理来实现。然而,他也不赞成官营禁榷行管桑之术,认为:"王政之坏久矣,其始出于管仲。"因为"欲收天下之功……以利为实,以义为名……故凡为管仲之术者,导利之端,启兵之源,济之以贪,行之以诈,而天下之乱益起而不息"。还说:"若桑弘羊之于汉,直聚敛而已耳,此则管仲、商鞅之不忍为也。盖至于唐之衰,取民之利无所不尽,则又有弘羊之所不忍为者焉。"④

他对当时财利匮乏的认识也别具一格:"盖自昔之所患者,财不多也,而今以多为累;……故财以多为累而至于竭。……财以多为累,则莫若少之"⑤,这在经济思想史上是不多见的论点。不过,叶适自有他的道理:"隋最富而亡,唐最贫而兴。……故财之多少有无,非古人为国之所患,所患者,谋虑取舍,定计数,必治功之间耳"⑥,即关键在于治国方略的正确和取得实利功效,而不应"奉头竭足以较锱铢"。他提出入宋以来财人数倍发展"是自有天地,而财用之多未有今日之比也",但贫乏越重。他指出:"夫计

---

① 参见叶坦:《传统经济观大论争——司马光与王安石之比较》,北京大学出版社 1990年版,第 55—58 页。

② 《水心别集》卷二《财计上》。

③ 同上。

④ 《水心别集》卷六《进卷·管子》。

⑤ 《水心别集》卷十《实谋》。

⑥ 《水心别集》卷十一《财总论一》。

治道之兴废而不计财用之多少,此善于为国者也。古者财愈少而愈治,今者财愈多而愈不治;古者财愈少而有余,今者财愈多而不足。"他要求罢去苛捐杂税,则"财少则有余,有余则逸,以之求治"①。尤其针对越来越多的财入,说是"盖王安石之法,桑弘羊、刘晏所不道;蔡京之法,又王安石之所不道;而经总制之为钱也,虽吴居厚、蔡京亦羞为之"②。"多财本以富国,财既多而国愈贫"③,"兵多而至于弱矣,……盖财以多而遂至于乏矣。……兵以多而弱者,可使少而后强也;财以多而乏者,可使少而后裕也"④。也就是要削减财入,减轻民众负担,这与他的富民思想是分不开的。⑤

提倡许民求富、保民之富的富民观　主张"藏富于民"是传统儒家的主张,但这是从富民是富国的基础出发的。叶适发展了这样的主张,强调许民求富、保民之富,反对政府抑制,还公然为富人辩护。他反对"抑兼并"和行井田制,说:"俗吏见近事,儒者好远谋,故小者欲抑夺兼并之家以宽细民,而大者则欲复古井田之制,使其民皆得其利。夫抑兼并之术,吏之强敏有必行之于州县者矣。而井田之制,百年之间……虽告亦莫之听也。夫二说者,其为论虽可通,而皆非有益于当世,为治之道终不在此。"⑥他认为"不可以为井"、"亦不必为井",因为"已远者不追,已废者难因"。再就是说:"今俗吏欲抑兼并,破富人以扶贫弱者,意则善矣",但不应实行,因为:"小民之无田者,假田于富人;得田而无以为耕,借资于富人;岁时有急,求于富人;其甚者,庸作奴婢,归于富人;游手末作,俳优伎艺,传食于富人;而又上当官输,杂出无数,吏常有非时之责无以应上命,常取具于富人。然则富人者,州县之本,上下之所赖也。富人为天子养小民,又供上用,虽厚取赢以自封殖,计其勤劳亦略相当矣。"⑦对于豪强恶霸则应当"教戒"使之"自改"。在叶适的认识中,富人的社会功能几乎达到无所不包的程度。作

① 《水心别集》卷十一《财总论二》。
② 《水心别集》卷十一《经总制钱一》。
③ 《水心文集》卷一《上宁宗皇帝札子三》。
④ 《水心别集》卷十五《上殿札子》。
⑤ 胡寄窗先生认为这"标志着传统经济观点的一种重要转变和时代的新要求"(《中国经济思想史》下册,上海人民出版社1981年版,第175页)。
⑥ 《水心别集》卷二《民事下》。
⑦ 同上。

为国家的根基,富人当然应当受到保护,不容抑制损伤。"富人代天子养小民"之说有特殊意义,说明宋代国家与自耕农及佃农的关系变化:

> 夫人主既未能自养小民,而吏先以破坏富人为事,徒使其客主相怨,有不安之心,此非善为治者也。故臣以为儒者复井田之学可罢,而俗吏抑兼并富人之意可损。因时施智,观世立法。诚使制度定于上,十年之后,无甚富甚贫之民,兼并不抑而自已,使天下速得生养之利,此天子与其群臣当汲汲为之。①

他反对夺富人:"今天下之民不齐久矣,开阖、敛散、轻重之权不一出于上,而富人大贾分而有之,不知其几千百年也,而遽夺之可乎? 夺之可也,嫉其自利而欲为国利可乎? 呜呼! 居今之世,周公固不行是法矣。"②"数世之富人,食指众矣,用财侈矣,而田畴不愈于旧,使之能慨然一旦自贬损而还其初乎,是独何忧! 虽然,盖未有能之者也。于是卖田畴鬻宝器以充之,使不至于大贫竭尽,索然无聊而不止。"③"使后世之治无愧于三代,则为田之利,使民自养于中,亦独何异于古!"④他多次要求除去苛捐杂税,使"小民蒙自活之利,疲俗有宽息之实。"⑤要求保护求富,与儒家传统的"不富不贫"主张已经大相径庭了。叶适为富人辩护的思想,包括了地主、农民和工商业者的整个民众在内,他把富民作为富国的基础,但并非从"国"与"民"的分配关系中,完全代表"民"的利益。他强调的是国家的整体利益,而国家是以民众为基础的,这也是古代中国富民思想的特征,不存在纯粹意义上的富民思想,如叶适这样具有鲜明的反传统意识者也不曾逾越。

余英时先生十分重视"富民论",认为主张国家应保护富民使之能"安其富"的观点:"这在儒家经济思想史上是一个比较新颖的观点。当时除了其〔指苏辙〕兄苏轼以外,司马光也持论相近,南宋叶适则发挥得更多。但这一新观点的广泛流行却在明代中叶以下。"⑥他的《中国近世宗教伦理与商人精神》主要讲明清时代,在学术界有很大影响。实际上,宋代为富人辩

---

① 《水心别集》卷二《民事下》。
② 《水心别集》卷二《财计上》。
③ 《水心别集》卷二《财计下》。
④ 《水心别集》卷二《民事下》。
⑤ 《水心文集》卷一《上宁宗皇帝札子三》。
⑥ 余英时:《现代儒学的回顾与展望》,《中国文化》1995年7月第11期。

护的思想对后世影响很大,与中国社会的商品经济发展和经济对政治的反抗过程相一致,成为中国前近代社会经济思想的重要特征。明代丘浚说:"富家巨室,小民所赖,国家所以藏富于民者也。"①并发展为"安富"思想;他也反对抑制富人"乃欲夺富以与贫以为天下,焉有是理哉!"②王夫之说:"大贾富民者,国之司名也"③,"国无富人,民不足以殖"④,抑兼并是"犹割肥人之肉以置瘠人之身,瘠者不能受之以肥,而肥者毙矣"⑤。明清以后这样的观点越来越普遍,成为社会形态演进的反映。

得民的人口观和生态观 人口问题和生态问题是经济社会发展到一定阶段后出现的,但也是经济思想史上的重要问题。叶适敏锐地意识到了这些新出现的问题,并形成了独到的认识。人口与土地的关系以及生产发展与生态保护问题,到宋代尤其南宋才凸显出来,这是与当时的社会经济发展相一致的。⑥ 他在《民事中》中提出:"为国之要,在于得民",他的所谓"得民"一是要合理利用民力,二是要人地优化配置。当时宋金战争疮痍遍地,人口大规模南移,两浙人口"百倍于常时"⑦。叶适说:"户口昌炽,生齿繁衍,几及全盛之世,其众强富大之形宜无敌于天下。然而偏聚而不均,势属而不亲,是故无垦田之利勉为其难增税之入,役不众,兵不强,反有贫弱之实见于外,民虽多而不知所以用之,直听其自生自死而已。"⑧劳动力不能充分利用还徒耗财富,应当"有民必使之辟地,辟地则税增,故其居则可以为役,出则可以为兵"⑨。应充分发挥生产要素的功用。

由于南宋偏安一隅,生产密集,生态破坏,叶适对此十分忧心:"凿山捍海,摘抉遗利,地之生育有限而民之锄耰无穷,至于动伤阴阳,侵败五行,使其地力竭而不应,天气凡而不属,肩摩袂错,愁居戚处,不自聊赖,则臣恐二者之皆病也。"⑩针对这一新问题,他提出的对策是"夫分闽、浙以实荆、楚,

---

① 丘浚:《大学衍义补》卷十三《蕃民之生》。
② 丘浚:《大学衍义补》卷二十五《市籴之令》。
③ 王夫之:《黄书·大正第六》。
④ 王夫之:《读通鉴论》卷二。
⑤ 王夫之:《宋论》卷十二。
⑥ 参见叶坦:《论宋代的生产力思想》,《生产力研究》1989 年第 6 期。
⑦ 李心传编:《建炎以来系年要录》卷一五八。
⑧ 《水心别集》卷二《民事中》。
⑨ 同上。
⑩ 同上。

去狭而就广",认为这样一来,就会"田益垦而税益增。其出可以为兵,其居可以为役,财不理而自富,此当务之急也"。① 即以"分闽、浙以实荆、楚,去狭而就广"的人地优化配置方案,来解决人多不富的"偏聚不均"问题。

吴越之地数十年无战火,所以人口不断云集于此,造成剧烈的人地冲突;而荆、楚之地到汉末还很兴盛,唐、五代后才"不复振起"。若前者以其盛坐待其衰实在是傻事;后者有广阔的开发复振前景,不利用也是很可惜的。他从生态平衡角度分析闽、浙集约式经营有伤地力,不解决会"极其盛而将坐待其衰",所以提出"均民"的主张,发展了苏轼的"度地以居民"的思想,也是对"适度人口"理论的较早理解。这有利于打破传统的安土重迁习惯,减轻发达地区压力,开发落后地区的后发优势。叶适注意发挥人口的生产要素功能"有民必使之辟地",在《民事下》中他还提出了招徕农民开垦各州荒地等主张,认为这样既可解决土地问题,也可缓和贫富对立,还可增加国家税收。统筹全局合理分布,缓解人地冲突,最大限度地发挥劳动力效益;并使发达地区免于盛极而衰,使落后地区重振优势,这在区域经济发展与人口合理配置方面是重要的思想。

从钱物关系把握上论述货币问题 宋代的货币思想不仅在中国而且在世界经济思想史上都有其独特地位。"钱荒"是宋代货币问题的焦点②,北宋人论钱荒主要是指金属货币,尽管"交子"已在四川发行,但与"钱荒"关系不大。到南宋则不同,纸币已较为广泛地流通,"钱荒"的内容复杂得多,不单纯指流通中必要货币量不足,还包括几种货币的相互关系。因此,南宋人的货币思想在经济思想史中有独到价值。

叶适的货币思想主要集中在《财计中》、《淮西论铁钱五事状》以及《文献通考·钱币二》所载文献中。他的反传统倾向在货币思想中也有突出表现,他认为:"今之所谓钱乏者,岂诚乏耶? 上无以为用耶? 下无以为市耶? 是不然也。"③对几乎众口一辞的"钱荒"提出质疑。他认为并非真的"钱荒",从物价变化来考察铜币购买力看,不是"钱重物轻",反倒是"钱轻物重",说是"然则今日之患,钱多而物少,钱贱而物贵也明矣"。他通过考察历代米价的变化来证明"天下百物皆贵而钱贱",认为这是"方今之事,比于

---

① 《水心别集》卷二《民事中》。
② 参见叶坦:《论宋代"钱荒"》,《中国史研究》1991 年第 2 期。
③ 《水心别集》卷二《财计中》。

前世,则钱既已多矣,而犹患其少者"的原因,即物价上涨的普遍要求,使不断扩大的铸币量依然不能满足需求,铜币购买力下降,钱多物少,必然形成钱贱物贵,钱多反而物贵,这是完全不同于传统的认识的,比单纯从货币绝对量看问题要深刻得多,并能辩证地观察货币量与物价变动关系,且较为符合当时无价变动的实际。叶适这里讲的是钱的绝对数量并不少,但不能满足物价上涨后的流通需求,因此不能认为是"钱荒"。

更重要的是,他提出尽管钱的绝对数量并不少,而实际流通中的量却不足,主要原因是纸币的发行排斥了铜币,使之退出流通所致。他说:由于钱币不足"至于造楮以权之",形成"凡今之所谓钱者反听命于楮,楮行而钱益少",所以"大都市肆,四方所集,不复有金钱之用,尽以楮相贸易";结果是"皆轻出他货以售楮,天下阴相折阅,不可胜计。故今日之弊,岂惟使钱益少,而他货亦并乏矣;设法以消天下之利,孰甚于此!"①他认为纸币的流通,加速一系列恶果:本来就不能满足流通需要的铜币退出流通领域,而纸币贬值使持有者受损失,还使人们不愿将商品多上市。他不仅认识到铜币为纸币所驱,而且指出这是一种必然规律:"虽然壅天下之钱,非上下之所欲也。用楮之势至于此也。赍行者有千倍之轻,兑鬻者有什一之获,则楮在而钱亡,楮尊而钱贱者,固其势也。"②这就是"劣币驱除良币规律"!货币理论史上称为"格雷欣法则",认为是 16 世纪英国人格雷欣(Thomas Gresham)首先发现的。不过,李约瑟(J. Needham)考证哥白尼(N. Copernicus)不仅创立了"日心说",写出过震撼世界的《天体运行论》,还写过《论铸币》的重要论文,陈述了"劣币驱除良币规律"③。而叶适早于西方人三百余年就阐述了这一规律。比他稍晚的袁燮(1144—1224)也认识到此规律,他说:"臣窃观当今州郡,大抵兼行楮币,所在填委,而钱常不足。间有纯用铜钱不杂他币者,而钱每有余。以是知楮惟能害铜,非能济铜之所不及也。"④只要并行几种质量不同的货币,就会出现上述规律。在中国历史上很早就有人接近对上述规律的认识,如汉代贾谊(前 200—前 168)

---

① 《水心别集》卷二《财计中》。
② 同上。
③ 《李约瑟文集》,辽宁科技出版社 1986 年版,第 294 页。
④ 《历代名臣奏议》卷二七三《便民疏》。

说"奸钱日繁,正钱日亡"①,南北朝时颜竣说"若细物必行,而不从公铸……五钱半两之属,不盈一年,必至于尽"②,但都不及叶适所说"不知夫造楮之弊,驱天下之钱"、"楮在而钱亡,楮尊而钱贱"、"楮行而钱益少"的观点明确③,叶适的货币观是较为先进的。

明代王阳明对农商关系也有论及,他从"心学"与"致良知"的视角认为,四民只是社会分工与社会功能不同,其"尽心"与"有益生人之道",是一致的。因而"四民"业异而道同,这就是"四民同道"论:"古者生民异业而同道,其尽心焉,一也。士以修治,农以具养,工以利器,商以通货,各就其资之所近,力之所及者而业焉,以求尽其心。其归要在于有益于生人之道,则一而已。士农以其尽心于修治具养者,而利器通货犹其士与农也。工商以其尽心于利器通货者,而修治具养,犹其工与农也。故曰:四民异业而同道。"④有学者从王阳明的盐政思想中揭示出其符合历史发展规律的商品经济观念,认为王阳明虽非经济学家,也不担任理财的职务,但他在南赣巡抚任上提出的盐政改革思想具有非常重要的意义。王阳明在深入研究了盐政与盐的流通问题之后,上《再请疏通盐法疏》,认为江西行销广盐,是顺应商业自身的规律,发展正常的贸易,培植税源,降低盐价,制止经济犯罪的好事,对于国家、商家以及民众都非常有利,应该著为定例。王阳明的想法中有收税助饷的成分,但更重要的是他看到了商品经济的正常发展是利国利民的好事,认为应该支持它的发展,不必坚持不合时宜的祖宗之法。

浙东事功学派的"经世致用"之学为后世继承发展,明代泰州学派创始人王艮的学问被称为"百姓日用之学",其主张"百姓日用即道";明末清初南方的黄宗羲、顾炎武、王夫之即所谓"三大启蒙思想家",在商品经济观方面也都提出了各自的主张或见解;清初北方的颜李学派也力倡实学,讲求"习行经济"之学,传统中被轻视的"工艺之术"得到重视,并作为漳南书院研习的"四科"内容之一。明末清初的实学思想家的商品经济观明显有承继宋代浙东学派的倾向,黄宗羲"工商皆本"说明显地与叶适的经济思想存在着内在的关系,颜李学派的王源主张改变"商贾之不齿于士大夫"状况,

---

① 贾谊:《新书》卷四《铸币》。
② 《宋书·颜竣传》。
③ 参见《水心别集》卷二《财计中》。
④ 《王阳明全集》卷二十五《节庵方公墓表》。

"使其可附于缙绅也",与叶适要求容许工商业者入仕途如同一辙。

三、"工商皆本"的经济思想及影响

从根本上突破和否定了"农本工商末"这一基本传统概念,进一步阐述"四业皆本"观念的是叶适的学生陈耆卿,叶适生前对他褒奖有加,在《题陈寿老文集后》中夸陈之作"驰骤群言,特立新意,险不流怪,巧不入浮"①。他在叶适死后继承其学,并有光大。陈耆卿在所修《嘉定赤城志》卷三十七《风俗门·重本业》中,采用绍圣三年(1096)当地地方官郑至道所作《谕俗七篇》内容,明确提出士农工商"此四者皆百姓之本业,自生民以来,未有能易之者也"。此为迄今所发现的中国历史上最早的"四业皆本"的史料,较以往学术界定论此论最早由明末清初的黄宗羲在《明夷待访录·财计三》中提出早约五百余年②(如从郑至道算起,还要早一百多年),在中国经济思想史上也有着重要贡献。

在我国学术文化史上,明清之际是一个极为典型的转型期,又是一个极为辉煌的时代。一方面,各种学术思潮在转换对接中留下了许多值得后人深思的契合点;另一方面,社会价值取向也发生了重要变化。黄宗羲《明夷待访录》是一部政论著作,黄宗羲的经济思想也集中体现在这部著作中。他适应资本主义萌芽产生与发展的时代特色,在著作中宣扬市民经济思想,价值取向与传统的儒家思想相悖,所以使得他的经济思想带有鲜明的时代特色。从土地、赋税、币制及发展民用工商业、繁荣商品流通市场等方面,系统地阐述了自己的经济改革思想,反映了广大农民的要求,特别是在当时资本主义经济萌芽发展的条件下产生的新兴市民阶层的呼声和愿望。

黄宗羲提出的"工商皆本"思想,其实是继承了他之前的李贽等人的新工商观并在理论上有所深化。李贽及其同时代的一些认同商业价值的思想家主要反驳传统社会轻视商人的观念,要为商人在"道德的席位上"争得一席合法的社会地位。而到黄宗羲提出"工商皆本"的命题时,则主要是从

① 《水心别集》卷二十九。
② 参见叶坦:《富国富民论》,北京出版社1991年版,第183—185页。

经济发展的宏观视角将工商业纳入了社会发展的根本性地位之中,使之不仅具有道德价值的合法性,而且获得了与传统的农业行业在社会发展中所具有的根本意义上的优先地位。这一具有质的突破的新思想,与近代洋务运动之后提出的"工商立国"的近代工商观,其实具有精神上的一致性。

其实,肯定工商业者在社会经济生活中能够起到积极的作用,是 17 世纪进步思想家比较一致的价值评价。甚至是地处偏僻的衡阳山区的王夫之亦如此。王夫之从社会经济流通的积极意义上论证了大贾富民的社会作用,反对官僚地主凭借特权而在经济上导致"金死一家而害气逮集"①的现象,并且从经济学的角度肯定了商人牟利的合法性。他认为,如果国家能够将民生日用类的商品,如盐、农具等的价格控制在合理的限度之内,则应当鼓励商人经商,并允许商人在商业活动中牟利。他是这样说的:"商贾贸负贩之不可缺也,民非是无以通有无而瞻生理,虽过微民利,而民亦待命焉。"②

还在黄宗羲之前,冯梦龙在币制问题上,针对使钱还是使银的问题,已有论述。在《钱法议》一文中,冯梦龙说:"钱识帝号,其制之美恶,价之贵贱,与世之安危相应。"③

在同时代的思想家中,顾炎武与黄宗羲似有较多的接触。他甚至说自著的《日知录》中,有关政治问题的论述,同于黄宗羲者"十之六七"④。他不仅有肯定工商业的思想,而且在有关金银是否可以作为一般的等价物的问题上,比黄宗羲有更为灵活的观点。然其思想核心亦在追求国民财富的增值。在肯定工商业的积极作用的时候,顾炎武将其与边疆的巩固问题结合起来考虑。他认为富边实防,"必通商"⑤。

与同时代的进步思想家不同的是,黄宗羲比较深入地思考了资本主义萌芽出现后的经济社会问题,提出了一系列富有创意的新观点。

一是以对"私"的辩护作为立论的基础　黄宗羲作为明清之际的著名学者,这位"大儒"的人生价值观与传统儒家特别是宋明理学家所一贯提倡

---

① 王夫之:《黄书·慎选第四》,《船山全书》第 12 册,第 518 页。
② 王夫之:《宋论》卷二,《船山全书》第 11 册,第 72 页。
③ 引自橘君辑:《冯梦龙诗文》,海峡艺文出版社 1985 年版,第 194 页。
④ 顾炎武:《日知录》,《与黄太冲书》。
⑤ 《亭林文集卷之六·田功论》,《顾亭林诗文集》,第 126 页。

和宣扬的"君子喻于义,小人喻于利","去欲存理"等正统的价值观念却有很大区别,甚至是大相径庭的。他曾在《原君》篇中说:"有生之初,人各自私也,人各自利也;天下有公利而莫或兴之,有公害而莫或除之。"也就是说自私自利是人之本性,而如果个人"不以一己之利为利,而使天下受其利,不以一己之害为害,而使天下释其害",却又"不享其利"是不符合天下人情的。① 即使古代的圣贤之君如尧舜也不能做到。他也反对封建君主的专制,而这种反对也与别人不同,他的反对,是由于"君"的自私自利妨碍了人民的自私自利,他在《原君》篇中说尧舜之后的君"以为天下利害之权皆出于我,我以天下之利尽归于己,以天下之害尽归于人,亦无不可;使天下之人不敢自私,不敢自利,以我之大私为天下之大公"。如果没有君,"人各得自私也,人各得自利也"。这些话,在以往一般的正统文人那里是不敢提出来的。然而在黄宗羲看来,"自私""自利"却是天经地义的人之常情。

黄宗羲宣扬自私自利的市民观点常是结合着个人财产权利来考虑的。他反对封建统治者的自私是由于封建统治者"视天下为莫大之产业",而侵夺了人民的"产业"。君主在创业时"屠毒天下之肝脑,离散天下之子女,以博我一人之产业",在守成时又"敲剥天下之骨髓,离散天下之子女,以奉我一人之淫乐",人民成了封建统治者"蠹中的私物",人民财产毫无保障。②

他维护私有财产权利的观点,更明显地表现在他的租税观点上。他毫无保留地抗议任何对私有土地的课税,认为这是"不仁之甚"的扰民行为。他说:"授田之法废,民买田而自养,犹赋税以扰之,……是亦不仁之甚。而以空名跻之曰:君父!君父!则吾谁欺。"③

"古者井田养民,其田皆上之田也。自秦而后,民所自有之田也,上既不能养民,使民自养,又从而赋之,虽三十而税一,较之于古,亦未尝为轻也。"④

他一再强调"民买田"和"民自有之田",把它和"授田"或"上之田"严格区分开来,并肯定向私人田征收赋税即不成其为"君父"。用这样一种颇具胆识的观点为私有财产辩护,标志着市民意识的逐渐强化。同时也是颇

---

① 参见黄宗羲:《明夷待访录·原君》。
② 同上。
③ 黄宗羲:《明夷待访录·学校》。
④ 黄宗羲:《明夷待访录·田制一》。

具经济启蒙意义的一个创见。这个创见是封建国有制日趋动摇、资本主义私有制萌芽正在缓慢成长这一特定时期的思想产物及其时代精华。

二是以工商皆本论为核心　中国古代的商品经济是在严酷的环境中缓慢地向前发展的,地处内陆的地理环境、自给自足的农业经济基础、高度集权的皇权体制、讲究三纲五常的儒家伦理以及工商业者的趋利行为与占统治地位的封建地主阶级以农业为本的尖锐矛盾,使得"重本抑末"(重农抑商)一直成为中国社会占主导地位的经济思想和经济政策,成为中国民众普遍具有的传统心态。早在战国后期,荀子就提出了将农业放在首位,把手工业、商业放在次要地位,减少工商业者以增加农业劳动者的主张。韩非子也认为:"不务本作而好末事,知道虚圣以说民,此劝饭之说。劝饭之说,明主不受也。"①此后的秦、汉、隋、唐众多的思想家都在自己的著作中阐明了这种观点。以致在中国的语言中形成了像"奸商"、"无商不奸"等常用来评价商人的词语。到南宋时期随着市民阶层的崛起,叶适认为士、农、工、商各有其特殊的社会职能,提出"抑末厚本,非正论也"②的见解,在中国经济思想史上第一次公开对重农抑商的传统观点提出了异议。但叶适只是反对抑末,尚未否定工商为末。

黄宗羲生活的时代,市民阶层进一步发展壮大,形成一股推动社会经济发展的新兴力量,以儒家思想为规范的封建伦理文化体系的权威性减退,商人的生存空间扩大,社会地位提升,越来越多的人不再把商业视为"贱业""末业",所以黄宗羲进一步否定了以工商为末的传统观点:

> 故治之以本,使小民吉凶一循于礼。投巫驱佛,吾所谓学校之教明而后可也。治之以末,倡优有禁,酒食有禁,除布帛外皆有禁。今夫通都之市肆,十室而九,有为佛而货者,有为巫而货者,有为优倡而货者,有为奇技淫巧而货者,皆不切于民用,一概痛绝之,亦庶几救弊之一端也。此古圣王崇本抑末之道,世儒不察,以工商为末,妄议抑之。夫工固圣王之所欲来,商又使其愿出于途者,盖皆本也。③

他将传统的"崇本抑末"的所谓"末",理解为耗费人民"作业"或"资产"的佛、巫和奢侈习俗,要通过礼加以禁止,而说重工商是古代圣王的意

①　《韩非子·八说》。
②　叶适:《习学记言序目》。
③　黄宗羲:《明夷待访录·财计三》。

愿,所以应该归入"本"之列。不论他的这一理解是否完全与历史事实相吻合,他坚持工商皆本的观点是十分明确的。黄宗羲在三百多年前就提出工商皆本,从中国经济思想的发展过程来看,的确值得珍视。当然,工商皆本思想之出现,并不意味传统的轻末或抑末观点完全失势,在众多思想家的头脑中,乃至于广大人民群众中,旧有的轻末观念仍在流行,甚至到 20 世纪还尚未完全消除。这足以说明叶适、黄宗羲等人的这一观点不是轻易得来的,也是非常可贵的。

三是以富有市民色彩的均田思想为延伸　黄宗羲解决土地问题的理想方案是恢复井田制。他说:"世儒于屯田则言可行,于井田则言不可行。是不知二五之为十也。每军拨田五十亩,古之百亩也,非即周时一夫授田百亩乎! 五十亩科正粮十二石,听本军支用,余粮十二石,给本卫官军俸粮,是实征十二石也。每亩二斗四升,亦即周之乡遂用贡法也。"①黄宗羲这里所说的恢复井田实际上只是使一些无地农民获得同等份额的土地,并收取一定额的实物税,至于其他有关井田制的必要条件均未予考虑。所以他所谓的恢复井田,只是徒有虚名。而其中值得注意的是他的均田思想:

> 天下屯田见额六十四万四千二百四十三顷,以万历六年实在田土七百一万三千九百七十六顷二十八亩律之,屯田居其十分之一也。授田之法未行者,特九分耳。由一以推之九,似亦未为难行。况田有官民,官田者非民所得而自有者也。州县之内,官田又居其十之三。以实在田土均之,人户一千六十二万一千四百三十六,每户授田五十亩,尚余田一万七千三十二万五千八百二十八亩,以听富民之所占。则天下之田,自无不足,又何必限田、均田之纷纷,而徒为困苦富民之事乎!②

以往解决土地问题的思想家,除革命农民所提出的均田要求外,其根本出发点仍不外乎是维护封建统治阶级的利益。黄宗羲在政治上猛烈攻击封建专制主义,提倡市民社会的民主主义,因而其土地思想不可能从封建统治阶级的利益出发,而是从市民与农民的利益着眼,强调以官田分配给农民。以当时的苏州地区而言,顾炎武在《日知录·卷十》中说:"〔苏

---

①　黄宗羲:《明夷待访录·田制二》。

②　同上。

州〕一府之土地无虑皆官田,而民田不过十五分之一也。"①官田占土地面积的比重高者竟达十五分之十四,百姓的生活可想而知。这就是说黄宗羲的土地思想是和封建皇室和官府争土地,是反封建斗争的另一种形式。

同时黄宗羲的土地分配的平均主义仅限于把官地与荒地分配给无地农民,对于"富民"所私有的土地,他是决不主张变动的。这是他的土地思想的一个突出特点。如前面所述,他认为向私田征赋税是"不仁",而为实行限田或均田夺富民的土地他认为更是"不义"的,在《田制二》中他说:

> 自井田之废,董仲舒有限田之议,师丹、孔光因之,令民名田无过三十顷,期尽三年而犯者没入之。其意虽善;然古之圣君,方授田以养民,今民所自有之田,乃复以法夺之;授田之政未成而夺田之事先见,所谓行一不义而不可为也。

这种维护富人土地私有权利的观点似乎与其他维护统治阶级利益的思想家没有什么区别。但我们如果以当时复杂的历史条件为其客观基础,就会发现他的土地思想的不同之处。黄宗羲的时代,一方面,在封建地主阶级内部出现了不少兼营工商业的地主,他们的观点与市民观点相近。另一方面,传统中国的商人与小农自然经济有着千丝万缕的关系,由于先天的不足和历史的局限,他们意识不到自己在社会经济发展中的重要作用,抑商的社会现实又使这一阶层无法出现真正的思想家以形成自己独立的思想体系,传统中国商人不具备经世济民的理想抱负和以商业利润为社会积聚财富,从而创造一种属于自己的社会文化以及价值体系,推动经济发展的雄才大略。如此一来,商人们多以聚敛财富为终极目的,致富之后多在"土地为本"观念的影响下而广置田产,形成了众多的商人地主。在这种复杂情况下,黄宗羲从新兴市民的形式平等思想出发,要求人人有获得土地这种生产资料的平等权利,至于这种权利本身是否真正平等,那是不必多去考虑的问题,因为在市民意识中只要求人人平等地具有私有财产的神圣权力,而财产多少绝对不需要有所限制。所以,黄宗羲积极保卫"富民"的土地财产权利是从维护个人财产权利的市民意识出发,与在他以前的旨在维护封建统治的土地思想比较,所反映的历史时代或生产关系是不同的。

---

① 顾炎武:《日知录》卷十《苏松二府田赋之重》。

无论是伦理规范还是国家法规,黄宗羲生活的时代都是一个权利统治财产的社会,皇权高于一切,封建正统思想具有绝对的中心话语主宰权。针对世人对商人见利忘义、唯利是图、贪得无厌、欲望难填的定论,商人们不得不以"仁义道德"掩盖其苟苟求利的本质,向世俗的社会公德折腰屈从。大多数的思想家对于当时市民阶层崛起的实际情况也没有给予足够的重视。而黄宗羲作为一个深受传统思想影响的"大儒",却能够在自己的经济思想中反映资本主义萌芽时期城市工商业者的某些要求,可以说是极其大胆和有远见的。

从繁荣商品经济的目的出发,黄宗羲还提出了富有时代特色的币制改革思想。认为货币的作用就是要"使封域之内,常有千万财用流转无穷,此久远之利也"①,也就是要促进市场流通。但历代实行的金银货币,却并没有起到这个作用,反而起到阻碍商品货物流通的反作用。因为统治者专事聚敛,既垄断金银矿的开采,又以白银折征赋税,以钱钞换取民间金银,从而造成民间和市场白银奇缺,直接影响了商品交换的进行。所以黄宗羲主张"废金银",使"货物之衡尽归于钱"②,实行统一货币。同时适当发行纸币,以缓解钱币供应不足之矛盾。当然纸币不能滥印,而应当有相应的准备金,与钱币相当,且印和收相一致,所谓"钞之在手,与见钱无异,其必限之以界者,一则官之本钱,当使与所造之钞相准,非界则增造无艺;一则每界造钞若干,下界收钞若干,诈伪易辨,非界则收造无数"③。

梳理越地学者的经济思想,不难发现从农商俱利说到农商并重说,再到工商皆本说,是一条贯彻始终的主线,其中许多思想观念在整个封建社会的主流意识形态中是以异端的面目存在着,但与经世致用的越文化传统存在着内在的一致性,与近现代商品经济思想存在着众多的契合,构成了社会转型的思想启蒙。

---

① 黄宗羲:《明夷待访录·财计二》。
② 同上。
③ 同上。

第九章 越地学术文化的传播

一种学术思想其传播的广度和深度,反映着它的学术生命力和影响力。中国古代学术思想的传播具有诸多先天条件的限制,特别是要在学者生前能够得到广泛的传播更是不易。因此,探讨越地学术思想的传播形式、渠道和特色,对深化越地学术思想的把握是十分必要的。

一、学术观点在交锋辩驳中传播

思想只有在碰撞中才能产生火花,学术观点需要在交流和交锋辩驳中才能深化。同时,交流、交锋也必然会引起方方面面知识分子的关注,产生了解、理解和比较的兴趣,由此而实现学术思想的传播。

春秋时期的百家争鸣,虽然主要表现为各自阐述自己的学术主张,建立自己的学术体系,但奠定了学术繁荣的基础。汉代的古文经学和今文经学之争,在交锋辩驳中传播了各自的学术主张,形成了本来意义上的学术争鸣。晋室南渡后，儒学开始分为南学、北学两宗，总的说来南朝的儒学家将儒学与老庄思想结合起来，阐发经义时往往不拘家法、章句，而十六国、北朝的儒学家则固守古文经学，以章句训诂为学问，拒斥老庄玄虚。褚季野曾对孙安国说："北人学问，渊综广博。"孙答："南人学问，清通简要。"高僧支道林则形象地指出："北人看书，如显处视月；南人学问，如牖中窥日。"①学术风格出现了地域特色，以地域文化为基础的学派开始初露端倪。

两宋时代特别是南宋是中国古代学术繁荣的又一个高峰期，促使学术繁荣的一个重要条件是学术争鸣的开展。北宋以来形成了一个相对较为自由和宽松的言论环境，当时的讲学、讨论、书信往来以及撰写著述，常常以当下的政治与社会为背景，宋真宗时代的皇权曾经希望通过"异论相搅"来抵消士大夫的力量，增强政治的控制②，但是这种策略却无意中激活了自由议论的风气，于是造成程颢所说的"人持私见，家为异说，支离经训，无复统一"的局面。③ 在南宋有两次在中国学术史上著名的学术争鸣，即鹅湖之会和义利王霸之辩，越地学者都是重要的参与者。由鹅湖之会而引发的学术争论在中国历史上影响深远。吕祖谦发起鹅湖之会的本意是调解朱熹和陆九渊之间的思想分歧。淳熙二年（1175）初，吕祖谦因朱熹爽约不能前来金华，决定"入闽访之"，在共同研读周敦颐、张载、程颐、程颢的著作和外出参观中相聚了四十余天。五月底，两人又抵达江西上饶鹅湖寺，吕祖谦为调和朱熹理学和陆九渊心学之间的理论分歧，企图使二人的哲学观点"会归于一"④，于是出面邀请陆九渊兄弟前来与朱熹见面。直接参加辩论的是朱熹与陆九渊兄弟，但列席旁听者不少，如浙江的学者刘子澄、赵景明、潘叔度，陆九渊的门人等，闽、浙、赣的有关学者闻风而至，亦有若干人。辩论的中心议题是"教人之法"，所谓教人之法就是认识论，据陆九渊门人朱亨道记载：

> 鹅湖讲道，诚当今盛事。伯恭盖虑朱、陆议论犹有异同，欲会归于一，而定所适从。……论及教人，元晦之意，欲令人泛观博览而后归之

---

① 《世说新语》卷上之下《文学第四》。
② 参见《续资治通鉴长编》卷二一三曾公亮引宋真宗语。
③ 参见《河南程氏文集》卷一《请修学校尊师儒取士札子》，《二程集》，中华书局1981年版，第448页。
④ 《陆九渊集》卷三十六《年谱》。

约,二陆之意欲先发明人之本心,而后使之博览。①

朱熹强调通过对外物的考察来启发人的内心潜在良知。陆氏兄弟则主张"先发明人之本心",反对多做读书穷理之功夫,以为读书不是成为至贤的必由之路。双方在三天激烈的辩论中各执己见,互不相让。吕祖谦对辩论双方的评价是:"元晦英迈刚明,而工夫就实入细,殊未可量。子静亦坚实有力,但欠开阔。"②"欠开阔"正是对陆九渊认识论流于空疏的一种婉转批评。吕祖谦由于主持和调解这次学术争鸣,使更多与会和不与会的学者进一步认识了他的胸襟气度和学识,为其学说在更大范围传播创造了条件。

由朱熹和陈亮围绕义利王霸展开的争辩,是南宋的又一次著名的学术争鸣。陈亮为人豪迈不羁,卓然自立,勇于坚持自己的独立人格和学说,所以当朱熹企图以理学思想改造陈亮,要他放弃"义利双行,王霸并举"的功利学说时,引起陈亮的极大不满,双方开展了四年之久的辩论。朱陈的学术交往,两人在直接交往之前,既相互知其名声,又有吕祖谦从中引介,但有机会当面交往是在吕死后的淳熙九年,两人在衢、婺间盘桓十日方别去。③ 这次见面的气氛可以推断是相当融洽的,朱熹"妙论",往往尽出陈亮所闻之外,而陈亮"伟论",也启发朱熹去思考一些平时较少关注的问题。此后,两人书信往来,友谊发展十分迅速,几到无话不谈的地步。但两人的学术思想及处世性格存在巨大差异,朱熹容不得道统以外的异端曲学,陈亮也坚定不移,不肯放弃自己的主见,这就注定朱陈关系难以达到吕陈的地步。在辩论中朱熹要陈亮放弃贱王尊霸的观点,以挽浙人学风之偏失,而陈亮对理学抱极其反感的态度,往往抨击不遗余力。辩论激烈时,也引起门下弟子之间的相互攻讦。

义利王霸之辩的关键在于历史观的差异,历史观的差异又集中于汉唐是否能接三代之统绪。理学家的"道统说"否认汉唐有传孔孟之道者,"孟轲死,圣人之学不传","故程夫子兄弟者出,得有所考,以续夫千载不传之绪"。而陈亮反对将战国秦汉以降的千五百年历史排斥于这一系统之外,要求将道统说真正贯彻到底。针对朱熹"三代专以天理行,汉唐专以人欲

---

① 《陆九渊集》卷三十六《年谱》。
② 《吕东莱文集》卷五《与陈同甫》。
③ 参见王懋竑:《朱子年谱》卷三。

行"的说法,陈亮认为这种说法不符合历史的真实情况,如是,那么从三代到汉唐的千五百年历史就成为"一大空阙"。以为汉祖、唐宗决不是应该贬斥的对象,而是值得歌颂的人物,他们所建立的历史功绩是"天地赖以常运而不息,人纪赖以接续而不坠"的力量。① 陈亮以"王霸并用"的观点批驳尊王贱霸之观点。尊王贱霸发轫于孟子而为理学所膨胀。朱熹将王霸截然对立,陈亮则认为是相互统一的。霸道"固本于王",而王道中也夹杂着霸道。以三代为例,一方面以王道之治,另一方面也有角智斗力的征伐和谋夺帝位,这就是霸道。"汤放桀于南巢而为商,武王征纣取之而为周",王道需要霸道为自己开辟道路。陈亮以"义利双行"批驳义利尖锐对立、利欲不能并存的观点。他认为义利是相辅相成的,"义"要通过"利"来体现。没有民生之利,义就无法实现,所以利就是义。他以三代并不讳言功利来指证所谓义利对立是后代儒家的陋见,"禹无功,何以成六府? 乾无利,何以具四德?"②三代圣王不作功业,怎么能成就天地万物? 不计功利,哪来仁义? 同样,只要是人总有一定的物质欲望,即使是三代圣王,也有和常人一样的利欲之心,其内心也有"许多不净洁"之处。这一惊世骇俗的论点,打破了理学家虚构的神圣偶像,震动了当时的思想界。

陈亮朱熹的争论,最终可以归结为理想人格的分歧。朱熹要陈亮放弃"义利双行"、"王霸并用"之说,而以"醇儒"自期。陈亮却对此不感兴趣,把理学家所说的"醇儒"视为不过是一群"风痹不知痛痒之人",这些人除了空谈性命义理,"相蒙相欺"外,其余一无所知。陈亮的理想人物是堂堂正正的具有"推倒一世之智勇,开拓万古之心胸",能够建功立业的英雄豪杰。两人长时期的争鸣,不仅在各自阵营的内部引起了强烈的反响,而且在当时的学界也是受到了广泛的关注。

此时,学者之间特别是志同道合的学者之间的学术交流也是十分频繁的。吕祖谦与永嘉、永康学派的代表人物的纯真交往,这在"道不同不相谋"的中国古代学术界也是独树一帜。吕祖谦学术气度恢宏,平易随和,待人诚恳,因此当时各学派的代表人物都乐意与之交往。和同时代任何一个学者相比,吕祖谦的相知好友最多,学术联系面也最广。他与朱熹交往数

---

① 参见《陈亮集·又乙春书》。
② 黄宗羲等:《宋元学案》卷五十六《龙川学案》。

十年,尽管两人在学术上有不少见解"不甚合",尤其在史学领域中,可谓是南辕北辙。朱熹是当世批评吕祖谦史学观点最多的人,但在另一方面又是莫逆之交。朱熹几乎所有的重要文字在问世之前都要征求吕祖谦的意见,听取他的看法。并将爱子送往吕祖谦处学习,以期其子有所成就。后人评价吕学与朱学中的若干部分,是吕中有朱,朱中有吕,难分彼此。吕祖谦与张栻的学术交流切磋内容极其广泛,几乎无所不包,致使两人的学术思想相互渗透,相互影响。在修养论上,张栻向吕祖谦灌输"收敛操存,公平体察"的观点,在史学上,吕祖谦向张栻介绍治史经验。吕祖谦的金华学派其主要倾向是理学阵营,其为学主旨是穷究和践行道德性命之理,它和当时倡言功利、反对讳言功利的事功学派有着重大的理论分歧。但吕祖谦认为与自己意见相左的人交朋友,对于增进自己的道德素养,开拓自己的学术视野,未尝不是好事。在与两个学派的代表人物的频繁交往接触中,相互影响不小。他们为吕祖谦的忠厚为人和宏富学识所折服,深受吕学影响,同样,功利学派所提倡的注重实效、经世致用的主张亦在吕学中得到了充分反映,清楚地显示了吕学受功利之学影响的轨迹。从陈亮和吕祖谦的学术交往中可见彼此之信赖,鹅湖之会后不久,吕祖谦就看到了陈亮的来信,陈亮还派人前来听取他对《酌古论》的意见,吕祖谦虽然身体疲惫,但还是坚持及时回信,对其《酌古论》的体例提出自己的看法。吕祖谦死后,陈亮认为世上再也找不到像吕祖谦这样可以无所不谈、谈无不尽的知心朋友了:

> 亮平生不曾会与人讲论,独伯恭于空闲时,喜相往复,亮亦感其相知,不知其言语之尽。伯恭既死,此事尽废。①

正是基于对吕祖谦的这种信赖,陈亮几乎每篇文稿定稿之际,总要先听听吕祖谦的看法。吕祖谦也把这种学术交流视为欣慰之事,曾对陈亮说:"年来甚苦,共为此学者寥落,索居蔽蒙,日以自惧,今得兄坐进于此,遂有咨访切磨之益,喜不自胜。"②他对陈亮的代表作之一《酌古论》欣赏有加,认为"尤有补于世教",与朱熹"若功利,学者习之便可见效,此意尤可忧"的观点截然相反。

在相互交流中传播了各自的学术思想,扩大了学说的影响面。吕祖谦

---

① 《陈亮集》卷二十《复朱元晦秘书书》。
② 《吕东莱文集》卷五《与陈同甫》。

在与张栻的学术交往中,在"理""心"二元本体论上达到了高度的契合。在"心即理"等观点上吕祖谦十分欣赏陆九渊的思想,把"发明本心"视为对封建伦理的自我反省、自我认识、自我完成的过程,两人毫无二致,甚至在表达该思想的语言上也有惊人的雷同之处。

又如晚明的张岱自22岁时立志修史,自少壮至老年,结识了一大批学有专长的史学专家,其中多为论学"知己"。他们思想上相互影响,学术上相互接受和传播。如在哲学和史学上颇多建树的福建黄道周、在史学上与张岱互为赞赏的四川李长祥(李称张"当今史学,无逾陶庵",张岱则称李长祥为"史学知己")、与张岱"结发为知己,相与共笔砚者六十三载"的周懋谷,经历复杂的著名讲学家查继佐、谷应泰、毛奇龄及陈继儒、王雨谦、王思任、祁彪佳等。

明末刘宗周与陶石梁(陶奭龄)的相互辩难也属于阳明心学内部的争论,陶石梁是阳明心学的三传弟子,属王畿泰州一系,至此泰州学派已经用佛禅来解释阳明之学,已尽失王学宗旨。于崇祯四年(1631)成立"证人会"上围绕本体与功夫展开了辩驳,分歧在于陶石梁认为若识得本体即无须再有功夫,而刘宗周却坚持只有真实的功夫才能识得真本体。当时有缙绅学士二百余人参加这次活动。次年,双方又于白马岩进行了更为激烈的争辩,进一步暴露了双方在为学方向上的所持之异。面对这种差异,最好的方法是把自己历来的主张展示于众,阐发为一个大系统,且使之合于阳明的致良知学说,以便提醒学术界认识不事工夫的弊病。

刘宗周的高足陈确在经历"地坼天崩"的社会变迁后,他的后半生以同道切磋为主要活动,与学友相与讲论学术,纠正朱学及王学末流之弊以恢复儒学的真精神。顺治八年辛卯(1651)之冬,陈确与同人相聚于南湖之宝纶阁(今海盐县澉浦镇西部濒临杭州湾的南北湖,又名永安湖),从其所作的《南湖宝纶阁社约》看,此番聚会有结社的性质,其宗旨是提撕本心,共证圣道。"日月如驰,转瞬之间,即成衰老,念之使人惊怖。圣人亦人,如其非人,则是禽兽。先师《证人社约》具在,非余小子所能损益也。愿我同人时时省察,本之以无欺,进之以深造。相会晤甚难,幸勿虚此一番聚首。"[1]此后一班同人数度聚会,而康熙元年(1662)的聚会可称为是一次盛会,不仅

① 《陈确集》上册,中华书局1979年版,第399页。

因为会期长、与会者兴致高、讨论气氛热烈,更因为此会汇集了"三郡九邑之友"达 32 人之多。① 其中不少是德高望重、卓然有行的大贤。谈论最为热烈的主题是"讲学"与"力行"的关系。在《会永安湖楼序》中写道:"是集也,惟主人〔即钱云耜〕与沈德甫先生拳拳以学之不讲为忧,其嘉惠同人甚厚。张方白则云:'学固不可不讲,要以力行为贵,毋徒为口耳之学可也。'惟确与张考夫之意亦然。"并进而认为"讲论"本身不是目的,目的是在修德。如果只停留在口耳上,而不落实在徙义、改等实际功夫上,不仅与修德不相干,甚至也称不上真正的"讲学"。"尼山之忧讲学,非忧讲学也",深化了讲学的内涵。

可以这样说,没有学术争鸣和切磋就没有学术上真正的繁荣和进步,只有思想观念的相互碰撞才会产生真理的火花。

二、思想观念在为官从政中传播

学而优则仕是古代知识分子实现自身价值的根本出路。古代学者在治学和教学的过程中,首先得到乡贤和地方官员的赏识、推崇而获得一定的声望,成为走向政治舞台,在更大的范围内实现其理想,实践其主张的基础条件。

越地学者大多具有或多或少、或长或短的从政经历,这些经历既有利于学术思想的传播,更有利于学术思想的丰富和深化。学而优则仕,是古代文人实现自己抱负的唯一途径,有了仕之得失与甘苦的体验后则治学,重返学术生涯是越地文人从政中的普遍现象,体现了从政价值的升华。把理政与治学统一起来,主要表现在以下几个方面:

一是抨击时弊,对社会风气的深刻批判而形成的真知灼见 越地学者大多具有愤世嫉俗的张扬个性,经过从政之路的历练和深切的体会,对时政之弊和社会风气有了更进一步的认识。如王充 60 岁致仕后重回学术活动,提倡"实事疾妄",刘基所写的《郁离子》用生动而洗练的寓言故事反映了元末错综、尖锐的社会矛盾,并展示出作者为解决这些社会矛盾所作的种种设计。

① 参见《陈确集》上册,《会永安湖楼序》。

二是总结从政经验,革新政务 吕祖谦、陈亮、叶适等卸任后总结执政之要是尚功利、崇事功,追求"立国本"和"活民命"之功利,企慕合乎"天道人心"和"举而措之天下之民"的事业,在取得治国安民的实际功效的同时,获得与立德、立言并列的立功的人生价值旨归。吕祖谦英年早逝,从政之路由于家庭不幸与疾病折磨而时断时续,但正是在他从政过程中,与当时享有盛名的学者张栻、陆九渊、朱熹等前后相识、交往,得以各陈所学,其学术思想才得以更为迅速地传播。吕祖谦在官场上不求有功,但求无过,所做的也只是一般的史官与学官,主要从事的政治活动亦限于为封建统治寻找长治久安之策以及进行有补于世教的著述和讲学。

三是改造儒学思想体系 宋明两代传统儒学由此盛极而衰,以陆九渊、王阳明为代表的主观唯心主义对程朱理学提出了挑战,阳明心学成为流传甚广、影响极大的学说,在明清之际,阳明心学再经刘宗周、黄宗羲的传承和发展,创立了浙东学派。王阳明青年时期学习骑射,研究兵法,涉足文学领域,倾心于佛道研究,兴趣广泛,28岁中进士步入仕途后,仍保持着对文学的特殊爱好,与当时以"文必秦汉,诗必盛唐"为号召的明代"前七子"文学运动的领袖人物李梦阳、何景明、徐桢卿、边贡等"以才名争驰骋",可见他在时人心目中已有相当高的文学地位。龙场悟道是王阳明官场失意后在苦闷中思考的升华,成为一个思想家,其理论也从此得到广泛的传播。正德元年(1506)王阳明时任兵部主事,为救戴铣冒死上疏,被贬谪贵州龙场驿驿丞。在地极偏僻、语言不通又无栖身之所这种极为孤寂而又恶劣的生存环境中,王阳明却能泰然处之,虽生死一念尚觉未化,然"日夜端居澄默,以求静一,久之胸中洒洒"。终于超然于一切世情之得失荣辱的羁绊,一天夜里,豁然开朗,"大悟"格物致知之旨,自此确信"圣人之道,吾性自足,若求理于事物者,误也"。这就是所谓的"龙场悟道",其实质是他在生存受到严重威胁的情况下对于生命真谛的深刻领悟。他以作为生命之本真存在的"吾性"去涵盖宇宙间的一切事物,从而体认到"圣人之道"与"事物之理"原本就存在于"吾之一性"。三年后正式提出了"知行合一"的新说,并于龙场创设龙冈书院,开始宣讲这一新思想。三年谪迁期满回京师任职,同时从事广泛的学术活动,而其讲学则仍以"知行合一"为要旨。正德十一年(1516)九月,王阳明由南京鸿胪寺卿升任都察院左佥都御史巡抚南赣汀漳等处,此后直至去世,是王阳明一生中最为重要的时期,其事业的开拓与思想的深化均达于极致。在赣南围剿农民起义的紧张军事行动中,依然设帐讲学。平定朱宸濠谋反后,受到朝廷的猜忌时,揭示了"致良知"之教,标志着王阳明心学体系整体构建的完成,从此专讲致良知之学。正德十六年升任南京兵部尚书,封新建伯。嘉靖六年从绍兴出发征战广西之前,他与弟子钱德洪、王畿论学,讲明"四句教",对自己的生平学说作了概括性的总结,这就是所谓"天泉证道"。

四是批判封建政治制度,开启思想启蒙的先河　黄宗羲站在"公天下"观念的视野,猛烈抨击"家天下"意识,殚精竭虑进行思考的有关对封建政体的改造与设想,尽管在封建时代无法实现,然而这种有价值的政治构想,尤其是试图以法治的社会机制来防止与阻碍封建君主制度下的专制政治的出现,期盼乌托邦式的理想社会,从中透射出的闪光的民主意识,无愧于划归中国 17 世纪启蒙思想的范畴,深受后世的褒赞。

为官从政拓宽了学术交往的空间。嘉靖年间,南宫策士以心学为问而暗辟王阳明,弟子愤愤不平,而王阳明则认为圣人之学从此可以光大了,他的解释是:我的学术哪能遍告天下之士,今会试以此为问,则穷乡僻壤也无人不知道了。如果我的学术不对,则天下必有人起而求其真。①

正、嘉之际,王守仁聚徒于军旅之中,徐阶讲学于端揆之日,流风所被,倾动朝野。于是搢绅之士,遗佚之老,联讲会,立书院,相望于远近。② 在正德(1506—1521)和嘉靖(1522—1566)时期,王阳明于军中聚徒讲学,传播学说之外,徐阶(号存斋,1503—1583)亦于朝庭宣讲阳明学说两次③,朝野呼应,形成风气。徐阶在嘉靖朝后期,取代严嵩(字惟中,1480—1569)当上首辅,对推动王学起了推波助澜的作用,是阳明学的有力倡导者。虽然徐阶不算是纯正的学者④,但以他为例,可看出阳明后学在官方方面的讲学非

---

① 参见《王阳明全集》卷三十五《年谱三》。
② 参见《明史》卷二三一。
③ 参见黄宗羲等:《明儒学案》卷十七《江右王门学案二》、《明史》卷二八三,皆述及此两次讲会的情形。
④ 沈德符《万历野获编》(台北新兴书局 1976 年版)卷八《嫉诟》条云:"徐文贞〔徐阶〕素称姚江弟子,极喜良知之学,一时附丽之者,竟依坛坫,旁畅其说,因借以把持郡邑,需索金钱,海内为之侧目。"又《明儒学案》卷二十七《南中王门学案三》中云:"无论先生田连阡陌,乡论雌黄,即其立朝大节观之,绝无儒者气象,陷于霸术而不自知者也。诸儒徒以其主张讲学,许之知道,此是回护门面之见也。"

常兴盛。

陈亮的学术思想也是在向皇帝上书谏言中得到传播,扩大了影响。青年陈亮以其《酌古论》被当时郡守周葵所赏识成为他的门客,随着周葵升任参知政事,他经常被引介与上门言事的朝士大夫相见交谈,得以广交时彦。① 此后,陈亮更以伏阙奏《中兴五论》和三上孝宗皇帝书,阐述自己的政治主张而名动朝野。会试落第的他出于一腔为国出力的热忱,提出《中兴论》、《论开诚之道》、《论执要之道》、《论励臣之道》、《论正体之道》等一系列政治上革弊维新的措施,但入奏而不报,毫无结果。在归隐乡间从事讲学和再入太学的十年后,再伏阙三次上书,措辞激烈,慷慨激昂,几乎无所避忌,如乔行简《奏请谥陈龙川札子》云:

> 当淳熙之戊戌,三上书,极论社稷大计,孝宗皇帝览之感涕,将以种放故事不此擢用。左右用事亟来谒亮,欲掠美市恩,而亮不出见之,故为所谗沮而止。②

可以说,这次连续三上其书,既使孝宗震动,复使大臣骇然,产生了非同寻常的轰动,使他的思想观点受到更多的关注。

为官从政提供了传播学术思想的舞台。王充能成为有汉一代的大思想家,与当时的察举制度和太学制度有关。太学制度使得王充有机会从江南乡村一隅进入中央官学深造,得以泛观博览,读九流百家之书,从而为他以后的学问打下基础。东汉的察举制度落入不正之风和作弊行为滋蔓的困境,使得王充没有机缘经过察举进入仕途,只能在基层小吏的煎熬中思考社会问题,但在行将就木之时,终于有识者向皇帝举荐,受到朝廷的重视,特诏征辟。虽然来得太迟,但皇帝的重视,毕竟使王充产生了最初的全国性影响,不再是一个默默无闻的乡间读书人了。谢夷吾向汉章帝所称道之语是:

> 充之天才,非学所加,虽前世孟轲、孙卿,近汉扬雄、刘向、司马迁不能过也。③

同样,在从政经历中,往往会面对政敌的政治压制,但在学术史上,对一种学术进行政治压制,往往压得愈重,反弹愈烈,故在学术上采取政治压

---

① 参见《宋史》卷四三六《陈亮传》。

② 《陈亮集》附录。

③ 范晔:《后汉书·王充传》。

制最终反促成它的传播。阳明心学在当时就受到诸儒学派中的不少人反对,朝廷也一度宣布其为伪学,所有这一切都未能阻碍王学的传播和发展。嘉靖、隆庆以后,王学几遍天下,蔚为大观。

三、理论流派在讲学授徒中传播

越地历史上著名的学者大多是著名的教育家,在众多弟子中讲学传授学业是他们人生的主要活动之一。在讲学授徒中丰富深化自己的学术理论,传授自己的学术主张是理论传播的主要途径之一。在宋代,理论的传播随着知识传播的扩大和传播条件的改善得到了新的推进。由于印刷术的普遍使用,文化传播日益迅速,书院与州学的设立和合流,使知识传播逐渐及于民众,社会上很多人都可以方便地得到过去很难得到的书籍,士大夫们的学术思想及授徒讲学越来越多地受到不同社会群体的尊重和拥戴。同时,在社会结构中乡绅阶层的出现也为知识的传授和学术的传播提供了新的社会基础,乡绅可以通过知识的学习而进入权力的殿堂,又依靠学而优则仕成为家族的领袖,当时族塾义学的兴盛、家族祠堂的设立,家族义田的出现,都与这个阶层的发展有关。

越文化通论

王阳明思想的发展和成熟一直是与他的讲学活动密切联系在一起的。事实上,作为王阳明生平事业中心的讲学活动,为阳明心学的发展提供了可靠的基础和持久的动力。二十余年的讲学生涯,是王阳明保持思想活力、推动学说发展的源头活水。若抓不住这一重心,则难以全面衡定王阳明在中国学术史上的地位。王阳明把讲习作为最快乐之事,常称"讲习性所乐","讲习有真乐,谈笑无俗流"等等①,他将元代大儒许衡的学者以治生为首务直斥为"误人",认为:"若以治生为首务,使学者汲汲营利,断不可也。且天下首务,孰有急于讲学耶?虽治生亦是讲学中事,但不可以为之首务,徒启营利之心。"②讲学在王阳明心目中的地位,其弟子邹守益《阳明先生文录序》所记载的一件轶事足以说明:"当时有称先师者曰,古之名世、

---

① 参见《王阳明全集》卷十九、外集一《诸生来》、《诸生夜坐》,第 697、699 页。
② 《王阳明全集》卷三十二《传习录拾遗》,第 1171 页。

或以文章,或以政事,或以气节,或依勋烈,而公克兼之。独除讲学一节,即全人矣。先师笑曰:某愿充实讲学一节,尽除四节,亦无愧全人。"在他致家人的信中亦坦诚其怀:"读书讲学,此最吾所宿好,今虽干戈扰攘中,四方有来学者,吾未尝拒之。"①在王阳明看来,讲学的乐趣在于,首先,在于与志同道合者分享悟道、体道的乐趣。其中体现着自醒及醒人的救世情怀,"四十余年睡梦中,而今醒眼始朦胧","起向高楼撞晓钟,尚多昏睡正懵懵。纵令日暮醒犹得,不信人间耳尽聋"。讲学是为了唤醒尚懵懵昏睡者,是作为仁者"己欲立而立人,己欲达而达人"的救世情怀的体现,让他人分享此道,理解此道。把讲习作为一种良知见证共同体成员之间分享生命智慧,相互砥砺切磋的一种活动,起到共同弘道、共同承当的激励使命感的作用。王阳明在世之时,四方之士来学者甚众,不能遍授,就使王畿和钱德洪疏其大旨,一时被称为教授师。王畿在王阳明死后不久乞休而归,从此"林下四十余年,无日不讲学,自两都及吴、楚、闽、越、江、浙,皆有讲舍,莫不以先生为宗盟。年八十,犹周流不倦"②。在阳明后学中,最数王心斋能继承传播师说的责任,王心斋一生周游四方,传播师说,并终身以讲习为乐事。黄宗羲在《明儒学案》卷三十二《泰州学案》中总结说:"阳明先生之学,有泰州、龙溪而风行天下,亦因泰州、龙溪而渐失其传。"自从王阳明发起"讲会"活动后,这种活动在王学各派中逐渐发展起来,成为传播阳明心学的重要形式。其中泰州学派的讲会活动时间最长,影响也最大。该学派从王艮起一直到五传,讲会活动从未间断。泰州学派的讲学具有浓厚的平民色彩,讲学者很多是平民出身,这在其他学派中也是少见的,讲学对象也是以下层社会的平民为主体,实施平民教育,提出争取下层群众生存权的思想主张,得到了普通百姓的欢迎。颜钧在江西讲学,"无贤不肖皆赴之",何心隐奔走四方讲学,"招来四方之士,方伎杂流,无不从之"。江右王门学派讲学也是具有相当规模,嘉靖五年(1526)刘邦采在江西安福建立"惜阴会",每两月集会五天,最多时学子达百人之多。邹守益落职闲居以后,勤于讲会,"大会凡十","常会七十","聚会以百计",其地域极广,"若越之天真,闽之武夷,徽之齐云,宁之水西,咸一至焉",足迹几乎遍及江南各省。而江西境内

① 《王阳明全集》卷二十六,续编一《赣州书示四侄正思等》,第987页。
② 黄宗羲等:《明儒学案》卷十二《浙中王门学案二》。

的清原、白鹭、石屋、武功、连山、香积,则"每岁再三至",其规模很大,有时"以千计"。嘉靖三十二年(1553)江右欧阳德与浙中钱德洪联合在南京举行了一次规模很大的讲会。这些对学术思想的传播发挥了极大的作用。

明朝进入中晚期后,随着专制王朝对社会控制力的弱化,作为官方意识形态的程朱理学在社会上的影响力也日趋式微,时代再次赐予知识分子一个千年难遇的自由思想探讨学问的机遇和环境。从京师繁华之地到偏僻郡邑,到处都是文人士子们的立社讲学活动。士大夫们创办书院,授徒讲学,组织社团,讲论学问探讨性命道德;纵谈国事,臧否人物,抨击时政,师范风雅,引导舆论,整个士大夫阶层空前活跃,书院逐渐成为传授知识、辩论学术、以新思想风动天下的中心场所。王阳明从正德三年(1508)贬往贵州开始,直到嘉靖八年(1529)老死为止,无论是在各地当官还是家居期间,在从政之余,每到一处就在当地建书院,登讲坛,传播他的心学。正德初年,王阳明被贬为贵州龙场驿丞,途经长沙,寓居岳麓,在岳麓书院讲授"良知"之学;到贵州不久,就应聘主持贵阳书院,并在当地创建了龙冈书院。巡抚江西时,在当地立社学,修建濂溪书院,并多次赴白鹿洞书院讲学。正德末年,在明武宗驾崩、世宗即位的王朝政治更替之际,王阳明召集其门人集会于白鹿洞,以"共明此学",也就是以"心学"改造程朱理学。

王阳明归隐绍兴,知府南大吉自称门生,为之建立稽山书院,王阳明"身率讲习而督之",试图通过学术影响海内。以其在当时知识界的崇高威望,一时之间,天下士子形随影从,纷纷汇集到王阳明的门下。当时汇集在绍兴的四方彦士,如孟源、周冲等人来自直隶,萧璆、杨汝荣、杨绍芳等来自湖广,杨仕鸣、薛宗铠、黄梦新等来自广东,何泰、黄弘钢等来自南赣,刘邦采、刘文敏等来自安福,魏良政、魏良器等来自新建,曾汴等人来自泰和,四方学者蜂拥而至,送往迎来,月无虚日,自此之后,直到明清之际,越地遂成为风动天下的中心。在稽山书院,王阳明培养了一大批门徒弟子,其中如钱德洪、王畿、王艮等人,后来都成了阳明学派相关支派的领袖人物。他们坚持在越地聚徒讲学,宣传"良知"之学,使得能薪火相传。

阳明心学兴盛以后,实际上已经出现了多元学术与思想的趋向,"一家有一家宗旨,各标数字以为的:白沙之宗旨曰静中养出端倪,甘泉之宗旨曰随处体认天理,阳明之宗旨曰致良知,又曰知行合一"①,后来各家更是标新立异,生怕落入他人窠臼,而且明代中叶以来屡压屡兴的讲学与结社风气,也给士人议论风发、发表各种不同见解提供了话语空间。

晚明之际崛起于王阳明讲会旧地——绍兴府山阴县的证人会,更凭借阳明后学朝圣之地的特殊位置,凭借着提倡主盟者刘宗周的身望和影响,成为明亡前全国最有影响的讲会。

刘宗周由于为人刚正不阿,为官清正敢言,虽"通籍四十五年,立朝仅四年"②,一生大部分时间和精力均在聚徒讲学和著书立说。特别是天启年间,与冯从吾、邹元标、高攀龙等名流一起讲学于苏州的东林书院和京城的首善书院,名声渐甚,最终成为晚明时威望极高的大学者和清流派的领袖人物。因东林党人案被削职的刘宗周,返回绍兴四个月后,与同乡的著名学者陶奭龄共同提倡主盟,召集门人文友约二百余人,于崇祯四年(1631)在越地创立证人会。在证人会,刘宗周与会友"往还论道,十余年如一日"③。

在证人会的诸君子中,陶奭龄、沈国模等人参与和组织讲会,其用心偏于对阳明学术的探求和承继,专注于心学宗旨的探讨和倡明,陶奭龄官场失意后,晚年醉心于陶渊明回田园的心境,曾以"五不问,五不答"以明心志,即"一不问朝政,二不问生计,三不问世间闲泛事,四不问他家是非短长,五不问生平亲知,几人好音惠我,几人遗迹弃我"④;其讲学则"论禅于儒",在"本体"与"功夫"上都与刘宗周其趣迥异。刘宗周虽在官场上屡遭挫折,"经世"之心却未尝衰减,在晚明政治腐败、社会动荡的大环境下,热衷于讲学,显然不仅仅是纯学术的论道辩心,而试图在"天地晦冥,人心灭息"之世,通过"讲学明伦,庶几留民彝于一线",也就是"启明"人心,使人民所赖以生活的"天道"能够在讲学的承继中得以续存。⑤

康熙丁未六年(1667)六月,在黄宗羲来甬传授刘宗周《圣学宗要》的影

① 盛郎西:《中国书院制度》,上海中华书局1934年版,第124页。

② 《黄宗羲全集》第1册,浙江古籍出版社1985年版,第258页。

③ 《刘宗周全集》第3册上,第407页。

④ 陶奭龄:《小柴桑喃喃录·自序》,明崇祯刻本,引自钟彩钧主编《刘蕺山学术思想论集》,台北研究院中国文哲研究所1998年印,第503页。

⑤ 参见孙中曾:《证人会、白马别会及刘宗周思想之发展》,引自钟彩钧主编《刘蕺山学术思想论集》,台北研究院中国文哲研究所1998年印,第501页。

响下,万斯同等同乡学子组织的策论之会改名为证人之会,以刘宗周之学为宗,"以为学不讲不明,于是有证人之会,月必再集,初讲《圣学宗要》,即蕺山所辑《先儒粹言》也"①。李文胤在《呆堂文钞》中指出:"季野兄弟更与所同研席诸人,相与论黄氏之学,上溯蕺山,以为绝学宜传,人师难值于是里中……诸君子得及姚江之门,学者蔚然一变,则万氏教之也。"②是年证人之会又改为讲经会,传播黄宗羲提倡的从六经中求道、以经学经世的思想。

四、学术思想传播的其他途径

除了学人之间的相互辩驳和探讨,对学术思想的传播起到深化扩散作用,以书院等形式为基地的讲学活动,在学术思想的传授过程中通过师承关系得到传播,以及通过为官从政的机会扩大学术传播的空间和舞台等等途径之外,尚存在着一些其他的学术传播途径。

其中名家的访学与推介起着十分重要的作用 东汉时期,越地著作北传首功在蔡邕南下会稽的访求。蔡邕是中国文学史上很有影响的人物,他博学多才,精通经史、天文、音律、书法等。由于对朝政失去信心,浪迹江湖,远涉吴会,也因为会稽远离政治中心,政治氛围比较宽松,使其悲愤的心情得到了安顿。当时,中原士人以正统自居,对越地文化认识不足。越地一些儒者写出的迥异于中原文化特性、内容上博大精深,思辨上无所顾忌的典籍,长期间保留在越地,没有流入中原,蔡邕游会稽后,即广泛搜集、涉猎越地著述,并携带着这些著作返回中原,致使这些著作在中原传播开来。

王充的《论衡》直到东汉末年才传入都城洛阳。据袁山松《后汉书》云:"充所作《论衡》,中土未有传者。蔡邕入吴始得之,恒秘玩以为助谈。其后,王朗为会稽太守,由得其书。及还许下,时人称其才进。或曰,不见异人,当得异书。问之,果以《论衡》之益,是由遂见传焉。"葛洪《抱朴子》曰:"时人嫌蔡邕得异书,或搜求其帐中隐处,果得《论衡》,抱数卷持去。邕丁

---

① 范光阳:《双云堂文稿》卷三《张有斯五十寿序》。
② 李文胤:《呆堂文钞》卷三《送万季野授经会稽序》。

宁之曰：'唯我与尔共之，勿广也'。"从《论衡》问世到传到洛阳，其间跨越了百年时间。

《吴越春秋》作者赵晔是浙江境内唯一入选《后汉书·儒林列传》的人物。东汉末年，蔡邕至会稽，读到赵晔所著的《诗细历神渊》，认为比王充的《论衡》还胜一筹。蔡邕便将赵晔的著作带回都城洛阳，传于其他学者，人们皆相诵习。

通过参与重大的学术活动以获得学术思想的传播 山阴人韩说列入《后汉书》的《方术列传》，在卷八十二下载：韩说"博通《五经》，尤善图纬之学。举孝廉。与议郎蔡邕友善。数陈灾眚，及奏赋、颂、连珠。稍迁侍中。光和元年十月，说言于灵帝，云其晦日必食，乞百官严装。帝从之。至日南宫大火。迁说江夏太守。公事免。年七十，卒于家"。一个来自越地的儒生，能够成为正定《六经》文字者之一，参与"校中书《五经》记传，补《后汉记》"，这说明汉文化已成为越地的主流文化。参与重大学术活动的过程，也就是自身著述、思想传播的过程。显然，这也是学术思想传播的一种方式。

在研究批判中实现传播 一种学术思想的存在，只要成为被研究的对象，无论研究者是赞同还是否定都会起到传播的作用。因此传播首先是通过学术界学人之间的传承关系、研究关系表现出来，如阳明心学的传人在学术见解上的不同出现分化，形成了八个派别，遍及整个南中国；后在明末清初受到广泛的批判，虽然标志着它的衰落，还是表现出传播的影响的存在，作为思想资料，常常被后人摄取和吸收，它的一些命题，在近现代被一些学者复活，从魏源到康有为、谭嗣同、梁启超都深受阳明心学的影响，展现出其中的痕迹；阳明心学也通过国外学者的研究，得到了传播，日本幕府制的晚期，阳明心学被中江藤树等学者认同，他们的研究和宣传，使其作为与官学相对立的异端而崛起，形成了思想活跃的众多派别，学者辈出，并为日本近代史上著名的明治维新铺平了思想道路。

粗略梳理越地学术思想的传播路径，实是中国古代学术思想传播的一个缩影。

第十章 越地学术思想中的思维特点

　　思维方式或模式是一个民族或地区在长期的历史发展过程中所形成的一种思维定式。思维方式是民族文化的一部分,而且是民族文化最深层次的一部分。人的思维方式渗透在认识思考问题的各个环节,虽然看不见、摸不着,但在观察和处理一切问题时,都会显露出不同思维方式的特点,即使是在生活习惯和行为方式中也会流露出自己的思维特点。思维方式作为一种思维定式既是客观存在的,其稳定性又是相对的,表现为在变动中的某一个阶段的相对固定。越文化的几千年的存续和发展,导致在越人的思维方式中既有一以贯之的东西,更有阶段性的特点。这种思维方式的特点,集中地体现在文化精英的学术思想中,体现在他们的学术活动之中。

一、越地学术思想的文化背景和学术依据

　　一种文化,一种区域文化能够与其他文化相区别,表现出众多的特殊

性,总是与其背后的思维方式相关。中西两相对勘,我们可以说,希腊古代思想史在起点上,是追求知识,解答宇宙根源的"智者气象",其"贤人作风"反而在后(例如苏格拉底、柏拉图、亚里士多德等所谓"三哲时代");而中国古代思想史在起点上,是关心治道、鲜明伦理的"贤人作风",其"智者气象"在战国中叶才发达起来。① 中国人之所以在思维定式和价值取向上以人事为范围,只注重政治论、道德论、人生论,而对宇宙论、本体论、认识论则不大关心,根本在于中国人的人生态度是"反求诸己"的。孔子说:"君子求诸己,小人求诸人。"②这原本是说君子与小人在立身处世上的区别,不过从中却也反映出了中国人在对待人事上的一种态度。不同的区域文化也是这样,如果说中原文化更多表现为实践理性或者道德理性的话,那么越文化则更多地带有鲜明的经济理性的特质。这些特殊性的背后总是蕴藏着深层次的内在依据,这个内在依据也只能是由于独特的生存环境和生活方式长期积淀下来的独特的价值观念和思维特点。价值观念和思维方式最能体现一种文化的实质内涵,也是一种文化最深层的特质。探讨越地学术思想的形成和发展,发掘其中最深层的思维特点,有利于更加准确地把握越地学术思想的精神实质。

独特的生存环境和生活方式总是首先积淀为独特的区域文化,这种特殊的区域文化是学术思想产生的背景条件。

越文化源于先秦越族和越国的长期发展,经历秦汉和魏晋的人口迁徙和文化的融合,逐渐显示出越文化的独特风格和个性。到宋代特别是南宋,南方尤其东南地区的思想文化发展,逐步取代有着厚重的历史传承的中原文化,而渐趋居于中国区域文化类型的高峰,具有改变区域文化结构中主导性文化类型的意义。据《余干县学记》载:"古者,江南不能与中土等,宋受天命,然后七闽、二浙与江之西、东,冠带《诗》、《书》,翕然大肆,人才之盛,遂甲于天下。"③全祖望说:"吾乡自宋元以来,号为邹鲁。"④许多学者对中国南北文化及人才分布发展进行了研究,大抵认为:南宋前重心在

① 参见侯外庐:《中国思想通史》第 1 卷,人民出版社 1957 年版,第 131—132 页。
② 《论语·卫灵公》。
③ 洪迈:《容斋随笔·四笔》卷五《饶州风俗》。
④ 全祖望:《鲒埼亭集外篇》卷十六《槎湖书院记》。

黄河流域,此后趋于长江流域。① 无论从物质文化的发达、制度文化的变迁,还是精神文化的领先来看,宋代的文化类型转化,奠定了自此以后中国社会文化结构的基本格局。不少宋人具体论述了区域文化的差异及其演变,如欧阳修的《论逐路取人札子》分析"东南进士得多"的原因是"四方风俗异宜","东南之俗好文,故进士多而经学少。西北之人尚质,故进士少而经学多"。② 苏轼也说以文辞取士,"多是吴、楚、闽、蜀之人"③。北人勇悍则武将多由是出。朝廷用人方略对区域性文化的影响颇为明显,这也是区域文化发展使然。陆游在《论选用西北士大夫札子》中指出:"天圣以前,选用人材多取北人",仁宗以后"公听并观,兼收博采,无南北之异",此后南人取士更多,有"重南轻北"之说。④ 宋初重臣几尽北人,而至神宗朝南人为相居于主导,司马光曾说:"闽人狡险,楚人轻易。今二相皆闽人,二参政皆楚人,必将援引乡党之士充塞朝廷,风俗何以更得淳厚?"⑤到南宋,吴潜说:"公卿将相,大抵多江、浙、闽、蜀之人。"⑥就学风而言,陈造说:"昔人论南北学异,古今几不可易。……南北巧拙甚霄壤也。"⑦朱熹批评"江西士风,好为奇论,耻与人同,每立异以求胜"⑧。晁说之作《南北之学》提出南北学风不同古人,屡屡讲到大抵自魏晋以来如此"师先儒者,北方之学也;主新说者,南方之学也"⑨。宋代南方文化在学术、思想、文学、艺术等领域中均有大的发展,代表着有生命力的发展趋向。经济发达提供了文化兴盛的物质条件,科举入仕为南方士人实现政治抱负、改变旧俗与文化革新开辟了道路,促进了区域经济文化结构的转换和制度变迁,奠定了此后社会发展的格局。

在一定的文化背景下形成的思维方式又成为学术思想形成的内在依据。葛兆光在《中国思想史》中曾经有这样一段阐述:在历史的传统中,人

---

① 参见张仁福:《中国南北文化的反差》,云南教育出版社 1992 年版,第 110 页;张家驹:《两宋经济重心的南移》,湖北人民出版社 1957 年版,第 134 页;丁文江:《汉唐宋明各代人物之地理的分布》,《科学杂志》第 8 卷 1923 年第 1 期等。

② 《欧阳修全集·奏议集》卷十七。

③ 《苏东坡全集·奏议集》卷二。

④ 参见陆游:《渭南文集》卷三。

⑤ 朱熹:《三朝名臣言行录》卷七。

⑥ 吴潜:《许国公奏议》卷一。

⑦ 陈造:《江湖长翁集》卷二十三。

⑧ 《朱子语类》卷一二四。

⑨ 晁说之:《景迂生集》卷十三。

类形成了自己的基本观念和主体意识，所谓"形成"仿佛是不断地皴染和涂抹，于是在意识的最底层形成了一个深幽的、被遮蔽的背景，以它为支持的依托，建构了一个知识与思想的系统，它仿佛树根，支撑着树干、树枝和树叶，给它们提供存在的水分与营养。这个背景作为一切知识与思想的依据，实际上也控制着人们对一切事物的判断与解释，赋予知识与思想的合理性。从这个背景形成起，它就反过来不断地被知识与思想确认，当历史一次又一次地向它表示了认同之后，它已经悄然淡出，被依赖它的人们"束之高阁"，因而很难被彻底说清楚。① 并且认为：这个支持着理解框架、诠释结构、观察角度和价值标准的背景，始终是知识与思想的绝对的终极的依据和平台，这个依据在中国古代称之为"道"。这是葛先生从知识的源头和知识的权威性、自明性上来论证这个"依据"的。但是我们不能不注意这样的现象，面对同样的问题形成不同的反映，形成不同的思想理论体系，产生知识与思想的分化，从共同的知识源头中繁衍出种种各不相同的"传""论""撰"著述，演绎出眼花缭乱的场面，这就不能不从思考问题的特殊性上，即思维特点上寻找"依据"。

在越地丰富无比且多姿多彩的学术思想中挖掘其具有共性的内在思维特点，是一项困难而复杂的工程，也是众多学者孜孜以求的探索目标。把越地学术思想统称之为浙学，已经蕴涵着承认有其内在的共同思维特点。尽管浙学并不是一个统一的学派，缺少脉络可寻的师承关系和统一的学术谱系，但却仍然具有十分相似的精神气质和思想追求，表现了基本共同的学术主张和价值取向，这不能不说是浙学之为浙学所呈现出的一个奇特而有意味的学术思想史景观。

可以这样认为，在越地学者的治学过程中，普遍地彰显着务实性、包容性和批判性等共同的思维特点，支撑起越地文化的个性特征。

二、越地学术思想中突出的务实性思维

求实致用是越地学者治学的传统，甚至把追求功利视为学术活动的根

① 参见葛兆光：《中国思想史——导论思想史的写法》，复旦大学出版社2007年版，第41页。

本目的,这对于长期以来言义不及利的儒家思想占统治地位的传统社会来说,本身是一种异端现象。就本质言之,务实性思维即是一种理智而非盲目、冷静而非狂热的思维习惯和思维方式。从王充的主张"贵用"到南宋的事功学派强调"功利"再到明末清初的浙东学派推崇"经世致用",反映了越地学术思想中务实性思维的传承关系。

王充在主张博学、"贵通"的同时,更强调"贵用",他把只会读书、不会应用的人称做"匿书主人"和"能言鹦鹉"。他所谓的"贵用"除了现实的实际应用之外,更在于为现实提供理想和规范。他向往的是"笔能著文,则心能谋论"的鸿儒。王充最赞扬的鸿儒,汉以前仅有孔子,汉代只有扬雄、桓谭等屈指可数的几人。他主要从三个方面来界定鸿儒:其一,著作有新意,有深意,有独立见解。他称颂孔子、扬雄等人的著作"眇思自出于胸中",能"立义创意"、"兴论立说"①,不是鹦鹉学舌的经书注释。其二,著作以求实为宗旨。王充指出:"凡天下之事不可增损,考察前后,效验自列。自列,则是非之实有所定矣。"②他认为文人为文应奉此原则。如孔子与桓谭之为文,均"得道理之实",故称孔子为素王,桓谭为素相,"孔子不王,素王之业在于《春秋》;然则桓君山不相,素丞相之迹存于《新论》者也"。其三,著书为文的根本目的是有益政道,有益教化,"文人之笔,劝善惩恶","作有益于化,化有补于正"。③

宋代以来,越地已经形成了一种特殊的人文环境,《宋史·地理志》说这里的人"善进取,急图利,而奇技之巧出焉"。这里与中原内陆农耕区域的安土重迁、贵本贱末、黜奢崇俭、重义轻利等等不同。乾隆《温州府志》说这里的人多兼营副业或外出经商打工。平阳一带"文风逊浙西远甚。士子得一青衿便为止境,养习商贾事","诵读者率皆志气卑小,甫游庠辄束书高阁,营什一之利"。④ 经济社会发展出现新的转折和长期形成的经世致用的学术传统,最终在越地孕育出了以讲实事、究实理、求实效、谋实功为特点的事功思潮。

北宋中后期,人称"庆历五先生"和"永嘉九先生"的杨适、杜醇、周行

---

① 北京大学历史系:《论衡注释》,中华书局1979年版,第777页。
② 同上书,第433页。
③ 同上书,第777、443、1579、1180、1650页。
④ 民国《平阳县志·风土志》。

己、许景衡等一批学者倡导经世致用的学术传统,已经在学术思想中反映出务实倾向。至南宋,形成了以陈亮、叶适为代表的与好谈心性的理学相抗衡,高扬"事功"旗帜的永康、永嘉学派。即使在理学的正宗藩篱之内,当时仍有吕祖谦家族所传的婺学标榜博学通识、学以致用的作风,以与朱、陆分门别户。金华儒学这一重实际、讲事功的路线在元明两代续有衍流,入清后更有黄宗羲、全祖望以至章学诚的浙东学术接其统绪,后者虽以史学为其主干,而经世贬俗之初衷不改,亦在当世风行的汉、宋之学以外呈一异彩,其后劲直达章太炎和鲁迅。

叶适暨永嘉学派发挥儒家经世致用的传统,倡导事功,早在南宋时期就被正统理学"目之为功利之学",叶适从功利的立场出发,重视务实精神。他治学、为文、奏事、施政,无一不从功利出发而求实效。但功利之学并非等于是功利主义,因为叶适在提倡事功的同时,还十分重视提倡德性,并对其"德性之学"的特点作了分析:在经验学习之中"成德",而且其德性的内涵能容纳功利且以功利为基础。也就是说叶适虽然反对"以义抑利",但还是主张"崇义以养利",回归到《易》"利,义之和"的观点,具备孔子所言"义然后取,人不厌其取"、"见利思义"的儒家以义规范利的道德原则。

义利关系是历代思想家都要讨论的课题。自从孟子对梁惠王讲了句"王何必曰利? 亦有仁义而已矣",董仲舒又说了一句"正其义不谋其利,明其道不计其功"之后,许多人以为儒家全都是"重义轻利"之徒。其实,在孟子那里有着以行仁义为大利故不必言利之说,而董仲舒之说则确有轻视功利之弊。对此,叶适强调的是"崇义养利",批判董仲舒的"疏阔",认为"既无功利,则道义者乃无用之虚语尔"。① 主张"以利和义",反对"以义抑利"②。鄙视功利越来越成为后儒的传统,到了南宋,鄙视功利,空谈心性,更加风行一时,陈亮则一反讳言功利的倾向,理直气壮地举起了功利主义旗帜,所谓"堂堂之阵,正正之旗"。

金华学派规模宏大,探性命之本,贵涵养实践,学术力主"明理躬行",强调经世致用,反对空谈物理心性,注重治乱兴衰和典章制度。金华学者趋于事功,吕祖谦在所上札子中讲:"不为俗学所汩者,必能求实学;不为腐

① 叶适:《习学记言序目》卷二十三。
② 叶适:《习学记言序目》卷二十七。

儒所眩者,必能用真儒。"《与内兄曾提刑》中提倡"学者以务实躬行为本";在《太学策问》中提倡"讲实理、育实才而求实用";他主张"学者须当为有用之学"。① 吕祖谦提出"讲实理,育实才,而求实用"。这与叶适、陈亮的观点无异。他说:"学者以务实躬行为本,语言枝叶。"

吕祖谦十分强调务实致用,"百工治器,必贵于有用,而不可用工费为也。学而无所用,学将何为也?"②重视知识的实际效用,在经世济民的现实活动中体现知识、学问的价值,已经成为金华学派治学的基本取向。吕祖谦也重视"性命之学",对心性道德问题有过深入研究,但不同之处在于他的道德性命之学是以经世致用为指归,修养心性是为了把握经世致用的根本,最终在治国经邦的实际活动中体现知识、学问的价值。在他看来,缺乏通经致用的意识,徒有读书的虚名。"今人读书全不作有用看。且如二三十年读圣人书,及一旦遇事便与间巷无异。或有一老成人语,便能终生服行,岂老成人之言过于六经哉? 只缘读书不作有用看故也。"③他更把历代史事与典章制度看做是直接关涉民生日用的务实之学,必须遵循有用于世、实致其用的原则。他认为,观史应当有一种身处事中的现实关怀,从对历史事实的考察、分析、省思中汲取历史的经验教训,增长经世处事的知识与才能。他一生致力于历史研究和文献整理,在著作中反映出强烈的经世致用目的。他认为"事极则须有人变,无人变则其势自变",社会制度也是不断变化的,即便是"圣贤之法","祖宗之制",也"不必事事要学",因循守旧和复古倒退是行不通的。因此,"天下之事,向前则有功,不向前,百年亦只如此","安能成其大"?④ 只有"合群策","共集事功",才能推动社会进步。这就要弄清历史的演变过程,分析哪些应该继承和完善,哪些应该摈弃和变革。

浙东学派的共同特点是倡言事功,主张经世致用,诸家大抵于经术外,精研史学,以谙悉掌故、经济、事功为务,被朱熹指斥为"专是功利"。"今浙中人却是计利害太甚,做成回互耳,其弊至于可以得利者无不为。"⑤清代的

---

① 《左氏传说》卷五。
② 《吕东莱文集杂说》卷二十。
③ 同上。
④ 《吕东莱文集》卷十二《易·蛊》。
⑤ 《朱子语类》卷一二二。

浙东学派更是以经世致用作为研究史学的根本目的。

三、越地学术思想中一贯的包容性思维

博洽包容、博采众长、自成一家是越地学者治学的又一传统。越文化在它的形成和发展过程中，既有接受华夏文明熏陶的一面，又有体现选择性的一面。越地与中原文化的交流至迟于春秋战国时期便有相当的规模，秦汉时期已经完全融入汉民族文化系统，而后，晋室与宋室两次南渡，中央政权移驻江南，更有力地促进了越文化在汉民族文化大环境中的成长。在这一过程中，越文化传统中的越族文化基因与其所摄入的华夏文明素质牢固地结合为一体。与此同时，在吸收的过程中又体现了能动的选择功能，融合中达到了创新。

学术贵在有怀疑精神和批判态度，而怀疑精神和批判态度需要有相应的学术素养和学理背景为依托，否则就是狂言乱语。包容是以博学为前提的，博学又是以包容为基础的，这种相应的学术素养和学理背景往往表现为博采众长，自成一家。从王充提出“含百家之言”的治学思想，到蔡元培提出兼容并包的办学理念，鲁迅首倡文化“拿来主义”，构成了越地文人一以贯之的治学思想链。

侯外庐认为，王充的思想是复杂的，他善于吸收古代思想的优良传统，独立成一家言。① “夫人含百家之言，犹海怀百川之流也”②，王充对诸子百家学说，都进行了研究，都予以了汲取，也都作出了批评，可谓是吞吐百家而成一家之言。他博采儒、道、法诸论，取各家之长，合成一说，最终纳入“天道自然”的理论框架之中。《后汉书》记载：“〔王充〕常游洛阳市肆，阅所卖书，一见辄能诵忆，遂博通众流百家之言。”③其《论衡》论及人文及自然的种种现象，批评几乎涉及当时有关生命、鬼神、灾异、典籍、人伦的所有知识，葛洪的评价是“王生学博才大，又安能省乎”④。

---

① 参见侯外庐：《中国思想通史》第 2 卷，人民出版社 1957 年版，第 8 章。
② 王充：《论衡·别通篇》。
③ 范晔：《后汉书》卷四十九《王充传》。
④ 葛洪：《抱朴子·喻蔽》，《抱朴子外篇校释》，中华书局 1993 年版。

在学习上,王充倡导要敢于"距师"、"问难",要有不畏权威、"有不晓解之问"的精神,追求学问的真谛,这才是正确的学习态度和方法。王充批评"世儒学者,好信师是古,以为圣贤所言皆无非,专精讲习,不知问难"①。唯师、唯书并崇拜古人,人云亦云,不去思索和反问为什么,这是缺乏独立思考和创见的表现。诚如蔡元培先生所论:

> 充实为代表当时思想之一人,盖其时人心已厌倦于经学家,天人感应五行灾异之说,又将由北方思潮而嬗于南方思想。故其时桓谭、冯衍皆不言谶,而王充有《变虚》、《异虚》诸篇,且以老子为上德。由是而进,则南方思想愈炽,而魏晋清谈家兴焉。②

而更为可贵的、也是王充学说有别于其他学术的独到价值还在于,它在问世后的近两千年间,一直在整个社会中发挥着科学启蒙的作用,每临社会上迷信泛滥、虚妄横行之际,便会有人拿起王充"实事疾妄"的思想武器予以反击,进而宣扬"实学",普及真知,成为社会进步中理性与和谐的重要资源。

包容性思维集中地体现在从吕祖谦到蔡元培的兼容并包思想之中。吕祖谦的治学,最为突出的特点是"兼容并包"、"博采众长"。《宋元学案》的评论是:"兼总众说,巨细不遗,挈领提纲,首尾该贯,浑然若出一家之言。"③能"兼总众说"而成"一家之言",准确地概括了吕祖谦的治学特色。"不名一师,不主一说,兼取众长"是吕氏家学在世代相传中逐渐形成的一种风格。吕祖谦的六世祖吕公著"以治心养性为本",与程颢、程颐互相唱和,引为同调,但他对王安石的"新学"、邵雍的"象数学"等其他学说也很是赞赏,曾一度命长子希哲师从王安石;吕希哲虽最终"归宿于程氏",但一生先后从学于焦千之、胡瑗、孙复、邵雍、王安石等诸家学者,"集益之功,至广且大"。④ 吕祖谦的学术思想的形成,除了家学渊源外,还受到了当时众多师友的影响,吕祖谦少年时,曾先后师从知名学者林之奇、汪应辰、胡宪问学。如汪应辰,学者称"玉山先生",为学"博综诸家","粹然为淳儒"。曾师事吕本中,治学"以至诚为本",强调"尽其在我",认为"学问之道止是揆

---

① 王充:《论衡·问孔》。
② 蔡元培:《中国伦理学史》,商务印书馆1999年版,第39页。
③ 黄宗羲等:《宋元学案》卷五十一,《东莱学案》,中华书局1986年版。
④ 黄宗羲等:《宋元学案》卷二十三《荥阳学案》。

于心而安,稽于古而合,措于事而宜",反对"放弃典刑,阔略世务"。① 其
"博综诸家"的为学特点与对学问的看法,对吕祖谦的治学产生了一定的影
响。吕祖谦在这样的基础上进一步发扬光大,形成了自己的特点,即在广
泛结交各方学者中吸收诸家学说。他在与不同学者的交往中,虚心求教,
互相切磋;对于不同的理论学说,摒弃门户之见,力求"公平观理所在"。他
与张栻两度共事,彼此"日夕相过讲论",讨论的内容几乎无所不包。他在
调解朱陆学术分歧的同时,也积极吸收了两家的理论观点并努力将两者贯
通起来。他在指出永嘉之学和永康之学的缺陷的同时,又在史学观、教育
观和学术观上明显地受到事功学派的影响。这都反映出吕祖谦在治学上
的广阔视野和恢宏气度。这一点赢得了当时不少学者的称赞。陆九渊认
为吕祖谦"约编持平",黄震亦认为吕祖谦在鹅湖之会上"调娱其间,有功于
斯道"②,陈亮在与朱熹进行激烈论辩时想到已经谢世的吕祖谦:"甚思无
个伯恭在中间捆就也"③,由此不难看出吕祖谦折衷调和于当时各学派之间
的特殊地位。对于同时代诸家之学,吕祖谦多有吸收。这一点,历代均有
不少学者论及。如全祖望认为吕祖谦对朱陆之学"兼取其长",朱熹则认为
吕祖谦"其学合陈君举、陈同甫二人之学问而一之"。他在调停当时各家之
间的争论中,"未尝倚一偏而主一说",其内心深处是企图汲取各家学说中
合理之因素,构筑自己的理论体系。正因为他很少门户之见,容纳了其他
诸家所不能保存的思想资料,从某种意义上说,吕祖谦的学术思想不啻是
南宋乾淳时期的大型思想库。能够兼容并包的原因,一是其治学宗旨,希
望能为巩固处在风雨飘摇中的南宋政权提供一种可以解决政治经济危机
的思想武器和理论指南,所以他对各家学说力求"兼取其长";二是其家传
的治学风格,他能"泛观广接"当世诸家学说,成为当时交游最广泛的思想
家之一,与其家族的"不主一说"治学传统分不开;三是其经史兼治的家学
渊源,吕祖谦自幼受"中原文献之传"的家学熏陶,史学功底深厚,为宋代其
他理学家所不及;四是与其宽容温和又能持论公允的个性有关。朱熹虽曾
批评吕祖谦的学问"博杂",但也赞扬他"德宇宽弘,识量宏廓","绍文献于
故家,又隆师而亲友,极探讨之幽遐,所以秉之既厚而养之深,取之既伯而

① 黄宗羲等:《宋元学案·玉山学案》卷四十六。
② 黄宗羲等:《宋元学案·东莱学案》附录卷五十一。
③ 《陈亮集·与辛幼安殿撰》卷二十九。

成之粹,宜所立之甚高,亦无求而不备"。

吕祖谦的"不主一门,不私一说,直截径捷,以造圣人"的"博杂"主张,成为金华学派的治学传统。其不同时期的学者大都追求博学多识,不私一说而兼取诸家之长。

事实上,宋明理学也同样存在着儒释道的兼容和融合。虽然理学家坚持的是"道统说",就是维护并坚持由孔子通过文献形式所确立下来的关于"致治之道"的基本思想及传承统纪。道统说的最早倡导者是唐代的韩愈,其《原道》云:"尧以是传之舜,舜以是传之禹,禹以是传之汤,汤以是传之文、武、周公,文、武、周公传之孔子,孔子传之孟轲。轲之死,不得其传焉。"①韩愈之所以提倡儒学道统,是有鉴于当时思想界佛、道二教盛行以至于淹没了孔子所言的"道德仁义"。于是韩愈力主辟佛,对佛教的态度纯粹是对抗、拒斥。而宋儒也坚持辟佛,且其条陈佛教祸国殃民之罪,宏论滔滔,远盛于韩愈,但实际上他们对佛教的态度恰恰是兼容的、涵摄的。北宋理学诸大家无不与高僧禅客有过密切的过从,也无不对佛学的研究倾其心力。仅从濂、洛、关、闽的代表人物来看,这种援佛入儒或统合儒释的情形已然十分明显。理学也称为"新儒学",其新在于它摄取了佛教的理论内核,其中不仅有理论方法与运思取向,而且还有直接取于佛教的基本概念。吸收佛道的理论要素对儒家经典进行重新研究,进行重新建构并作出新的阐释,从而使衰微的儒学获得新的生命。

与吕祖谦齐名的陈亮虽然认为理学是道德性命之空谈,于世事无补,但他还是对北宋以来的理学用过一番工夫钻研,从其文集可知,他曾编辑《伊洛正源书》、《伊洛礼书补亡》、《三先生论事录》,又刊《程氏易传》、《杨氏中庸解》、《胡氏春秋传》等,但他所重视的是理学讲明法度,考订典制的著作。在他看来,儒学的精神乃是开物成务,故一种真正有价值的学说必须足为开物成务之资,切于当世实用,尤其应为恢复中原这一至为迫切的时代任务之完成而开辟道路。从乾道五年至淳熙五年的十年间,是陈亮泛观博览,其学益进,所谓"退修于家,学者多归之,益力学著书者十年"②,同时也是其思想获得成熟发展的十年。

---

① 《昌黎先生文集》卷十一。
② 《宋史本传》。

陈亮与朱熹从交往到交锋的经历中也包容和吸纳了一些思想元素。虽然陈亮和朱熹的学术思想及其处世性格差异很大，朱熹既容不得道统以外的异端曲学，陈亮也坚定不移，不肯轻易放弃自己的主见，终至于公开交锋。但两人在相互慕名很久后才得到见面机会。在淳熙九年朱熹巡历婺州、衢州，两人才有机会会面，并盘旋十日方始别去。这次见面的气氛可以推断是相当融洽，朱熹"妙论"，往往尽出陈亮所闻之外，而陈亮"伟论"，也启发朱熹去思考一些他平时较少关注的问题。双方的理解既已加深，遂皆有思慕之意。别后不久，就有书信问答。在不到半年的时间里，几乎以至于无话不谈。但是内在的差异性使得两人的论战以至不可避免，从淳熙九年陈亮寄送《杂论》五篇开始至淳熙十三年因双方都觉得难以达成共识而告结束，这一历时四五年的论战曾引起当时学术界的普遍关注，也是中国思想史上的一件大事。起因在于朱熹觉察到浙江士人的学风大异于福建，以为有驰外之失，大为学者心术之害，又认为此种学术之风的坚定倡导者正是陈亮，故着意要说服陈亮放弃那许多贱王尊霸的观点，以挽浙人学风之偏失，却不料陈亮是一个很不容易被说服的人。随着论战的深入，语气也从缓和转趋激烈，这就不可避免地暗藏讥讽挖苦，甚至于门下弟子也相互攻击。

及至明代，越地学者在学术活动中的包容性思维特征更加鲜明。宋濂作为一代大儒在治学中融通儒释道，但对学生只讲儒学，只有跟僧人、道士交往，才谈佛说道。宋濂的理学思想是以程朱为宗，兼取周敦颐为主要特征。此外，他是"主圣经而奴百氏"，即以儒家为主，六经为主，同时站在理学家立场上，对道家学说及儒家学说加以研究、汲取和融会。王炜评价：宋濂"于天下之书无不读，而析理精微。百氏之说悉得其指要。至于佛老氏之学，尤所研究，取其义趣，制炜经论，绝类其语言，置诸其书中无辨也"①。刘基说他"上究六经之源，下究子史之奥。以至释老之书，莫不升其堂而入其室。其为文则主圣经而奴百氏，故理明辞腴；道得于中，故气充而不竭。至其驰骋之余，时取释老语以资嬉戏，则犹饫粱肉而茹苦茶、饮茗汁"②。

刘基幼习《春秋》，后又师从郑复初习濂洛之学，受理学的浸润较深。

———————————
① 焦竑：《国朝献徵录》卷二十《宋太师传》，《宋学士全集附录》。
《宋学士全集》，《潜溪集序》。

同时又家居青田,自然受到永嘉学派余绪的影响。在论及心性时,更多的是继承张载的"天地之性"、"气质之性"的思想,提出了"性迁于习"的观点。在论及道德修养功夫时,则强调的是"敬"对于澄心守志的作用,秉承的是程朱之论。但在"成人之道"上基本承续了浙东事功学派主旨,主张"仁""勇"兼济的人格标准,认为"勇"要依"孔子之训"、"颜子之事"(即以"克己"为"大勇")和"曾子之言"(即"可以托六尺之孤,可以寄百里之命,临大节而不可夺也")为典型。① 在治学上是博洽学术,淹通九流,不但具有浙东学派"俱以读书经济为事,嗤黜空疏"②,以期"开物成务"的学术精神,而且广瞻群科,家学便有博洽的传统,幼时即"凡天文兵法诸书,过目洞识其要"③。

王阳明与道家、与禅宗的关系,从阳明心学产生之日起就一直是被每每提及的话题。在正统的理学界,一种思想如果被指责为禅或道,则几近于被宣判为非法而失去正当性。朱子学批评陆象山是如此,后来的戴震清算整个宋明理学其立论的基础也是如此。

《明儒学案》中的《泰州学案》记载:"阳明先生之学,有泰州、龙溪而风行天下,亦因泰州、龙溪而渐失其传。泰州、龙溪时时不满其师说,益启瞿昙之秘而归之师,盖跻阳明而为禅矣。"依黄宗羲这段批评阳明后学的意见,得知王阳明之学传到王艮、王畿时,已渐失去原貌。王艮、王畿常有不满阳明的意见,并在传达阳明学说时混用了释氏之说,使得阳明学演变成为禅学。

《明史》《刘宗周》本传云:"越中自王守仁后,一传为王畿,再传为周汝登、陶望龄,三传为陶奭龄,皆杂于禅。奭龄讲学白马山,为因果说,去守仁益远。……良知之说,鲜有不流于禅者。"

阳明后学采取儒释并弘,已是不争之事实,他们除了引用释氏的言说外,还吸取道教思想,形成三教合流的倾向。自明中叶以降,学术界里三教合一或三教同源的论调已形成风潮,甚至弥漫整个社会。深究其因,阳明"三间屋"之论已隐含着三教合一的意味。

王阳明的弟子在质疑心学究竟与道、佛、墨的思想有何差异时,王阳明

---

① 参见《诚意伯文集》卷六《大勇斋记》。
② 黄宗羲等:《宋元学案》卷五十六《龙川学案》。
③ 焦竑:《国朝献徵录》卷九《诚意伯刘公基行状》。

也承认它们之间的差别只在"毫厘之间",然而,毫厘之差,千里之谬。王阳明的援佛入儒思想在严滩问答中是有明确表述的。虽然在《传习录》中记载是王畿先举佛家实相幻相之例,王阳明认同本体工夫的合一,而在王畿的《刑部陕西司员外郎特诏进阶朝列大夫致仕绪山钱君行状》中记载是"夫子复申前说",钱德洪是拟议未及答,王畿回答是:"前所举是即本体证工夫,后所举是用工夫合本体有无之间不可以致诘",王阳明称此是"究极之说"。虽然阳明深受佛学影响,他的"本体论"已越出儒家的范围,但他没有佛教的轮回与涅槃信仰,所以仍属儒家主流。可是,他的本体论使他跟正统儒家的关系相当微妙,更令他的后学偏离了正统儒家,而与释氏靠近,因此导致后学的思想风貌不易与释、道分辨开来。无论哪一种说法更接近事实,有一点是明确的,在王阳明的思想中儒释互通十分突出。

徐渭虽然以文学艺术的独特成就而彪炳于世,但他又具有颇深的学术造诣,他以儒为本,又出入二氏之学,会通三教而以求"中"为指归;师法王畿、季本,折冲于自然与警惕之间,借论《龙惕书》申以己意;在注重字句形式的注解《参同契》之风正盛时,他注重神意脉理,对《参同契》的诠释别具一格,对今天我们理解《参同契》仍不无裨益。

刘宗周改变门户森严的做法,对朱熹一系的态度相当宽容,甚至在《圣学宗要》中把周敦颐、程颢、张载、朱熹和王阳明连成一系,"本是一条血脉,而学者溺于所闻,犹未免滞于一指而不能相通,或转趋其弊"①。

黄宗羲强调治学要善于做到"会众合一"②,章学诚的"道并行而不悖"之说都是兼容并包精神的体现。在《明儒学案发凡》中说:

> 学问之道,以各人自用得着者为真,凡倚门傍户、依样葫芦者,非流俗之士,则经生之业也。此编所列,有一偏之见,有相反之论,学者于其不同处正宜着眼理会,所谓一本而万殊也。以水济水,岂是学问。

近代蔡元培更是一再强调学术上要坚持"兼容并包"、"思想自由"的方针。蔡元培的思想源于中庸"万物并育而不相害,道并行而不相悖",认为学术上的各种派别,都是相对的,不是绝对的,所以在学术问题上"一己之说,不能束缚他人,而他人之学说,亦不能束缚一己。诚如是,则科学社会

---

① 《刘子遗书》卷一《圣学宗要》。

② 黄宗羲:《万充宗墓志铭》,《黄宗羲全集》(增订版)第10卷,浙江古籍出版社2005年版,第417页。

学等,将均任吾人自由讨论矣"①。对蔡元培的兼容并包思想,近人梁漱溟依据性情的特点,认为"蔡先生除了他意识到办大学需要如此之外,更要紧的乃在他天性上具有多方面的爱好,极广博的兴趣。意识到此一需要而后兼容并包,不免是人为的(伪的);天性上喜欢如此(真的),方是自然的。有意的兼容并包是可学的,性情之自然是不可学的。有意的兼容并包,不一定兼容并包的了;惟出于真爱好,而后人家乐于为他所包容,而后尽管复杂却维系得住。——这方是真器局、真度量"②。许德衍进一步认为蔡元培的兼容并包"并不是无主张的'杂凑','牛溲马勃,败鼓之皮',不分皂白的一齐包揽,而是有主张的,在科学的自由研究的旗帜之下"③。

四、越地学术思想中强烈的批判性思维

强烈的批判精神犹如一根红线串联着越地学者的学术活动,勾勒出学术传承的基本轮廓。陈亮、叶适对苟安求和的批判,王阳明对程朱理学教条的批判,黄宗羲对君主专制制度的批判,章学诚对各种伪史学的批判等史实都无不闪耀着王充提倡的"崇实疾妄"的精神光芒。由此可知,理性务实的批判性思维是越文化的重要品格。无论是王充《论衡》的大胆"问孔"、"刺孟"、"非韩",王阳明的开宗心学,黄宗羲的"君为大害",还是鲁迅质疑传统、驳斥权威的犀利文字,他们在思维方式的怀疑性、批判性、攻击性等特征上的深相契合,都体现着越地文化中"务实疾妄"思维的传承、弘扬。

真学者大凡具有叛逆、狂狷的性格,唯有此,才能不受陈规的束缚,探询新的知识领域。狂狷语出《论语·子路》:"子曰:不得中行而与之,必也狂狷乎?狂者进取,狷者有所不为也。"白居易的"达则兼济天下,穷则独善其身",可说是对狂狷行为的形象描述。"狂"在古代则是指不拘一格,气势猛烈,蔑俗轻规。"狷"的古语用法多是"狷介",指洁身自好,不肯同流合污。中国古人"狂"而进取,进取之途被堵塞,就要学会"狷"而自守。深受

---

① 《敬业学报》1917 年 6 月。
② 梁漱溟:《我生有涯愿无涯》第 4 辑,《怀念师友蔡元培先生》。
③ 许德衍:《纪念蔡元培先生——为蔡先生逝世二周年作》,《追忆蔡元培》,中国广播电视出版社 1997 年版,第 178 页。

玄学影响的魏晋名士是以狂狷而著名的,他们以亲近自然、性情豁达为人生态度,不畏强权,追求自由,以竹林七贤为代表。魏晋遗风对越地文人的影响十分深远,陈亮认为狂和狷是相对于中和或中庸而言,皆有过与不及之失,然而好在一个真字上,两者都是真知见与真性情。况且两者可以互补,如狂中有狷,狷中有狂,而致中和;刚中有柔,柔中有刚,刚柔相济。这些都是人生和学术的极高境界。王阳明很赞赏狂者的气象,他说:"我在南都以前,尚有些子乡愿的意思在,我今信得这良知真是真非,信手行去,更不着些覆藏。我今才做得个狂者的胸次,使天下之人都说我行不掩言也罢。"①无论是王充《论衡》的大胆"问孔"、"刺孟"、"非韩",王阳明的开宗心学,黄宗羲的"君为大害",还是鲁迅质疑传统、驳斥权威的犀利文字,无不表现出狂狷的气质。

不拘陈规是越地长期以来形成的风格和传统,是越文化的一个重要特色。求异的思维,创新的追求是造就越地学术思想成就的内在品格。所谓求异创新的思维特点是指在社会认知和文化认知上的特立独行,以独特的视角和独特的思维方式形成新的理论观点和学术思想。这在已经形成大一统的中国传统文化中,往往被视为异端邪说。这种求异创新的思维特点,体现在各个时期的思想家、学者文人身上。

王充不苟陈规的批判精神、不同流合污的叛逆态度以及独树一帜的异端思想,给历代学者寻求思想解放和创立新说以深刻的启迪和反思,也是越地学术文化传统的奠基人。对于王充的批判精神,除邓红先生《王充新八论》一书予以彻底的否定外,学者一般予以肯定。梁启超在《中国近三百年学术史》中认为:"王充《论衡》实汉代批评哲学第一奇书。"不苟陈规,对流行的学说和占主流地位的意识形态采取怀疑和批判的态度,这种求异创新思维特点的体现,在传统社会则往往被视为异端邪说。

南宋时期永嘉学派最鲜明的特点也是其批判精神。从薛季宣开始,就对程朱理学的"道统之序"的怀疑批判,形成了自成一派的道器观和义利观,中经陈傅良,叶适集大成。叶适通过对自孔子之后的诸子百家学说的批判,其锋芒直指程朱理学,对其"性命之学"从两个方面进行了深刻批判,一是性命之学的先验依据只是后儒的一种臆想即"影像";二是性命之学无

---

① 《王阳明全集》卷三《传习录下》。

益于事功。叶适的易学特色"就是要解构传统的易学哲学体系",站在经验论或实证论的哲学立场上拒斥形而上学。而叶适对汉代以来的正统经济思想及封建君权的批判,更具有开拓性的意义。

陈亮以其特立独行表现出强烈的批判精神和创新意识,他坚持独立钻研,不畏权势,坚持真理,不随声附和,保持自己的独立见解。陈亮生活的那个年代,正是朱陆等空言性命而避言功利的时代,但陈亮却独不以为然,提出了独到的见解——"义利王霸并用"。他反对死守前说,拾人牙慧,毫无创见的僵死学风。他从经世致用的角度出发来看待历史上和现实社会中的一切事物,他不怕别人讥讽为粗豪狂怪,勇于发表独到的见解。在他看来,凡是不符合现实需要的东西,均可以抛弃,都必须批判;凡是附和现实需要的东西,都要吸收,并结合实际加以应用,这种思想和方法虽有失偏颇之处,但其创新精神是十分可贵的。对此,理宗端平初年(1234),右丞相乔行简在奏请的《劄子》中评价说:陈亮"以特出之才,卓绝之识,而究皇帝王霸之略,期于开物成务,酌古理今,其说盖近世儒者之所未讲"①。

王阳明开宗立派,强调学术的主体性、思想的创新性,主张学问贵在"自得",成一家之言,对"掇拾于煨烬之余"的汉儒经学传统和本质上接续经学的"空疏谬妄、支离牵滞"的宋明理学都给予了深刻的批判。对于与自己思想相近的陆九渊心学思想,他也毫不留情,指出陆九渊的思想虽然颇得《易》系辞"易简"之宗旨,但是在一些问题上,仍然有"沿袭之累",与程朱理学纠缠不清,不能够做到完全的"自得"。

王阳明在治学的过程中主张独立思考,"夫学贵得之于心。求之于心而非也,虽其出于孔子,不敢以为是也"。他教导学生说:"且以所见者实体诸心,必将有疑,果无疑,必将有得,果无得,又必有见。"②指出了独立思考所能得到的三种认识境界:有疑、有得、有见,即认识要从有疑开始,有疑才能有收获,有疑、有得,才能有自己的独立见解,而对于疑、得、见,又要敢于坚持,强调"夫君子之论学,要立得之于心。众皆以为是,苟求之心而未会焉,未敢以为是也;众皆以为非,苟求之心而有所契焉,未敢以为非也"③。

---

① 引自辛弃疾:《祭陈同甫文》,《陈亮集·附录一》。
② 黄宗羲等:《明儒学案》卷十《姚江学案》。
③ 《王文成公全书》卷二十一《答徐成之二》。

这种反权威、敢于疑古的独立思考精神,是越文化的一种优秀传统,也是明代文风转变的主要思想基础。

明末张岱对程朱理学的批评也是不遗余力,认为"六经有解,不如无解"①,"余幼遵大父教,不读朱注。凡看经书,未尝敢以各家注疏横据于胸中"②。对所谓的道统论尤其持十分激烈的批判态度,"传道之说,宋儒仿禅家衣钵之说而为之,孔门无此也"③。在张岱看来,自诩直承孔孟道统,恰是朱熹在学术方法上独断主义的根源,以道自任,就很难于真正在学理上平等对话,而会自觉不自觉地流露出霸道作风。一向富有叛逆性格的张岱对科举八股的弊端认识得特别深刻,在他看来,科举八股制度乃是统治者用以"镂刻学究之肝肠","消磨豪杰之志气"的恶毒统治术之一。④ 并呼吁"八股一日不废,则天下一日犹不得太平也"⑤。

而黄宗羲在黑暗的清王朝高压下,发出民主的呐喊,清末的龚自珍继承和发扬黄宗羲等反封建的民主意识,大胆揭露社会黑暗,严厉抨击封建专制政治,将公羊哲学中"据乱——升平——太平"的旧三世说改造发挥成"治世——衰世——乱世"新三世说,以此论证封建社会已"病入膏肓"。黄宗羲以王阳明、徐渭、杨珂的独立创作为例,说明"吾越自来不为时风众势所染"⑥,表彰王阳明、刘宗周对整个明代学术的贡献,说:

> 向无姚江,则学脉中绝;向无蕺山,则流弊充塞。凡海内之知学者,要皆东浙之所衣被也。⑦

明末清初的越地学人从不同侧面对阳明心学进行了批判。阳明心学在当时受到广泛的批判,这是其衰落的标志。首先发难的是师承阳明心学的顾宪成和高攀龙,两人都没有从根本上否定阳明心学,只是不满于阳明心学的某些命题,所以被后世称之为阳明心学的修正派。继而是张履祥和陆陇其,张履祥早年师从刘宗周,是阳明心学的再传弟子,甲申变乱后,隐居教授,遂转而力挺程朱,力辟陆王,梁溪周镐序《张杨园全集》云:先生"渡

---

① 张岱:《四书遇》。
② 《张子文秕》卷一《四书遇序》。
③ 张岱:《四书遇》。
④ 参见张岱:《石匮书》《科目志总论》。
⑤ 张岱:《凤嬉堂抄本》卷二十六。
⑥ 《黄宗羲全集》第 10 册,浙江古籍出版社 1993 年版,第 61 页。
⑦ 同上书,第 221 页。

江游嶯山之门,归而肆力于程朱之书,指阳明之学非是,乃洞揭阳儒阴释之隐,以为炯戒",被誉为清代道学第一人。

这种批判精神和叛逆态度,首先取决于人品,在越地文人知识分子身上承传着一种"毫无奴颜和媚骨"的硬骨头人格,即为保持自身精神独立性而获得最大程度精神自由的可贵品性,贫贱不移、富贵不淫、威武不屈,保持着正直知识分子的本色。明代的王士性曾经对这种硬气的评价是,人重节义,节操刚烈,勇往直前,风气所致,至今犹然。明末,黄宗羲等发兵勤王,竭力抗清,明亡后至死不仕。祁彪佳抗清失败后,拒绝清廷以书礼聘,面对局势,悲愤万分,决定以死报国,写了绝命书和"含笑入九原,浩气留天地"诗句,自沉于寓园梅花阁前水池中。

其次取决于学品,具有疾虚妄的怀疑精神。实事求是最早出自班固的《汉书·河间献王传》,但在此之前的王充已经在《论衡》的众多篇章中表达了这一思想,特别是在《论衡·对作篇》中强调自己的写作宗旨是"《论衡》实事疾妄,无诽谤之辞"。所谓实事疾妄,就是实事求是、批判虚妄,所体现的就是一种求实的、批判的精神。东汉王充著《论衡》,举唯物理性之大旗,破"天人感应"之迷信。诚如王充所言:"《诗》三百,一言以蔽之曰:'思无邪';《论衡》篇以十数,亦一言也:'疾虚妄'";从学术史的角度看,后来的浙东学派也都显示出提倡实事求是和坚持批判意识的锋芒。浙东学派中诸多代表人物,如陈亮、叶适、王阳明、黄宗羲、章学诚等,均是中国思想史上杰出的现实主义批判家。

怀疑精神就是不盲从、不附和,对一些事物或现象进行冷静的思考和分析,从而得出自己的判断和结论。怀疑精神是人类思想进步、知识创新的前提。学术的进步,首先便需破除偶像崇拜的心理。王充高举"疾虚妄"的大旗,对当时种种不良学风及虚假现象给予了无情的揭露和批判。综观《论衡》84篇,几乎没有一篇不是"疾虚妄"的文章。疾是批判,虚妄是批判的对象,首先是指禁忌、迷信、鬼神、卜筮等不实之论,也是指对儒家文化和儒家圣人的神圣化和神秘化,以及对儒家文献的迷信。王充的怀疑精神是他"疾虚妄"的态度的基础,也是他"疾虚妄"的利器。王充之所以取得如此伟大的成就,首先在于他所具有的怀疑精神。没有怀疑精神就没有传统社会中的异端,刘宗周可以说是晚明具有怀疑精神的又一个杰出代表,他不是一个墨守师说不敢逾矩尺半步的人,博于阅览、精于思考的治学风格,使他"于新建之学,凡三变:始而疑、中而信、终而辨难,不遗余力"①。

　　从群星璀璨的名家大师的学术思想中挖掘和提炼出共同的思维特征是困难的,也不是一朝一夕能够完成的,但是,作为一种探索,作为一家之言,或许能够引发出更多的思考。

---

① 《黄宗羲全集》第 1 册,浙江古籍出版社 1985 年版,第 254 页。

主要参考书目

1. 袁康、吴平:《越绝书》,上海古籍出版社 1985 年版。

2. 左丘明:《国语·越语》,齐鲁书社 2005 年版。

3.《吕东莱文集》,上海商务印书馆 1937 年版。

4.《金华黄先生文集》,北京图书馆出版社 2005 年版。

5. 朱铸禹汇校集注:《全祖望集汇校集注》,上海古籍出版社 2000 年版。

6.《龙溪王先生全集》,台北广文书局 1975 年版。

7.《水心集》,文渊阁四库全书本。

8. 薛季之:《浪语集》,四库全书本。

9.《黄宗羲全集》,浙江古籍出版社 1985—1994 年版。

10.《龚自珍全集》,上海人民出版社 1975 年版。

11.《王阳明全集》,上海古籍出版社 1992 年版。

12.《朱子语类》,中华书局 1986 年版。

13.《陈亮集》,中华书局 1974 年版。

14. 万斯同：《群书疑辨》，台北广文书局 1972 年版。

15. 章学诚：《文史通义》，上海古籍出版社 2008 年版。

16. 黄宗羲、全祖望：《宋元学案》，中华书局 1986 年版。

17. 李慈铭：《越缦堂读书记群书疑辨》，上海商务印书馆 1959 年版。

18. 赵翼：《廿二史札记》，中华书局 2008 年版。

19. 毕沅：《续资治通鉴》，上海古籍出版社 1987 年版。

20. 《温州文献丛书》，上海社会科学院出版社 2006 年版。

21. 叶适：《习学记言序目》，北京中华书局 1977 年版。

22. 《张子文秕》，国家图书馆藏凤嬉堂原钞本。

23. 葛洪：《抱朴子外篇》。

24. 陈寿撰：《三国志》，中华书局 1982 年版。

25. 《陈确集》，中华书局 1979 年版。

26. 《吕晚村先生文集》，雍正三年天益楼刻本。

27. 陆陇其：《三鱼堂文集》，文渊阁四库全书本。

28. 李贽撰：《焚书》，中华书局 1975 年版。

29. 梁僧祐：《弘明集》，上海古籍出版社 1991 年版。

30. 方孝孺：《逊志斋集》，宁波出版社 2000 年版。

31. 王懋竑：《朱子年谱》，北京图书馆出版社 2005 年影印本。

32. 《周敦颐集》，岳麓书社 2002 年版。

33. 《宋学士文集》，商务印书馆 1936 年《四部丛刊》影印本。

34. 何良俊：《四友斋丛说》，中华书局 1997 年版。

35. 《刘基集》，浙江古籍出版社 1999 年版。

36. 《欧阳修全集》，中华书局 2001 年版。

37. 《李觏集》，中华书局 1981 年版。

38. 《苏东坡全集》，珠海出版社 1996 年版。

39. 《温国文正司马公文集》《四部丛刊》本。

40. 苏洵：《嘉祐集》，商务印书馆 1940 年版。

41. 《苏舜钦集》，上海古籍出版社 1981 年版。

42. 吴自牧：《梦粱录》（杭州掌故丛书），浙江人民出版社 1984 年版。

43. 杨简：《慈湖遗书》，文渊阁四库全书本。

44. 王柏：《鲁斋集》，文渊阁四库全书本。

45. 庄绰：《鸡肋编》，中华书局 1983 年版。

46. 周去非：《岭外代答校注》，中华书局 1999 年版。

47. 程俱：《北山集》，文渊阁四库全书本。

48. 陈傅良：《止斋文集》，陈用光重刻本。

49. 方勺：《泊宅编》，中华书局 1983 年版。

50. 陈耆卿：《嘉定赤城志》，中国文史出版社 2004 年版。

51. 李心传编：《建炎以来系年要录》，中华书局 1956 年版。

52. 苏辙：《栾城集》，上海古籍出版社 1987 年版。

53. 王夫之：《读通鉴论》，中华书局 1975 年版。

54. 王夫之：《宋论》，中华书局 2008 年版。

55. 顾炎武：《日知录集释》，上海古籍出版社 2006 年版。

56. 《平阳县志·风土志》，上海汉语大词典出版社 1993 年版。

57. 刘义庆：《世说新语》，中华书局 1984 年版。

58. 李焘：《续资治通鉴长编》，中华书局 2004 年版。

59. 《二程集》，中华书局 1981 年版。

60. 《陆九渊集》，中华书局 1980 年版。

61. 沈德符：《万历野获编》，台北新兴书局 1976 年版。

62. 洪迈：《容斋随笔》，上海古籍出版社 1996 年版。

63. 陆游：《渭南文集》，吉林出版集团有限责任公司 2005 年版。

64. 朱熹：《三朝名臣言行录》，台湾商务印书馆 1967 年四部丛刊本。

65. 《昌黎先生文集》，上海古籍出版社 1994 年版。

66. 焦竑：《国朝献徵录》，台湾学生书局 1984 年版。

67. 徐松：《宋会要辑稿》，中华书局 1957 年版。

68. 张岱：《四书遇》，浙江古籍出版社 1985 年版。

69. 《观堂集林》，河北教育出版社 2001 年版。

70. 张瀚：《松窗梦语》，中华书局 1985 年版。

71. 任继愈主编：《中国哲学发展史》，人民出版社 1988 年版。

72. 朱维铮校：《梁启超论清学史两种》，复旦大学出版社 1985 年版。

73. 皮锡瑞：《经学历史》，中华书局 1981 年版。

74. 陈立胜：《王阳明"万物一体"论——从"身—体"的立场看》，华东师范大学出版社 2008 年版。

75. 许道勋、徐洪兴：《中国经学史》，上海人民出版社2006年版。

76. 梁启超：《清代学术概论》，上海古籍出版社1997年版。

77. 钟肇鹏、周桂钿：《桓谭、王充评传》，南京大学出版社1993年版。

78. 童强：《嵇康评传》，南京大学出版社2006年版。

79. 潘富恩、徐余庆：《吕祖谦评传》，南京大学出版社1992年版。

80. 董平、刘洪章：《陈亮评传》，南京大学出版社1996年版。

81. 方祖猷：《万斯同评传》，南京大学出版社1996年版。

82. 方祖猷：《王畿评传》，南京大学出版社2001年版。

83. 东方朔：《刘宗周评传》，南京大学出版社1998年版。

84. 张义德：《叶适评传》，南京大学出版社1994年版。

85. 张祥浩：《王守仁评传》，南京大学出版社1997年版。

86. 龚杰：《王艮评传》，南京大学出版社2001年版。

87. 王春雨、赵映林：《宋濂、方孝孺评传》，南京大学出版社1998年版。

88. 周群：《刘基评传》，南京大学出版社1995年版。

89. 周群、谢建华：《徐渭评传》，南京大学出版社2006年版。

90. 仓修良、叶建华：《章学诚评传》，南京大学出版社1996年版。

91. 王永健：《全祖望评传》，南京大学出版社1996年版。

92. 胡益民：《张岱评传》，南京大学出版社2002年版。

93. 王瑞昌：《陈确评传》，南京大学出版社2002年版。

94. 金普森、陈剩勇主编：《浙江通史》第1—12卷，浙江人民出版社2005年版。

95. 徐斌：《论衡之人——王充传》，浙江人民出版社2005年版。

96. 蔡堂根：《道门领袖——杜光庭传》，浙江人民出版社2006年版。

97. 徐儒示：《婺学之宗——吕祖谦传》，浙江人民出版社2005年版。

98. 朱迎平：《永嘉巨子——叶适传》，浙江人民出版社2006年版。

99. 卢敦基：《人龙文虎——陈亮传》，浙江人民出版社2006年版。

100. 徐永明：《文臣之首——宋濂传》，浙江人民出版社2007年版。

101. 吕立汉：《千古人豪——刘基传》，浙江人民出版社2005年版。

102. 钱明：《儒学正脉——王守仁传》，浙江人民出版社2006年版。

103. 佘德余：《都市文人——张岱传》，浙江人民出版社2006年版。

104. 陈永革：《儒学名臣——刘宗周传》，浙江人民出版社 2005 年版。

105. 朱端强：《布衣史官——万斯同传》，浙江人民出版社 2006 年版。

106. 鲍永军：《史学大师——章学诚传》，浙江人民出版社 2007 年版。

107. 陈铭：《剑气箫心——龚自珍传》，浙江人民出版社 2005 年版。

108. 余英时：《宋明理学与政治文化》，吉林出版集团有限责任公司
2008 年版。

109. 余敦康：《魏晋玄学史》，北京大学出版社 2004 年版。

110. 《周予同经学史论著选集》，上海人民出版社 1983 年版。

111. 《鲁迅全集》，人民文学出版社 1981 年版。

112. 钱穆：《中国近三百年学术史》，商务印书馆 1997 年版。

113. 王凤贤：《论浙东学术》，中国社会科学出版社 1995 年版。

114. 姚奠中、董国年：《章太炎学术年谱》，山西古籍出版社 1996 年版。

115. 冯友兰主编：《中国哲学史新编》，人民出版社 1986 年版。

116. 汤用彤：《魏晋玄学论稿》，上海古籍出版社 2001 年版。

117. 侯外庐等主编：《中国思想通史》，人民出版社 1957 年版。

118. 劳思光：《新编中国哲学史》，台北三民书局 1984 年增订版。

119. 葛兆光：《中国思想史》，复旦大学出版社 2007 年版。

120. 葛兆光：《道教与中国文化》，上海人民出版社 1987 年版。

121. 万绳楠整理：《陈寅恪魏晋南北朝史演讲录》，黄山书社 1987
年版。

122. 葛兆光：《禅宗与中国文化》，上海人民出版社 1986 年版。

123. 朱贻庭主编：《中国传统伦理思想史》，华东师范大学出版社 1994
年版。

124. 韦政通：《中国思想史》，上海书店出版社 2003 年版。

125. 伽达默尔：《真理与方法》，上海译文出版社 1999 年版。

126. 叶坦：《传统经济观大论争——司马光与王安石之比较》，北京大
学出版社 1990 年版。

127. 叶坦：《富国富民论》，北京出版社 1991 年版。

128. 张仁福：《中国南北文化的反差》，云南教育出版社 1992 年版。

129. 张家驹：《两宋经济重心的南移》，湖北人民出版社 1957 年版。

130. 梁启超：《中国近三百年学术史》，复旦大学出版社 1985 年版。

131. 刘墨：《乾嘉学术十论》，三联书店 2006 年版。

132. 李学勤、江林昌：《越文化在中国文明史中的地位以及对东亚历史文化的影响》，《中国传统文化与越文化研究》，人民出版社 2004 年版。

133. 王汎森：《晚明清初思想十论》，复旦大学出版社 2004 年版。

134. 路新生：《经学的蜕变与史学的“转轨”》，上海古籍出版社 2006 年版。

135. 吴光主编：《中华人文精神新论》，上海古籍出版社 1998 年版。

136. 李国英主编：《阳明学研究》，上海古籍出版社 2000 年版。

137. 吴光主编：《中华佛学精神》，上海古籍出版社 2002 年版。

138. 吴光主编：《中华道学与道教》，上海古籍出版社 2004 年版。

139. 吴光主编：《黄宗羲与明清思想》，上海古籍出版社 2006 年版。

140. 万斌主编：《浙学研究集萃》，上海古籍出版社 2005 年版。

141. 陈拱：《王充思想评论》，台湾商务印书馆 1996 年版。

142. 李维武：《王充与中国文化》，贵州人民出版社 2000 年版。

143. 汪传发：《陆九渊王阳明与中国文化》，贵州人民出版社 2001 年版。

144. 朱义禄：《黄宗羲与中国文化》，贵州人民出版社 2001 年版。

145. 沈善洪、费君清主编：《浙江文化史》，浙江大学出版社 2009 年版。

146. 中国历史文献研究会编：《章学诚国际学术研讨会论文集》，北京图书馆出版社 2004 年版。

147. 彭国翔：《良知学的展开——王龙溪与中晚明的阳明学》，三联书店 2005 年版。

148. 仓修良：《中国古代史学史简编》，黑龙江人民出版社 1983 年版。

越
文化
通论

后　记

当付梓之前最后一次修改搁笔时,不由长嘘一口气,终于完成了。回想当初接下《越地学术思想论》的课题,本来心中就忐忑。越地学术思想在空间上涉及以绍兴为中心、钱塘江以南的广大地区,在时间上溯及越国争霸至清末民初两千多年难以胜数的越地文人的学术思想,在领域上、分布上既有传统的经史之学的流变,儒释道之争及传播,也有对越地文人教育思想、经济思想的释读,伦理道德思想的解读,更遑论对丰富的自然科学思想的探及,在如此丰厚的思想富矿中采炼,对我来说不啻是一次知识功底的极限挑战,深感惶恐。继而在两年多的时间里,工作环境出现了频繁的变更,原来相对安静和稳定的研究条件已经不复存在,连双休日和节假日也难以有安心看书写作的保证,其中的焦虑也是可想而知的。

总算完成了,形成了自己认为还有一点像样的书稿。对此,我要真诚地感谢学校领导对我的督促和激励,感谢身边的同事给予无私的帮助,使我能硬着头皮坚持到了最后。特别要感谢的是陈望衡教授和孟文镛教授对我的文稿进行了细致的审读,提出了大量的修改意见,他们的真知灼见,使我对课题的把握得到了深化,他们对史料的驾驭使我减少了许多失误。也要感谢我的妻子,让我成为家里的荣誉成员,使我能心无旁骛。

　　由于水平和精力所限,错误和疏漏在所难免,敬请指正和谅解。

梁 涌

2009 年 10 月 28 日于风则江畔

越文化通论

后

记